JN065966

基礎講座
建築設備

金政秀 編著

山本佳嗣・樋口佳樹・伊藤浩士・韋宇銘・中野淳太 著

B A S I C　L E C T U R E

学芸出版社

はじめに

　昨今の地球温暖化、東日本大震災による電力危機、あるいは建物のエネルギー消費量をネットゼロにするZEB（Zero Energy Building）などを解決、実現するためには、建築物における建築設備（給排水衛生・空気調和・電気）の役割がますます大きいものとなってきています。したがって、建築設備を学ぶことは、単にある一建築物の設備を理解するだけに留まらず、社会的なさまざまなエネルギー・環境問題を解決する道筋を見出すことにもつながります。本書は、その建築設備をこれから学ぶ初学者向けの入門書です。

　本書を企画するにあたり、数十冊ある他の類似の教科書を片端から購入し拝読しました。読み進めるうちに、大いに参考にできる点や自分なりの改善点をいくつか見つけることができました。したがって、従前の教科書は大変お手本にさせていただいております。その上で、本書の特徴を以下に示します。

1）初学者向けであるため「建築設備」のすべての情報を記載することはできません。したがって「実務経験者」による執筆にこだわり、初学者向けのレベル設定を行いつつ、実際の設計時につながる知識を重点的に記載しました。また、建築環境工学の範囲は記載せず、本書とは明確に分けました。つまり、情報の追加というよりもどの内容を取捨選択するかに苦心しました。

2）独学で建築設備を学ぶ人にとって、初めは少々難しい分野だと想像します。そこで、スムーズに理解してもらえるように、各節の初めに、その「節全体のイメージ」をざっくり掴めるような文章と図表を示すように心がけています。この点については各章の執筆者と相当な議論を重ねました。また、テンポ良く読めるように、また途中で読み進めるのが困難にならないように、項目ごとの文章量に偏りがないようにしました。

3）建築設備をより馴染みやすくする、あるいは読み物としても興味を引くために「歴史や背景」をなるべく載せました。また、建築設備の機能性を別の角度から理解するためにコラムとして「測定器とその原理」を記載しました。

4）「二級建築士」の試験対策として使える内容としました。つまり、二級建築士の過去の試験問題が本書を理解することで解けるようにしています。また、理解度を確認することができるように各章ごとに練習問題を設けました。

　本書が、建築設備を学ぶ読者の学習および建築設備へのさらなる好奇心へつながる一助となれば幸いです。

2020 年 3 月　　金 政秀

目次

1章

建築設備の役割

建築設備の BIM モデル

　建築設備は、給排水衛生設備、空気調和設備、電気設備で構成されている。建築設備の技術者が、その時代の最先端の設備技術を駆使して、最新鋭の機器やシステムを導入することで、建築物は新たな機能を得ることになる。つまり、建築設備により「建築が進化した」と言えるのだ。

　将来、都市全体のエネルギーを知的にコントロールする「スマートシティ」を実現していく上で欠かせない、自動車分野、再生エネルギー分野との連携の場面では、建築設備の技術者の役割はますます大きいものとなるだろう。

建築設備のさまざまな役割

▶ 1　建築設備の成り立ち

　約150年前の江戸時代（1603～1868年）の人々は、電気やガスなどの化石エネルギーをまったく用いずに生活を営んでいた（**図1.1.1**）。1人あたりの1日の消費エネルギー量がゼロキロカロリーの時代である。

　日没とともに就寝し、夏は風鈴や簾など涼を取る工夫を取り入れることで快適に過ごし、階段で上り下りできる範囲の低層建物を中心にした生活環境で

あった。このような伝統的な民家や長屋といった、機械に頼らないパッシブな建築物に人々は暮らしていた。

　その後、明治時代に入り1800年代後半から電気の普及とともに、電灯や家電、エアコンなどの設備機器が普及し、大幅にライフスタイルが変化した。

　現代社会において、便利で快適、衛生的な居住環境の実現は照明やエアコン、エレベーターなどの建築設備なくしては成り立たず、自ずとエネルギー多消費につながっている。

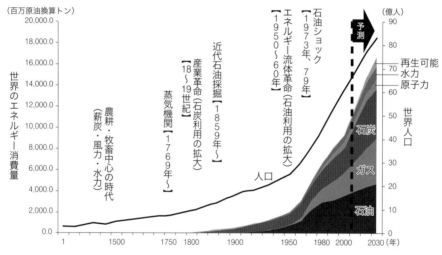

図1.1.1　世界のエネルギー消費量と人口推移[1]

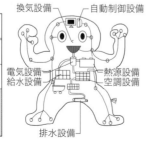

建築物	人の身体
意匠（外皮・壁）	皮膚・筋肉
構造（柱・梁）	骨
設備（熱源・給排水・電気・自動制御）	臓器・神経

図1.1.2　人体を建築設備に例える[2]

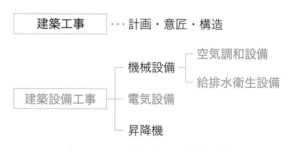

図1.1.3　建設工事の一般的な分類

建築設備はさまざまな建築機能の多くを担っており、また近年のエネルギー・環境問題にも直結しているため、その役割はますます複雑・高度化し、エネルギー消費の削減はもちろん、省エネ法への準拠、環境性能評価による格付けなど、求められることが多岐に亘る。

▶ 2　建築設備工事の分類

建築物を人体に例えるとすると、建築の外皮や壁は人の顔、皮膚や筋肉、建築構造は骨、建築設備は臓器（熱源設備、給排水設備、電気設備ほか）や神経（自動制御設備）と見なされ、それぞれの分野が

担う役割をイメージしやすい（図1.1.2）。

人体における機能の分類と同様に、建設工事は、建築工事（建築構造を含む）と建築設備工事に分けられる。また、建築設備工事は、さらに主に機械設備と電気設備の工事に分類される（図1.1.3）。

建築基準法では、建築設備とは「建築物に設ける電気、ガス、給水、排水、換気、暖房、冷房、消火、排煙若しくは汚物処理の設備又は煙突、昇降機若しくは避雷針をいう」（建築基準法第2条第三号）と定義されている。

本書ではこれらの給排水衛生、空気調和、電気の3分野について学ぶ。

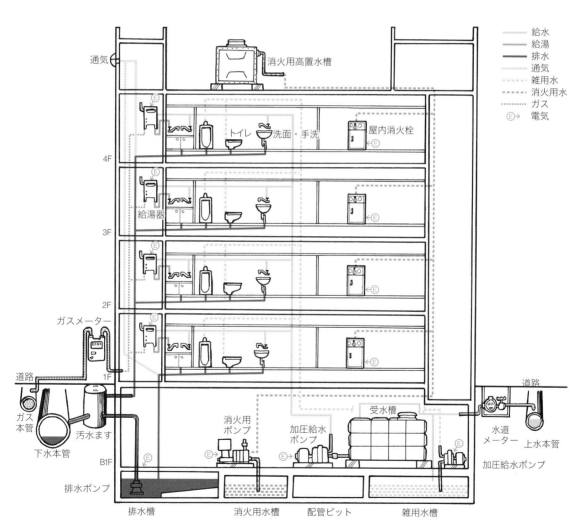

図 1.1.4　給排水衛生設備の概念図

(1) 給排水衛生設備

　トイレの洗面台にある蛇口に手をかざすと自動的に水が出る。その水は自然と排水口へと消えていく。この機能を得るために、給水設備、排水設備、衛生器具が存在している（図1.1.4）。

　また、冬場にはシャワー給湯が使えるようになる。そのための設備としては、さらに給湯設備、ガス設備が必要となる。

　火災時には、廊下の所々に設置されている消火器、あるいはスプリンクラー設備などが稼働し、消防隊が到着するまでの間の初期消火として水が大量に散布される仕組みがある。これは消火設備である。

　その他には、浄化槽などの排水処理設備や厨房設備、ゴミ処理設備などの特殊設備がある。

(2) 空気調和設備

　屋外が40℃を超えていたとしても、室内に入るとカラっと涼しい。室内温度がたとえば26℃に保たれているからである。この室内環境を実現させるために空気調和設備がある。

　空気調和設備は、主に熱源機器、補機類（ポンプなど）、空調機、配管、ダクト、自動制御により構成されている（図1.1.5）。

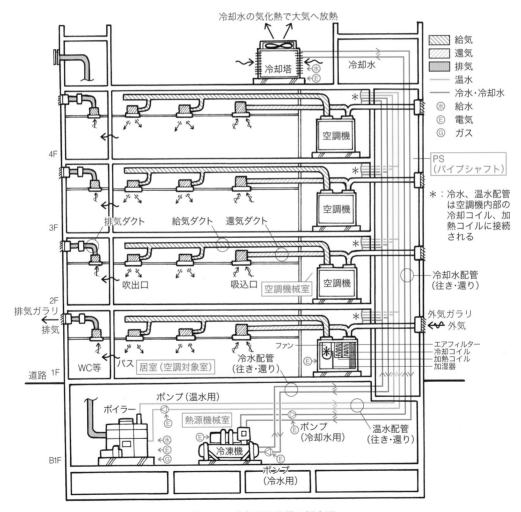

図 1.1.5　空気調和設備の概念図

（3）電気設備

　夜間でも電気設備により室内は明るく仕事が行える。またパソコンなどのさまざまな電気機器もコンセントにプラグを差し込めばいつでも電源を確保し、使えるようになる。

　このように、電気設備は、電力会社などから供給される電気を建物内の隅々にある電気機器につなげる機能が主である。

　そのために、電圧を変圧する受変電設備、さまざまな箇所に配電するための分電盤、幹線、照明器具、コンセントで構成されている（図1.1.6）。

　また停電などの非常時にも電気を供給できるように自家発電設備、蓄電池設備がある。このほかにも、情報通信設備、防災設備などがある。

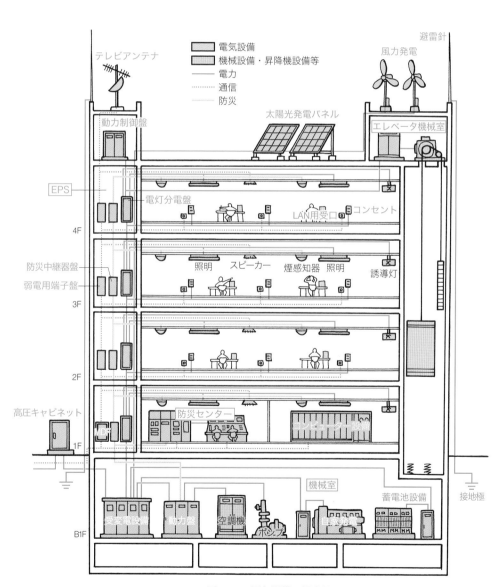

図 1.1.6　電気設備の概念図

1-2 地球環境への影響

▶ 1 地球環境問題

これまで地球は炭素循環によって、大気中の二酸化炭素（CO_2）濃度が一定に保たれてきた。しかし、そのバランスが崩れた結果、地球温暖化が深刻な問題となっている。

地球温暖化とは、人為的な原因によって大気中の温室効果ガスが増加し、その結果、熱収支のバランスが崩れて地球の気温が上昇することである。

温室効果ガスには、「二酸化炭素」だけでなく、「一酸化二窒素」「メタン」「フロン類」などが含まれる。

日本の CO_2 排出量（2015 年）は世界 5 位で、世界全体の排出量の 3.5% を占めた。

地球の平均気温は、1906 年から 2005 年までの 100年間で 0.74℃ も上昇、日本の年平均気温は過去 100年間で 1.1℃ 上昇している。

また、都市部の気温が周辺と比較して上昇するヒートアイランド現象も起こっている。

▶ 2 建築分野の省エネルギー基準と環境評価

日本のエネルギー消費のうち、建築分野に関わる民生業務部門（業務と家庭部門）は 2017 年度で30.6% を占めており、1973 年比で 2.0 倍と増加している（図 1.2.1）。

したがって、日本全体を考えてもこの民生業務部門におけるエネルギー削減が急務であり、建築設備の役割は重大となっている。

建築用途、規模、所在地や運用方法によりエネルギー消費量は異なるが、一般的な事務所ビルでは43.1% が空調用エネルギー（熱源・熱搬送）である（図 1.2.2）。

日本はケッペンの気候区分図の「温暖湿潤気候（Cfa）」に分類され、空調用エネルギー削減を考える上では、年間で冷房と暖房の両方に配慮する計画が

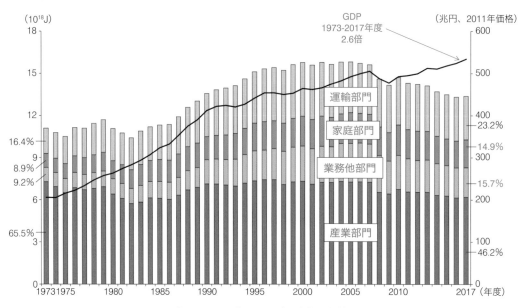

図 1.2.1 国内における最終エネルギー消費と実質 GDP の推移[3]

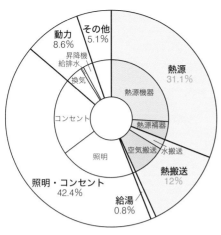

図 1.2.2　事務所ビルの用途別エネルギー消費 [4]

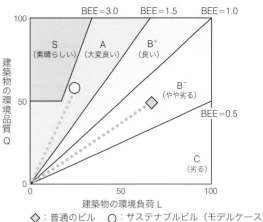

◇：普通のビル　○：サステナブルビル（モデルケース）

図 1.2.3　BEE に基づく環境ラベリング [5]

求められるため、暖房中心の欧州などに比べると容易ではない。

そのため、国土交通省による省エネルギー基準や地方自治体による環境評価の活用が進んでいる。

（1）改正省エネルギー基準

1999 年に制定された「次世代省エネルギー基準」は、2013 年に「改正省エネルギー基準」として 14 年ぶりに改正され施行された。

この基準において、事務所ビルなどの非住宅建築物では、外皮の断熱性能を示す PAL*（Perimeter Annual Load Star：年間熱負荷係数 ［MJ/（m²・年）］）と設備性能を総合的に評価する 1 次エネルギー消費量 ［GJ/ 年］の 2 つの指標による評価が必要である。

PAL* は、ペリメーターゾーン（屋内周囲空間）の年間熱負荷をペリメーターゾーンの床面積で除した値で、基準値以下とする必要がある。

$$PAL* = \frac{ペリメーターゾーンの年間熱負荷　［MJ/ 年］}{ペリメーターゾーンの床面積　［m²］}$$

1 次エネルギー消費量は、空調・暖冷房、換気、給湯、照明、昇降機、事務機器・家電調理器などのエネルギー消費量の合計からエネルギー利用効率合理化設備（太陽光発電など）による発電量の一部を差し引いた設計 1 次エネルギー消費量 E_T が、基準 1 次エネルギー消費量 E_{ST} を下回るように計算し評価する。

基準 1 次エネルギー消費量 E_{ST}
　　　≧設計 1 次エネルギー消費量 E_T

（2）CASBEE ── 環境性能の評価手法

建築物の環境性能を評価する制度にはイギリスの BREEAM やアメリカの LEED がある。

日本の「CASBEE」（建築環境総合性能評価システム：Comprehensive Assessment System for Built Environment Efficiency）は、建築物の環境性能で評価し格付けする手法であり、大阪市や名古屋市などで活用されている。

CASBEE の総合評価は「S ランク（素晴らしい）」「A ランク（大変良い）」「B⁺ランク（良い）」「B⁻ランク（やや劣る）」「C ランク（劣る）」の 5 段階の格付けになる（**図 1.2.3**）。

この総合評価は、Q（建築物の環境品質）、L（建築物の環境負荷）に基づき決められる。ここで、Q は Q1：室内環境、Q2：サービス性能、Q3：室外環境（敷地内）の 3 項目に分けて評価し、L は、L1：エネルギー、L2：資源・マテリアル、L3：敷地外環境の 3 項目で評価する。

	2020年まで	2030年まで
住宅	標準的な新築住宅を ZEHに	新築住宅の平均を ZEHに
建築物	新築公共建築物等を ZEBに	新築建築物の平均を ZEBに

図 1.2.4　ZEB/ZEH 実現までのロードマップ[6]

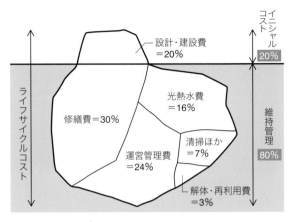

図 1.2.6　建物の LCC の内訳[8]

図 1.2.5　完全 ZEB の実現例[7]

図中の BEE（環境性能効率）は以下の式による。

$$\mathrm{BEE} = \frac{\mathrm{Quality}（建築物の環境品質\ Q）}{\mathrm{Load}（建築物の環境負荷\ L）}$$

このように、環境負荷を下げ、環境品質を上げることで、CASBEE の格付けが上がることにつながる。

（3）ZEB / ZEH ──ゼロエネルギーの考え方

実際の建物のエネルギー消費量をゼロにすることは未使用にでもしない限り現実的でないが、ZEB および ZEH は、ネットゼロ（正味ゼロ）の概念によりゼロエネルギーを定義し実現する建物のことである。

室内および室外の環境品質を低下させることなく、負荷抑制、自然エネルギー利用、設備システムの高効率化などにより、50%以上の省エネルギーを実現した上で、再生可能エネルギーを導入する。その結果、設計時の計算上運用時におけるエネルギー需要と建物で発生するエネルギー供給の年間積算収支がおおむねゼロもしくはプラス（供給量＞需要量）と

なる建築物を ZEB（Zero Energy Building）という。戸建て住宅の場合は、ZEH（Zero Energy House）という。

経済産業省の「エネルギー基本計画（2014 年 4 月閣議決定）」により、ZEB / ZEH の実現・普及目標が設定されている（図 1.2.4）。

地熱利用や断熱・蓄熱床外壁等により完全 ZEB を達成したオフィスビルも実現している（図 1.2.5）。

（4）LCC / LCCO₂ ──ライフサイクル評価

建物のオーナーが建設時に、当面必要となる初期投資の建設費をなるべく抑えたいと考えるのは当然であるが、その後の建物の竣工後から数十年後の解体までに必要となる光熱水費、修繕費、運営管理費、清掃ほか、解体・再利用費の積算費用は初期投資の 4 倍ほどであると言われている（図 1.2.6）。

したがって、建設のみならず、運用段階、使用後の廃棄に至るまでの一生涯に渡る間に必要となる費用を設計段階から評価することが求められる。これが LCC（ライフサイクルコスト）評価である。たとえば熱源機器の更新が容易なスペース計画を行うことで、初期投資が大きくなっても更新費を抑えることができ、LCC の低減につながる。

また建物の CO_2 排出量についても同じ考え方に基づき、LCCO₂（ライフサイクル CO_2）を検討する。

1-3 建築計画と設備計画

▶ 1 設計意図の伝達

建築物を建てるためには設計図面があらかじめ必要となる。その設計図面には、設計者により建築基準法への準拠、意匠性や省エネルギー性能の確保など多くの設計意図を反映させる必要がある。

一方、そもそも建築物は3次元であり、その建築仕様を2次元の設計図面に表現することは難しい。

また、家電量販店などで販売している商品とは異なり、建築物は"一品生産"となり、完成形をイメージし、建築設備の計画も含め、あらかじめそのすべてを設計図面に盛り込むことは大変な業務となる。

さらには、設計図面の表現が設計者によってまちまちであると施工者にとっても設計意図の理解が困難となる。

そのために長年に亘り、設計図面の標準化や表記方法についての約束事が整備されてきた。たとえば、公益社団法人日本建築家協会監修の『建築工事共通仕様書』がある。

(1) 建築設備図面

ここでは、非住宅として代表的な用途である事務所ビルを想定して説明を行う。

事務所用途で、延床面積が約1万m²の場合、建築設備図面としておおよそ100枚（機械設備約50枚、電気設備約50枚、A1サイズ）の設計図面が必要となる（表1.3.1）。

この建築設備図面は、特記仕様書と機器表、機器姿図や系統図、平面図（1/200スケールなど）などで構成される（図1.3.1左、中央）。

建築設備図面などに基づいて、予算書の作成および工事着手後の施工図（1/50スケールなど）がつくられる。したがって、建築設備図面には、予算に関わる仕様や施工者へ設計意図を伝達できる表現が求められる。

(2) 計算書

建築設備や建築構造分野では、設計図面に加えて計算書が必要となる。

熱源機器の容量など機器仕様を決定するためには

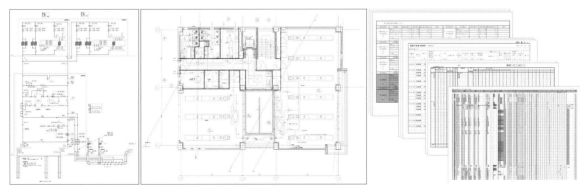

図 1.3.1　建築設備図面（左：系統図（配管）、中央：平面図（ダクト））と計算書の一例[9]

表 1.3.1　設備設計図面と計算書の種類

設計図面の種類	特記仕様書と機器表、機器姿図や系統図、平面図
計算書の種類	熱負荷計算書や熱源機器計算、幹線計算

表 1.3.2　建築計画に関わる設備関連の用語

点検口	天井裏や PS などにある設備機器や配管、ダクトなどを点検するための開口や扉の総称
PS/DS/EPS (Pipe Space/ Duct Space/ Electric Pipe Space)	パイプスペース/ダクトスペース/電気配線スペース。建物内を上下に通過する配管・ダクト・電気配線のためのスペース。点検ができるような扉などが必要
ハト小屋	屋上の設備機器に接続するための配管類を取り出すための小屋。屋上防水との関係で取り出し高さの調整が必要となる
設備機器基礎	設備機器を設置するための土台。屋上へは防水層があるため設備機器の固定金具を直接打ち込めず、設備機器基礎が必要となる
法定耐用年数	設備機器の税法で定められた耐用年数のこと。減価償却の基本となる数値。たとえばファンコイルユニットは 15 年
マシンハッチ	機器搬入のための床などの開口部。吊り下げ用のフックや防護柵などを内蔵したタイプもある
ドライエリア	空掘り（からぼり）。地下室を持つ建築物の外壁を囲むように掘り下げられた空間のこと。地階などへの外気取り入れ用や設備機器の搬入、搬出用にも兼用される
道連れ工事	改修・更新工事の際に当該部位・設備以外で発生する、復旧・撤去を要する工事のこと
スケルトン・インフィル/SI (Skelton Infill)	スケルトンは骨組み、構造体、インフィルは内部の設備、内装部分のこと。この 2 つを明確に分類することでフレキシブルな建築計画の変更や容易な設備更新が行える

精緻な計算が必要となり、その内容をまとめた書類が計算書である（図 1.3.1 右）。熱負荷計算書や熱源機器計算、幹線計算などがあり、これらの計算結果は主に、建築設備図面の機器表に表現されることになる。

計算方法は、国土交通省『建築設備設計基準』（通称「茶本」）や空気調和・衛生工学会『空気調和・衛生工学便覧』が参照されることが多い。

建築設備図面だけでなく、計算過程を確認することで設計意図、仕様の根拠を知ることができる。計算書から設計意図を知ることで、施工者は現場段階における変更対応に役立てることもある。

▶ 2　設備計画と建築計画の取り合い

(1) 計画段階

設計図面作成の際には、設備計画と建築計画との調整事項が多数ある。建築計画にも関わる設備関連の用語を表 1.3.2 に示す。

たとえば、天井面では、吹出し口や照明器具などを設置する際に必要となる天井開口の補強や設備機器のための点検口の位置調整、平面計画では、配管・ダクト・配線を通すための PS や DS、EPS の配置、屋上では、配管、配線を屋外へ取り出すためのハト小屋や設備機器基礎の配置などがある。

これらの多くは普段、建物利用者の目に触れることは少ない。しかし、たとえば天井裏に設置された設備機器が故障した際に点検口がないと、天井の一部を解体しなければならず、非効率である。そのようなことを避けるため、設計時より維持管理の観点からの配慮が必要である。

(2) 竣工後の維持管理

建築物の資産価値の維持・向上を図るためには、建物の経年劣化に対応した修繕工事を行うことが重要である。設備機器は法定耐用年数が定められており、いずれ建築そのものの解体前に必ず更新が行わ

図 1.3.2　熱源機器搬入のためのシャトルクレーン

図 1.3.4　建築設備一体技術の導入事例（土壌蓄熱システム）[10]

図 1.3.3　建築設備一体技術の分類と代表的な技術

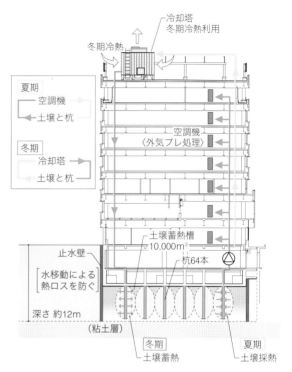

れることとなる。たとえば、業務用エアコンの法廷耐用年数は 13 ～ 15 年である。そのためにあらかじめ適切な長期修繕計画を立案することが求められる。

また、設備機器の更新時に、大型の機器はエレベーターによる搬出入が物理的に不可能である。そのためにマシンハッチを設置したり、ドライエリアを搬入路として兼用する場合もある。また繰り返し利用できるシャトルクレーンを設置する事例もある（図 1.3.2）。

道連れ工事をなくし、建築と設備の更新性を高めた長寿命化を目指した建築計画は、スケルトン・インフィル手法と呼ばれている。

▶ 3　建築設備一体技術の計画

これからの建築物には環境負荷を抑えた計画（熱負荷・消費エネルギー削減、負荷平準化など）が求められる。その対応策として建築・構造躯体の工夫利用により環境負荷削減を行う建築設備一体技術がある。

この技術は、建築設備における熱源システムの効率化や再生可能エネルギー導入とは区別される。建築設備一体技術は、自然換気に代表される「建築」と「設備」の融合技術、もしくは躯体蓄熱に代表される「建物躯体」と「設備」の融合技術に大別されるものである（図 1.3.3）。

建築、構造躯体を利用するという点で、この技術の実現は設備工事ではなく建築工事といえる。建設工事（建築・構造・設備ほか）におけるコスト計画とは、各材料費や工事費を積み上げていくのではなく、「予算の分配」であるので、この技術を採用することは「環境」を軸に工事費を分配することであり、建築計画の初期段階から方針決定を行う必要がある。

　また、耐用年数が短い設備の機能を建築機能に移行することで、一般的に耐用年数が延び、建物全体として長寿命にもつながる。したがって、設備技術が建築に取り込まれることによりロングライフで利用され、建物全体のLCCO$_2$の観点からも有利となる。

　構造と設備を一体化した技術の事例として、土壌蓄熱システムを導入した高松市にあるオフィスビルを紹介する（図1.3.4）。冬季の外気（15℃以下）が持つ冷熱を地下の土壌に蓄え、これを夏季冷房期の冷熱源として利用するシステムである。四季がある日本特有の気候を活かした自然エネルギーによる空調システムであり、建物のライフサイクルエネルギーの削減と負荷平準化を目的として開発された。これは古代から積雪地方で行われている、雪を利用した冷温貯蔵庫である「氷室」と同じ手法である。地下土壌の約10,000m³を蓄熱槽と見立て、また構造上必要となる杭64本の内部に配管を敷設することで、地下土壌と熱交換が行える。蓄熱終了時には平均約4℃土壌内温度が低下した。竣工後10年間の継続的な性能検証と最適調整を行うコミッショニング活動により、このシステムのCOP＝10.13を達成した（COPについてはp.121参照）。

練習問題

問題 1.1

建築設備に関連する次の用語の組合せとして、最も**不適当なもの**はどれか。

1. PAL*：年間熱負荷
2. LCCO$_2$：建築物の一生涯に渡る CO_2 排出量
3. ヒートアイランド：都市部の気温上昇
4. CASBEE：建築環境総合性能評価
5. ZEH：ビルの1次エネルギー量の削減

問題 1.2

建築設備に関する次の記述のうち、**最も不適当なもの**はどれか。

1. スプリンクラー設備は本格消火設備である。
2. 電気設備として、情報通信設備も含まれている。
3. 自動制御設備は、空気調和設備に該当する。
4. 建築設備の熱負荷計算などの計算方法として、国土交通省「建築設備設計基準」を参考にすることがある。
5. ガス設備は、給排水衛生設備に含まれる。

問題 1.3

建築設備に関する次の記述のうち、**最も不適当なもの**はどれか。

1. 日本のエネルギー消費量のうち、1973年比で一番増加しているのは民生業務部門である。
2. CASBEE の格付けを上げるには、環境負荷を下げ、環境品質を上げると良い。
3. CASBEE の環境品質 Q は、室内環境、サービス性能、室外環境の3項目で評価を行う。
4. 2020年までに新築公共建築物のすべてを ZEB にしなければならない。
5. LCCO$_2$ 評価を行うことで、主に初期投資を抑えることができる。

問題 1.4

建築設備に関連する次の用語の組合せとして、最も**不適当なもの**はどれか。

1. PS：パイプスペース
2. ハト小屋：配管類を取り出すための小屋
3. マシンハッチ：機器搬入のための床などの開口部
4. ドライエリア：便所や厨房などの床の防水仕上げの種類
5. スケルトン・インフィル：スケルトンは構造体、インフィルは内部の設備や内装部分のこと

2章
給排水衛生設備

ホテルの客室にお湯を供給するボイラー

　給排水衛生設備とは、建物の内部で人が衛生的で安全に過ごすために必要な最も歴史の古い建築設備である。給排水衛生設備には火災時の消火設備も含まれており、人の健康や安全に直結する設備であるため、設計にあたり守るべき基準は多岐に渡る。本章では、建物の利便性を支える給排水衛生設備について、システム図を示しながら設備の概要、設計の考え方などを解説していく。

2-1 給排水衛生設備の概要と歴史

▶ 1 給排水衛生設備の成り立ち

給排水衛生設備とは建物内で使われる水や火災時の消火など、人の生命維持や健康保持に関わる衛生環境の実現を目指した設備である。

給排水衛生設備は図2.1.1のように給水・給湯・排水通気・衛生器具・ガス設備・消火設備から構成される。給水設備は、飲料水や手洗い用、トイレ洗浄用として衛生器具に水を供給する設備である。台所やお風呂へのお湯は給湯設備から供給する。

ガス設備は給湯設備や台所などの調理器具にガスを供給する。排水通気設備は、衛生器具からの排水や建物に降る雨を敷地の外に排水する設備であり、公共の下水道が整備されていない地区では排水処理

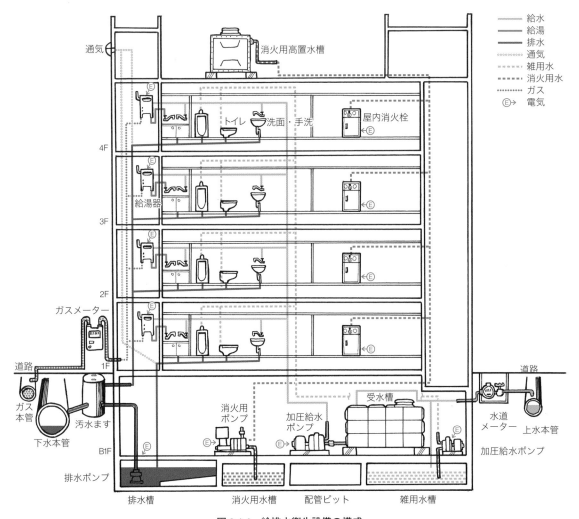

図 2.1.1　給排水衛生設備の構成

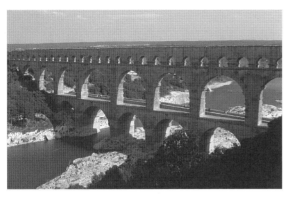

図2.1.2　ローマ水道の水路[1]

図2.1.3　ローマ水道の仕組み[2]

図2.1.4　横浜水道。1897（明治30）年頃の配水管工事の様子[3]

図2.1.5　モヘンジョ・ダロ沐浴施設（大浴場）[4]

設備で水質を改善して河川等に放流する必要がある。排水通気設備では、細い配管内を自然の重力で排水させるため、配管内の空気を適切に大気に開放する通気が重要となる（→ p.44）。これ以外に、火災時に必要となる消火設備も給排水衛生設備に含まれる。

▶ 2　給排水衛生設備の歴史

（1）給水設備

最初の水道設備といわれているのが、およそ2300年前につくられた「ローマ水道」である。初期には近くの川や井戸から得る水で十分であったが、紀元前4世紀以降、ローマは急速に発展し、水の需要も増大した。そこで、**図2.1.2**のような山の上の湖から水を引くための水路がつくられた。水道に有害な物質が混入しないよう、地上部の水路には覆いを設置し、勾配を保って都市部まで水を導いている（図2.1.3）。

日本では、江戸時代にあたる1600年代に水路が整備され、神田川・多摩川などの水が江戸に引き込まれた。しかし維持管理費などを理由として、1722年に6つの主要な上水のうち4つが廃止されている。日本初の近代水道は、1887（明治20）年に完成した横浜水道である（図2.1.4）。東京では1898（明治31）年、淀橋浄水工場から神田、日本橋方面に初めて近代水道が通水されることとなった。

（2）排水設備

世界で最も古い下水道は、今から約4000年前に古代インドの都市（モヘンジョ・ダロ）でつくられたものだとされ、水洗トイレや沐浴施設としての大浴場もあったと言われている（図2.1.5）。

産業革命以後、人々がさらに都市に集中するよう

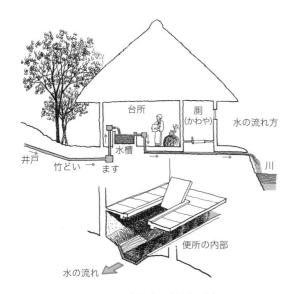

図 2.1.6　高野山の水洗便所 [5]

図 2.1.7　杉並区にある下水道管。和田弥生幹線。直径 8.5m。新幹線が入る大きさ [6]

になると、し尿の処理に困り、し尿が道路や庭に投げ捨てられるようになったため、都市は深刻な不衛生状態になり、19世紀には各地でコレラなどの伝染病が流行した。そこで、ロンドンでは、1855年から下水道工事に着手し、市街地より下流でし尿を流すようにした。その後、ヨーロッパ各国やアメリカなどでも、下水道工事に着手するようになった。

　日本における伝統的な排水器具である厠の語源は「川屋」であり、川の上につくった便をするところという意味である。国内で初めての水洗便所といわれているのが、図 2.1.6 のような平安時代に高野山の寺院や民家に設置されていたものであり、台所などの排水を利用して便所の汚物も一緒に川に流す方式となっていた。

　その後、明治時代になって、人々が東京などの都市に集まるようになると、大雨によって家が浸水し、低地に流れないで溜まったままの汚水が原因で伝染病が流行するようになった。そこで、日本ではじめての下水道が 1885（明治 18）年に東京でつくられた。その後、第 2 次世界大戦後、都市への人口の集中が進んでから各都市で本格的に下水道が整備された。しかし、産業の発展にともない、1955（昭和 30）

年頃から、工場等の排水によって河川や湖沼などの公共用水域の水質汚濁が顕著となった。そのため、1970（昭和 45）年の下水道法の改正により、下水道は町の中を清潔にするだけでなく、公共用水域の水質保全という重要な役割を担うようになった。その結果、微生物を利用した下水処理法が開発され、汚れた水を清浄にしてから河川などに流すことができるようになったのである（図 2.1.7）。

（3）ガス設備・給湯設備

　世界最初のガス事業は、1812 年のロンドンで街路灯の照明用として始まった。日本では 1872（明治 5）年に、横浜の工場にガス灯を立てたのが始まりである。その後、電灯が普及するようになると、ガスは明かりではなく、熱として使われるようになり、1902（明治 35）年に日本最初のガスかまどが開発された。

　ガス給湯器は 1930（昭和 5）年に国産第 1 号が発売されていたが、戦後、シャワーを浴びる入浴習慣を持つ進駐軍が、ガスのインフラ整備やガス器具開発を強く要望したという背景もあり、ガス会社が積極的に風呂釜の提供を拡大した。中心的な熱源がそ

れまでの薪・石炭という固形燃料の時代から、ガス・石油へと大きく転換を遂げていった。

現代では、ガス式の瞬間湯沸し器に加え、電気をエネルギー源としたヒートポンプ技術によって効率的にお湯をつくり出すヒートポンプ式電気温水器などが使われてきている。

また、ガス機器としては、コージェネレーション設備と呼ばれる発電と排熱による給湯などを同時に行うシステムの開発がなされ、非常時対策等として大規模建物に採用されている。

（4）消火設備

江戸時代以前のように、消防用設備や消防網などが十分に発達していない時代では、水だけで火を消すことが不可能な場合が多かった。そのため、江戸時代の火消しのように可燃性の建物や構造物を破壊して燃える物をなくすことで延焼を防ぎ最終的に消火する破壊消火という方式が用いられてきた。

近代になり大規模で複雑な建築物が増えると、火災時に建物内の避難が間に合わず、多くの被害者が発生する事件が起きた。そのような事件を契機として消防法の改正を重ね、用途や規模に応じて適切な消火設備を建物に設置することが義務付けられるようになったのである。

注
1　近代水道とは、ろ過した水を消毒した後、鉄管などを通して有圧で給水する水道のこと。

2-2 給水設備

給水設備の目的は、人が生活していく上で欠かせない水を衛生的な状態で建物内で利用することであり、建築設備として歴史が古く重要な設備である。普段の生活では蛇口を捻ると水が出るが、そのありがたさは断水で給水設備が使用できなくなった時などに実感される。

毎日の生活に重要な給水設備は、日々衛生的で安定した水の供給が可能となるような設備システムとすべきであり、東日本大震災などの経験を経て、災害時にもある程度利用できるようにする BCP（Business Continuity Plan）対策も重要度を増している。

▶ 1 水道施設と水源

（1）水道施設

水道施設とは、ダムなどの貯水施設や浄水施設、配水施設などから構成され、水道管により各建物に給水が行われる。水道施設からの給水（水道水）を上水と呼び、飲料水として用いられる。

このような上水の他、排水施設や各建物で排水処理を行って再利用する中水、敷地内に井戸を設けて利用する井水などがある。

（2）水源の種類

a）上水

上水施設から供給される飲用に適した水質を確保した水であり、上水には規定の残留塩素が含まれなければならない。飲用も含め、建物内で人に触れる可能性のある水栓や衛生器具に供給される。たとえば、洗面、外構散水栓、お風呂、ウォシュレットなどに使われる水である。

表 2.2.1　雑用水の水質基準
（建築物における衛生的環境の確保に関する法律施行規則第 4 条の 2）

項目	基準値
ph 値	5.8 〜 8.6
臭気	異常でないこと
外観	無色透明
大腸菌	検出されないこと
濁度	2 度以下
残留塩素	0.1mg/ℓ 以上[1]

※供給される水が水道または専用水道からの水の場合は該当しない。
1）給水栓における水に含まれる遊離残留塩素の含有率が 0.1mg/ℓ 以上、病原生物汚染のおそれがある場合は 0.2mg/ℓ 以上。

b）中水（雑用水・排水再利用水）

トイレ洗浄水など直接人に触れない衛生器具に供給される水を雑用水と呼ぶ。雑用水に加え、排水や雨水を原水とした再利用水を含めて中水と呼ぶ。上水との違いは水質であり、表 2.2.1 に示す最低限の水質を確保したものである。潅水設備や噴水の補給水などであっても、人に直接触れる可能性のある場合は中水を利用することができない。

c）井水

地下水を汲み上げて利用する水であり、地下水の状態によって水質に違いがある。上水として利用できるかは水質の検査が必要となる。また、地下水の汲み上げによる地盤沈下が問題となり、東京都内においては井水の取水制限（日取水量 10m³/ 日以下など）がある。

▶ 2 水道水に求められる水質

上水の水質は水道法第 4 条に基づいて厚生労働省令によって定められており、大腸菌が検出されないこと、給水栓において残留塩素 0.1mg/ℓ を保持する

表 2.2.2　上水の水質基準[7]

	内容
水質基準項目 51 項目	水道水として、基準以下であることが求められる項目
	水道法により、検査が義務づけられている項目
水質管理目標 設定項目 26 項目	今後、水道水中で検出される可能性があるなど、水道管理において留意する必要がある項目
要検討項目 47 項目	毒性評価や水道水中での検出実態が明らかでないなどの理由で、水質基準や水質管理目標設定項目に分類できなかった項目
	「必要な情報・知見の収集に努めていくべき」とされている項目

ことなど 51 項目にわたる水質基準項目をクリアする必要がある（**表 2.2.2**）。雑用水に関しても人の身近な用途に使用されるため、人に対する健康被害を考慮し水質基準が定められている（**表 2.2.1**）。また、建築物における衛生的環境の確保に関する法律（建築物衛生法）では、定期的な水質検査が義務付けられている。

水質は給水設備システム内で損なわれる可能性もあり、人が実際に使用する場所において確保されなくてはならない。設計者は後述のように、水質汚染対策を十分考慮して設計しなくてはならず、利用者(所有者)は適切な維持管理により水質を常に確保していくことが重要である。

▶ 3　給水システムの特徴と設計

給水システムは水道本管から建物内給水管を通して直接各衛生器具に給水する水道直結方式と、敷地内に設ける受水槽に一度貯水して給水する受水槽方式に大きく分けられる（**表 2.2.3**）。

(1) 受水槽を持たない方式

a) 水道直結直圧方式

水道本管を流れる水は上水施設にある給水ポンプで圧力をかけて送水されているが、その本管の圧力（150 ～ 200kPa）を利用して給水する方式で、低層

・小規模建物に適用される。給水ポンプを置かずに済む分、そのエネルギーが削減でき、また、受水槽やポンプを持たないため維持管理項目が少ない。

一方、上水施設の給水ポンプの性能や、敷地と上水施設の距離によって確保できる圧力に差があり、水道本管の圧力変動の影響を受ける。地域により差があるが、東京都の水道本管では 3 階までには直接給水できる水圧を保持している。

b) 水道直結増圧方式

高層階など、水道直結直圧方式では水圧が足りない場合や安定した水圧を確保する必要がある場合、ポンプを内蔵した増圧装置で圧力を加えて衛生器具に給水する方式である。単身者用の集合住宅など中規模建物で多く採用されている。

水道直結直圧方式と同様に、水道本管の圧力を利用することで省エネルギーにつながる。

(2) 受水槽を持つ方式

a) 高置水槽方式

受水槽に貯水した水をポンプによって揚水し（水をくみ上げる）、高置水槽に貯水する。その後は重力で建物に給水する方式であり、重力給水方式とも呼ぶ。

建物内で最も高い位置にある衛生器具よりも上部に高置水槽を設置する必要があるため、高置水槽は屋上に設置されていることが多い。高置水槽の設置高さは最上部の水栓器具の必要水圧と水栓までの摩擦損失などにより決定する。後述のように普通水栓では 30kPa、シャワーでは 70kPa 程度が必要水圧である。

瞬間的な断水への対応や水圧の安定性にメリットがあるが、他の方式に比べ、配管の長さが増え、水槽も受水槽と高置水槽の 2 種類必要となるためコストやメンテナンスが増える傾向にある。

b) ポンプ直送方式

受水槽に貯水し、受水槽から加圧給水ポンプによ

表 2.2.3　給水方式の比較

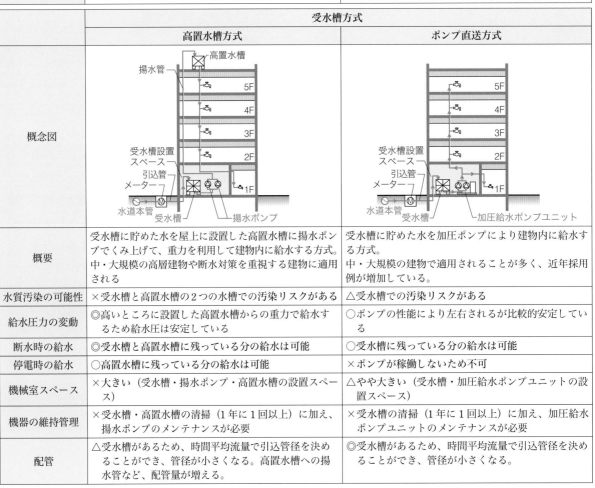

	水道直結方式	
	水道直結直圧方式	水道直結増圧方式
概念図		
概要	水道本管の圧力を利用して建物内に給水する方式。低層で小規模な建物に適用される。	水道本管の圧力を増圧ポンプによって調整して建物内に給水する方式。中規模の建物で適用されることが多い。
水質汚染の可能性	◎水槽を持たないためリスクが小さい	◎水槽を持たないためリスクが小さい
給水圧力の変動	×水道本管の給水圧変動に影響を受ける	○ポンプで圧力を調整するため水道本管の圧力が極端に低下する場合を除いて影響を受けにくい
断水時の給水	×不可	×不可
停電時の給水	◎水道本管の圧力が保持されている限り可能	×ポンプが稼働しないため不可
機械室スペース	◎不要	○小さい（増圧ポンプユニットの設置スペース）
機器の維持管理	◎ほぼ不要	△増圧ポンプユニットのメンテナンスが必要
配管	×受水槽を持たないため、瞬時最大流量に対応できるよう、引込管を太くしておく必要がある。	×受水槽を持たないため、瞬時最大流量に対応できるよう、引込管を太くしておく必要がある。

	受水槽方式	
	高置水槽方式	ポンプ直送方式
概念図		
概要	受水槽に貯めた水を屋上に設置した高置水槽に揚水ポンプでくみ上げて、重力を利用して建物内に給水する方式。中・大規模の高層建物や断水対策を重視する建物に適用される	受水槽に貯めた水を加圧ポンプにより建物内に給水する方式。中・大規模の建物で適用されることが多く、近年採用例が増加している。
水質汚染の可能性	×受水槽と高置水槽の2つの水槽での汚染リスクがある	△受水槽での汚染リスクがある
給水圧力の変動	◎高いところに設置した高置水槽からの重力で給水するため給水圧は安定している	○ポンプの性能により左右されるが比較的安定している
断水時の給水	◎受水槽と高置水槽に残っている分の給水は可能	○受水槽に残っている分の給水は可能
停電時の給水	○高置水槽に残っている分の給水は可能	×ポンプが稼働しないため不可
機械室スペース	×大きい（受水槽・揚水ポンプ・高置水槽の設置スペース）	△やや大きい（受水槽・加圧給水ポンプユニットの設置スペース）
機器の維持管理	×受水槽・高置水槽の清掃（1年に1回以上）に加え、揚水ポンプのメンテナンスが必要	×受水槽の清掃（1年に1回以上）に加え、加圧給水ポンプユニットのメンテナンスが必要
配管	△受水槽があるため、時間平均流量で引込管径を決めることができ、管径が小さくなる。高置水槽への揚水管など、配管量が増える。	◎受水槽があるため、時間平均流量で引込管径を決めることができ、管径が小さくなる。

表 2.2.4 建物種類別の単位給水量・使用時間・人員[8)]

建物種類	単位給水量 （1日当たり）	使用時間 [h/日]	注記	有効面積当たり の人員など	備考
戸建て住宅 集合住宅	$200 \sim 400\ell$/人 $200 \sim 350\ell$/人	10 15	居住者1人当たり 居住者1人当たり	0.16 人/m^2 0.16 人/m^2	
官公庁・事務所	$60 \sim 100\ell$/人	9	在勤者1人当たり	0.2 人/m^2	男子50ℓ/人、女子100ℓ/人 社員食堂・テナントなどは別途加算
工場	$60 \sim 100\ell$/人	操業時間＋1	在勤者1人当たり	座作業0.3 人/m^2 立作業0.1 人/m^2	男子50ℓ/人、女子100ℓ/人 社員食堂・シャワーなどは別途加算
総合病院	$1500 \sim 3500\ell$/床 $30 \sim 60\ell/m^2$	16	延べ面積$1m^2$当たり		設備内容などにより詳細に検討する
ホテル全体 ホテル客室部	$500 \sim 6000\ell$/床 $350 \sim 450\ell$/床	12 12			同上 客室部のみ
喫茶店	$20 \sim 35\ell$/客 $55 \sim 130\ell$/店舗m^2	10	店舗面積には厨房面積を含む		厨房で使用される水量のみ 便所洗浄水などは別途加算
飲食店	$55 \sim 130\ell$/客 $110 \sim 530\ell$/店舗m^2	10	同上		同上 定性的には、軽食・そば・和食・洋食・中華の順に多い
社員食堂	$25 \sim 50\ell$/食 $80 \sim 140\ell$/食堂m^2	10	同上		同上
デパート・スーパーマーケット	$15 \sim 30\ell/m^2$	10	延べ面積$1m^2$当たり		従業員分・空調用水を含む
小・中・普通高等学校 大学講義棟	$70 \sim 100\ell$/人 $2 \sim 4\ell/m^2$	9 9	(生徒＋職員)1人当たり 延べ面積$1m^2$当たり		教師・従業員分を含む プール用水($40 \sim 100\ell$/人)は別途加算 実験・研究用水は別途加算
劇場・映画館	$25 \sim 40\ell/m^2$ $0.2 \sim 0.3\ell$/人	14	延べ面積$1m^2$当たり 入場者1人当たり		従業員分・空調用水を含む
図書館	25ℓ/人	6	閲覧者1人当たり	0.4 人/m^2	常勤者分は別途加算

＊単位給水量は設計対象給水量であり、年間1日平均給水量ではない。
＊備考欄に特記のない限り、空調用水、冷凍機冷却水、実験・研究用水、プロセス用水、プール・サウナ用水などは別途加算する。

って加圧して衛生器具に給水する方式である。加圧給水ポンプから最も遠い場所にある衛生器具の水圧を一定に保つ制御を行う必要がある。

　ポンプから各衛生器具への配管長さや抵抗の大きさには差が出るため水圧も変動する。たとえば、末端の水圧を確保するために給水ポンプの圧力を上げると、ポンプに近い衛生器具への水圧が過剰になる場合があり注意が必要である。

c）圧力水槽方式

　圧力タンクにコンプレッサーで空気を圧縮加圧し、水を加圧して衛生器具に給水する方式である。近年の採用は少ない。

（3）設計手順

　給水設備の設計は以下のような手順で進める。

①建物に必要な給水量と上水・中水の割合を決定する（2-2 ▶ 4 (1) 参照）。

②水の使われ方、災害時対応、建物用途の条件から適した給水方式を決定する（2-2 ▶ 3 参照）。

③水道本管から敷地内に引き込む給水管の径や受水槽、高置水槽、給水ポンプ等の仕様を決定する（2-2 ▶ 5 参照）。トイレの真下などでは上水が汚染されないような機器配置を行う（2-2 ▶ 6 参照）。

④建物内の水の使用場所を決定し、衛生器具を選定する。中水を利用する場合は、供給する衛生器具を明確にし、クロスコネクションに注意する（2-2 ▶ 6 (2) 参照）。

⑤衛生器具までの配管ルートを検討し、適切に PS（パイプスペース）などを確保する。バルブの位置などメンテナンスにも配慮する。配管サイズや仕様を決定する。

▶ 4　設計条件となる給水量と給水圧力

(1) 給水量の算定

表2.2.4に設計条件として用いられる1日あたりの使用水量を示す。戸建て住宅の1日あたりの使用水量は200〜400ℓ/人であり、一般的な事務所の1日あたりの使用水量は60〜100ℓ/人となっている。住宅では風呂の水使用割合が大きいため、上水（飲料水）の使用割合が大きく、庁舎や事務所などではトイレ洗浄水の水使用割合が大きいため、雑用水の使用割合が大きい。

上水（飲料水）と雑用水はそれぞれ専用の水槽、ポンプ、配管が必要になるため、設計条件としての上水と雑用水の使用割合を適切に想定しておくことが重要である（表2.2.5）。

(2) 給水圧力の確保

給水圧力とは配管内の水圧であり、水栓から出る水の勢いと関連がある。給水圧力が低いと、たとえばシャワーからの水の出方が弱くなる。図2.2.1にあるように水面から距離が離れている下部の穴から出る水の勢いが最も強く、水面からの高低差が大きいと給水圧が高くなることが分かる。これを利用して水槽を高い位置において重力で給水圧力を得るのが高置水槽方式である。

最上部にあり高置水槽に最も近い衛生器具に必要な圧力を確保するため、最上部の衛生器具と高置水槽との設置高さの差を確保する必要がある。たとえば、一般水栓の給水圧力30kPa（表2.2.6）を確保するには、水深1mの水圧（1mH$_2$O）は9.8kPaであるため3.1m以上の高低差が必要である。実際には、これに配管等の摩擦損失を見込むため、さらに高低差が必要となる。

表2.2.5　用途ごとの飲料水と雑用水の使用割合 [9]

	飲料水 [%]	雑用水 [%]
一般建築	30〜40	70〜60
住宅	65〜80	35〜20
病院	60〜66	40〜34
デパート	45	55
学校	40〜50	60〜50

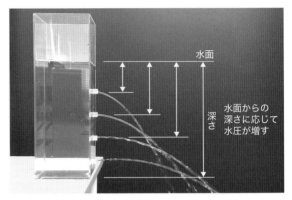

図2.2.1　水面からの深さと水圧の関係

表2.2.6　衛生器具における最低限必要な圧力 [10]

器具		最低必要圧力（流動時）[kPa]
一般水栓		30
大便器洗浄弁※		70
小便器洗浄弁		70
シャワー		70
ガス瞬間式給湯器	4〜5号	40
	7〜16号	50
	22〜30号	80

※タンクレス便器の場合も同じ

▶ 5　給水設備機器

(1) 受水槽と高置水槽

水槽の必要有効容量については、受水槽は日使用水量の40%〜60%、高置水槽は10%〜20%の容量で選定し、1日1回水が入れ替わるように配慮する。有効容量は水槽容量の80%程度を見込む。水槽の材質はFRP製[注1]やステンレス製などのほか、リサイクル性や断熱性に配慮した木製もある（図2.2.2〜図2.2.6）。また、水槽の構造は耐震性への配慮も重要

図 2.2.2　FRP 製水槽 [11]

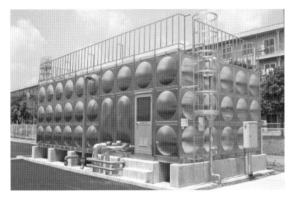

図 2.2.3　ステンレス製水槽（ポンプ室付属）[12]

図 2.2.4　木製受水槽（埼玉県立武道館）[13]

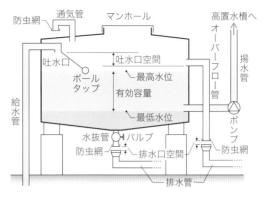

図 2.2.5　受水槽の構造

図 2.2.6　高置水槽

図 2.2.7　加圧給水ポンプユニット [14]

図 2.2.8　揚水ポンプ [15]

図 2.2.9　増圧給水ポンプユニット

であり、地震時には水槽の水が振動するスロッシングという現象により受水槽が破損する事例も発生している。

　FRP 製には 1 枚の板である単板と 2 枚の板の間に保温材（発泡ポリスチレン等）を入れた複合板の 2 種類がある。外部に置く場合は水槽内に日射が透過することによる藻の発生や、結露や外気温の影響に配慮し、水槽照度率が 0.1％以下となるような日射遮蔽性能や断熱性の高い複合板を用いる。

（2）給水ポンプ

　給水ポンプには加圧給水ポンプユニット、揚水ポンプ、増圧給水ポンプユニットなどがある（図 2.2.7 ～図 2.2.9）。ユニット化されているものは制御盤がついており、水圧や水量をインバータポンプの回転数や運転台数で制御する機能がある。また、ポンプは複数台設置されており、1 台が故障しても給水が可能な配慮がされている（図 2.2.10）。

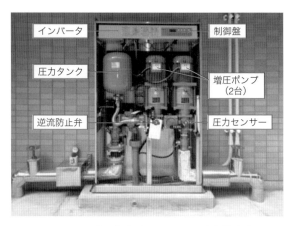

図 2.2.10　増圧給水ポンプユニット内部構造 [16]

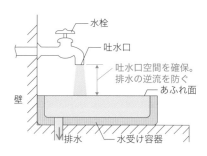

図 2.2.11　水栓における吐水口空間の確保

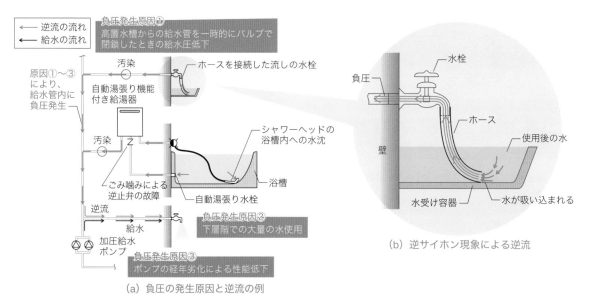

(a) 負圧の発生原因と逆流の例

(b) 逆サイホン現象による逆流

図 2.2.12　逆サイホン現象による逆流

▶ 6　上水の汚染対策

（1）衛生器具における汚染水の逆流

　洗面器などは、汚染された水が溜まることがある。よって、水栓の吐水口が洗面器のあふれ面より下部にあると、水栓が排水につかってしまい、配管内の圧力変動により排水が給水管に逆流する可能がある。これを防止するために図 2.2.11 のように吐水口とあふれ面の間には一定の空間を確保することが決められており、これを吐水口空間という。

　大便器のフラッシュバルブ（洗浄弁）やホースを接続する水栓など吐水口空間の確保が困難な場合は、図 2.2.12 に示すように逆サイホン現象（サイホン現象については p.45 参照）によって逆流が生じる恐れがあるため、バキュームブレーカー（負圧破壊装置）を設置する必要がある。バキュームブレーカーとは給水管内に負圧が生じたとき、負圧部へ自動的に空気を取り入れる装置である（図 2.2.13）。バキュームブレーカーの種類には、圧力式と大気圧式がある。逆サイホン現象は給水管口径が大きい場合に発生しやすい。

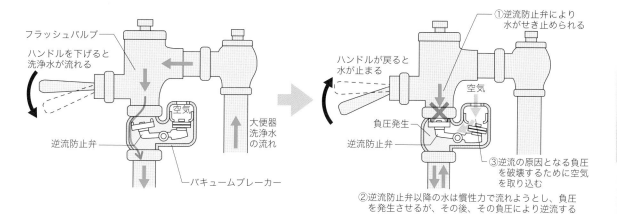

図 2.2.13　バキュームブレーカー（大気圧式）の構造

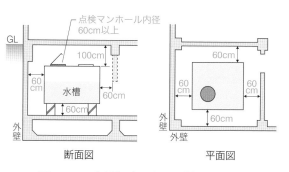

図 2.2.14　受水槽に必要な 6 面点検スペース

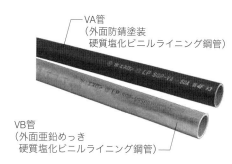

図 2.2.15　給水管

（2）異種系統の配管接続による汚染（クロスコネクション）

　上水や給湯系統とその他の系統（雑用水管・消火管・空調用冷温水管等）が、配管・装置により誤って直接接続され、上水系統が汚染されることをクロスコネクション（混交配管）という。対策として、上水を空調用冷温水の補給水として利用する場合なども直接配管を接続せず、図 2.2.5（受水槽の構造）で示したように吐水口空間などにより物理的に縁を切る、逆流防止弁（チャッキ弁）などにより他の系統からの逆流を防止するなどの方法がある。

（3）水槽での汚染

　以前は、設置スペースの削減のために水槽を土中に埋める方式や建物の地下構造（ピット）を水槽として利用する方式も用いられた。しかし、水槽壁の経年劣化による破損が原因で水槽の水質が汚染される事例が多発し、現在は図 2.2.14 のように水槽として周囲を 6 面点検できるスペースを確保することが義務付けられている。また、水槽上部には点検用に内径 60cm 以上のマンホールを設ける必要がある。

▶ 7　給水配管の計画

（1）給水配管に用いる材料

　給水用の配管材料には衛生面に配慮した腐食しにくい配管材が用いられている。配管材の選定にあたっては耐久性、耐震性や火災の延焼を防ぐ防火区画の壁を貫通することも考慮する。通常よく使われるものには外面防錆塗装硬質塩化ビニルライニング鋼管（VA 管）、外面亜鉛めっき硬質塩化ビニルライニング鋼管（VB 管）、水道用ポリエチレン粉体ライニング鋼管、ステンレス鋼管、硬質ポリ塩化ビニル管

表 2.2.7　給水圧力の調整方法（給水ゾーニング）　　▤ 竪管（主管）の給水圧力の大きさ

方式	(a) セパレート方式	(b) ブースタ方式	(c) 主管減圧方式
メリット	減圧弁がなく、メンテナンス、故障リスクが少ない。	左に加え、主管が少ない。2段階で揚水するため、揚水ポンプの性能上有利。	中間水槽がなくなる。配管がシンプル。
デメリット	水槽が必要。主管が複数。	中間水槽が大きくなる。	減圧弁故障により、下階への影響大。メンテナンスが必要。
減圧弁の数	なし	なし	少ない
	高置水槽からの高低差が大きくなるほど給水圧が大となるため、許容範囲を超える階付近に中間水槽を置き、系統を分ける。	受水槽から屋上の高置水槽まで揚水する圧力が高くなりすぎる場合に用いられる。中間水槽を利用して2段階で揚水する。	高置水槽からの高低差が大きくなるほど給水圧が大となるため、許容範囲を超える階の竪管（主管）に減圧弁を設置して、圧力を下げる。

方式	(d) 各階減圧方式	(e) 減圧ゾーニング方式	(f) 系統別ゾーニング方式
メリット	左に加え、減圧弁の故障による影響範囲が小さくなる。	加圧ポンプ方式とすることで水槽が少ない。減圧弁が少なくて済む。	減圧弁がなく、メンテナンス、故障リスクが少ない。
デメリット	減圧弁のメンテナンスが多い。	減圧弁のメンテナンスが必要。	配管やポンプが多くなり、複雑になる。
減圧弁の数	最も多い	多い	なし
	水圧が許容範囲を超える階から各階の分枝管に減圧弁を設置して調整する。	数フロアごとに系統分けを行い、必要に応じて系統ごとに減圧弁を設置する。	給水圧が各衛生器具で許容範囲内になるようにゾーニングを分け、ゾーニングごとに加圧ポンプを設置して圧力を調整する。

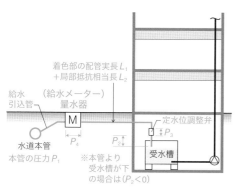

図 2.2.16　受水槽方式の給水引込管

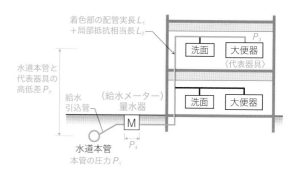

図 2.2.17　水道直結方式の給水引込管

などがある（**図 2.2.15**）。雑用水との誤接続を防止するために、外観で分かるように上水と雑用水でそれぞれ違う配管を選定する場合もある。また、給水配管は寒冷地では凍結対策、室内では配管表面の結露対策が必要であり、保温・防露材・凍結防止ヒーターなどが施工される。

（2）配管計画による給水圧力の適正化

　給水のための最低必要圧力は、一般水栓で 30kPa、大便器のフラッシュバルブや浴室のシャワー等で 70kPa である。末端の給水器具で最低限必要な給水圧を確保した場合に、ポンプに近い器具や高置水槽からの高低差が大きい器具で過剰な給水圧となる場合がある。このような給水圧力を配管のゾーニングや減圧弁で調整する方法として**表 2.2.7** のような方式があり、水槽、ポンプの配置と配管の系統分けで対応することが基本である。メンテナンスや故障リスクに配慮して、圧力を減らすための減圧弁は極力設けない計画が望ましい。

　また、ポンプ停止時に逆止弁が作動し、慣性を持った流体の運動が急に止められることによって配管内に衝撃波や負圧による水柱分離[注2]が発生し、大きな衝撃音を発することがある。これをウォーターハンマー（水撃作用）という。特に高置水槽方式において、揚水ポンプからの送水を高層階で長く横引きすると、揚水ポンプ停止時に高層階配管内で負圧が

大きくなり、水柱分離によりウォーターハンマーが起きやすい状況になる。このため、揚水管の横引きは可能な限り低層階で行う。

（3）給水管径の計算

　給水管の管径計算においては特に水道本管から敷地内に給水管を引き込み、給水メーターに接続する給水引き込み管の口径の決定が重要である。採用した給水方式によって計算方法が異なり、受水槽の有無で大きく口径が変わる。

　配管径は必要流量 Q と許容配管抵抗 R から求めるが、給水方式により Q と R の算出方法が異なる。以下にその算出方法を説明する。

a）受水槽方式の場合

　高置水槽方式やポンプ直送方式などの受水槽を用いる図 2.2.16 のような方式では、瞬間的な水の使用量変動を受水槽というバッファーで吸収できるため、1 日の使用水量を使用時間数で割った平均使用水量（Q_h）を必要水量 Q［ℓ/min］として用いることができる。

①平均流量 $Q = \dfrac{Q_h}{60}$ ［ℓ/min］

　　Q_h：時間平均予想給水量 ［ℓ/h］

②給水圧力 $P_1 = P_2 + P_3 + P_4 + R \times (L_1 + L_2)$ ［kPa］が成り立つように許容配管抵抗 R［kPa/m］を求める。

$$R = \frac{P_1 - P_2 - P_3 - P_4}{L_1 + L_2} \ \ [\text{kPa/m}]$$

P_1：水道本管の水圧［kPa］

　　各所管水道局によるが、通常 200kPa 程度

P_2：水道本管と受水槽への流入管出口の高低差
　　に相当する圧力［kPa］

P_3：定水位調整弁の必要最小圧力［kPa］（＝30）

P_4：量水器における圧力損失［kPa］（通常は＝5）

L_1：水道本管の給水引込管取出し位置から、受
　　水槽への流入管出口までの配管実長［m］

L_2：局部抵抗の相当長［m］（＝ $0.5L_1$ とする）

b）水道直結給水方式の場合

　水道直結直圧方式や水道直結増圧方式など、受水槽を持たない図2.2.17のような方式では、1日のうちの瞬時最大流量を確保できる給水引込管径とする必要がある。

① 各器具の使用水量を合計し、同時使用率を加味した瞬時最大流量 Q［ℓ/min］を算定する。瞬時最大流量はほかにも時間平均予想給水量の3〜4倍とする場合もある。

② 配管許容摩擦抵抗 R［kPa/m］を算定する。

$$R = \frac{P_1 - P_2 - P_3 - P_4}{L_1 + L_2}\ [\text{kPa/m}]$$

　P_1：水道本管の水圧［kPa］

　P_2：水道本管と代表給水器具の高低差に相当す

る圧力［kPa］

　P_3：代表給水器具の必要最小圧力［kPa］

　P_4：量水器における圧力損失［kPa］（通常は＝5）

　L_1：水道本管の代表給水器具までの配管実長［m］

　L_2：局部抵抗の相当長［m］（＝ $1.0L_1$ とする）

（4）管径の決定

　管径は a）または b）で求めた流量 Q と許容配管抵抗 R から図2.2.18の配管摩擦抵抗線図を用いて決定する。

　配管摩擦抵抗線図において、

a：配管許容摩擦抵抗 R が、推奨摩擦抵抗（Q と推奨流速の交点）以上の場合は、推奨摩擦抵抗で管径を決定する。

b：配管許容摩擦抵抗 R が、推奨摩擦抵抗未満の場合は、配管許容摩擦抵抗で管径を決定する。

　図2.2.18において、たとえば流量 $Q = 150$［ℓ/min］の場合、$R = 1.2$［kPa/m］の a と、$R = 0.24$［kPa/m］の b の配管は、それぞれ a：管径 50A、b：管径 65A となる。図中に示されている配管径は、一般的なものであり、中間点で選定された場合は、直上の配管径を採用することに注意する。

Column

測定器とその原理①　　流量計

　水の流量の単位は［ℓ/min］、［m³/h］などが使われる。流量測定の最も単純な方式が羽根車式で、家庭用水道メーターにも使われている。水の流れで羽根車を回転させ、その回転量から流量を測定するもので、流量計を管の間につなぐ必要がある。

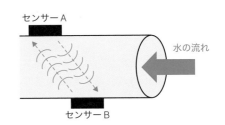

　管の外側から測定する方法として、超音波式流量計がある。管を挟んだ2点間の超音波は、水流の方向と速度により、行きと帰りの到達時間が変わる。これによりわかる流速に管の断面積をかけると流量が測定できる。電磁誘導を利用する電磁流量計もあるが、原理が複雑なのでここでは説明を省略する。

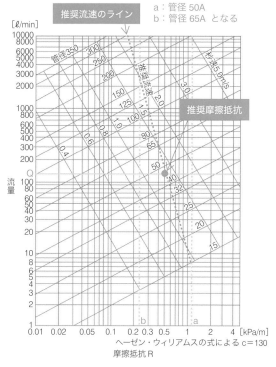

推奨流速のライン

a：管径 50A
b：管径 65A となる

推奨摩擦抵抗

ヘーゼン・ウィリアムスの式による c＝130
摩擦抵抗 R

図 2.2.18　配管許容摩擦抵抗図（硬質塩化ビニルライニング鋼管）[17]

例題①	受水槽容量と水道引込口径

　事務所用途で延床面積 10,000m² の建物に受水槽方式の給水システムを導入する際に必要となる受水槽容量と水道引込管の口径を示すこと。ただし、配管径は配管許容摩擦抵抗図における推奨流速を用いて算出してよい。レンタブル比は 70％とする。

解答

　計画人員：10,000m² × 0.7 × 0.2 人 /m²（人員密度）＝ 1,400 人（**表 2.2.4** より）

　日使用水量：1,400 人 × 100 ℓ/ 人（単位給水量）＝ 140,000 ℓ/ 日 → 140m³/ 日（**表 2.2.4** より）

　受水槽容量は日使用水量の 1/2 を見込むとして、140m³ × 1/2 ＝ 70m³ となる。

　時間平均予想給水量：140,000 ℓ/ 日 ÷ 9 時間（使用時間）÷ 60 分＝ 260 ℓ/min（**表 2.2.4** より）

　したがって、配管許容摩擦抵抗図より水道引込口径は 65A となる。（**図 2.2.18** より）

例題②	高架水槽の容量のチェック

　映画「タワーリング・インフェルノ（The Towering Inferno）（1974 年公開）」は超高層ビル火災を描いたパニック映画である。舞台となった超高層ビルは、地上550m・138 階建てで、81 階にある配電盤が火元となり火災が発生する。その消火活動のクライマックスは高架水槽を爆破し、その貯水でようやく鎮火する。この高架水槽は、設定上は 380 万ℓ（百万ガロン）とあるが、この容量が適正かどうか確認すること。ただし、建物規模をおよそ延床面積 485,000m² の集合住宅とし、高架水槽の容量は有効容量と考える。

解答

　日使用水量：15,520,000ℓ/ 日（＝ 485,000m² × 0.16 人 /m² × 200ℓ/ 人）（**表 2.2.4** より）

　高架水槽の容量：310 万ℓ（日使用水量の20％で選定）

　したがって、映画で設定した容量は本試算の約 1.2 倍となり、ほぼ 適正 と言える。

注

1　繊維強化プラスチック（Fiber-Reinforced Plastics）の略称。ガラス繊維、炭素繊維などの繊維をプラスチックの中に入れて強度を向上させた複合材料である。

2　揚水ポンプの停止によって配管内が負圧になり、その圧力が水の飽和水蒸気圧以下になると水が蒸発し、配管内が部分的に蒸気で満たされる。これを水柱分離という。負圧が緩和されることで蒸気が液体へと戻る時に液体を引き戻し、これらがぶつかりあって衝撃音を発することがある。

2-3 給湯設備

給湯設備はお風呂や台所で使うお湯を供給する設備である。薪を燃やしてお湯を沸かす時代を経て、現代ではガスを使ったガス給湯器や電気を利用した電気温水器が主流となっている。給水設備と比較して給湯設備では、水を加熱するために大きなエネルギーが必要となる。お湯を多く使用する住宅やホテルでは、建物全体の消費エネルギーの中で、住宅は約3割、ホテルは約1割が給湯で消費するエネルギーである。そこで、給湯設備に対しては太陽熱利用やヒートポンプ式給湯器などさまざまな省エネルギー手法が実践されている。

▶ 1 給湯温度

湯の使用温度は夏期38〜40℃、冬期40〜42℃が一般的であるが、これはレジオネラ症[注1]の原因菌が増殖する温度帯でもあるため、「建築物衛生法」では貯湯槽の湯温を常に60℃以上にし、給湯用水栓までの配管内の温度も55℃以上を保持することとされ

表 2.3.1 給湯温度

	洗面所、湯沸室用	厨房用	浴場用	飲用
水栓等を湯水混合栓とした場合	60℃	−	60℃	−
その他	45℃	60℃	−	90℃

表 2.3.2 人員による必要給湯量[18]

建物の種類	年間平均1日給湯量	ピーク時給湯量	ピーク継続時間
住宅	150〜200 ℓ/(戸·日)	100〜200 ℓ/(戸·h)	2h
事務所	7〜10 ℓ/(人·日)	1.5〜2.5 ℓ/(人·h)	2h
ホテル客室	150〜250 ℓ/(人·日)	20〜40 ℓ/(人·h)	2h
総合病院	2〜4 ℓ/(m²·日)	0.4〜0.8 ℓ/(m²·h)	1h
	100〜200 ℓ/(床·日)	20〜40 ℓ/(床·日)	1h
飲食施設	40〜80 ℓ/(m²·日)	10〜20 ℓ/(m²·h)	2h
	60〜120 ℓ/(席·日)	15〜30 ℓ/(席·h)	2h

＊給水温度5℃、給湯温度60℃基準

表 2.3.3 各種建物における器具別給湯量（給湯温度 60℃ 基準）[19]　　　　［ℓ/(器具1個·h)］

建物種類 器具種類	個人住宅	集合住宅	事務所	ホテル	病院	工場	学校	体育館
個人洗面器	7.6	7.6	7.6	7.6	7.6	7.6	7.6	7.6
一般洗面器	—	15	23	30	23	45.5	57	30
洋風浴槽	76	76	—	76	76	—	—	114
シャワー	114	114	114	284	284	850	850	850
台所流し	38	38	76	114	76	76	76	—
配ぜん流し	19	19	38	38	38	—	38	—
掃除流し	57	76	57	114	76	76	—	—
洗濯流し	76	76	—	106	106	—	—	—
同時使用率	0.30	0.30	0.30	0.25	0.25	0.40	0.40	0.40
貯湯容量係数*	0.70	1.25	2.00	0.80	0.60	1.00	1.00	1.00

注1. 加熱能力は、各器具の所要給湯量の累計に同時使用率を乗じた値に、(60℃−給水温度)の温度差を乗じて求める
　　2. 有効貯湯容量は、各器具の所要給湯量の累計に同時使用率を乗じた値に、貯湯容量係数を乗じて求める
＊熱源が十分に得られる場合においては、この係数を減じてもよいが、その分、加熱能力を大きくする必要がある

ている。

適温で給湯するため、たとえば混合水栓では 60℃以上の温水と水を混合して温度の調整を行ってから供給している（**表 2.3.1**）。

▶ 2　給湯量

(1) 人員による必要給湯量

建物内で給湯を使う人員による給湯量を**表 2.3.2**に示す。集合住宅やホテル客室は浴槽に利用される給湯量が大部分であり、飲食施設は厨房に利用される給湯量が多い。ホテルなどで中央給湯（次項）を計画する場合は、各室の浴槽の同時使用率の設定が重要となり、使用率を低く見込むと湯切れを起こす可能性がある。

(2) 衛生器具による必要給湯量

人員による給湯量は建物全体の給湯量を把握するには適しているが、配管や局所給湯器の設計のためには室や器具ごとに必要給湯量を把握する必要がある（**表 2.3.3**）。

(3) 用途別の給湯量の時刻変動

湯切れを発生させない熱源や貯湯槽の容量を決定するためには、適切な同時使用率を見込んだ時刻別の最大給湯量とその継続時間を考慮する。**図 2.3.1**に示すようにホテルは 8 時頃にも給湯量の増加が見られるが、夜間浴室を利用する 18 時頃から増え始め、

22 時頃に給湯量のピークとなることが分かる。入浴により夜間に給湯量が増加する傾向は住宅も同様である。この間に給湯量が不足しないように熱源容量や貯湯槽を選定することが重要となる。

事務所はホテルや住宅と比較すると給湯量が少なく、時間平均給湯量とピーク給湯量の差は小さい。また、事務所では局所給湯（次項）の採用が多いため、衛生器具の必要給湯量や使用頻度により熱源を個別に選定していくことが多い。

▶ 3　給湯方式と設計手順

(1) 給湯熱源の配置（局所給湯・中央給湯）

局所給湯とは、住宅・湯沸室・洗面・小規模な厨房のために、室や器具単位で設置される小型の給湯器を用いる方式である。

中央給湯とは、大型のボイラー等の集約した熱源から建物全体に給湯する方式である（**図 2.3.2**）。ホ

表 2.3.4　中央式と局所式 [21]

分類	方式	適用
中央式 （循環式）	原則として、ボイラー、温水発生器と貯湯槽などを組み合わせた集約システムであり、給湯用循環ポンプを用いた強制循環方式である	・大規模施設で全館給湯を必要とする場合 ・大規模浴場等で大量の湯を必要とする場合
局所式	原則として、湯沸かし等による方式である	・湯沸室、住宅用の浴室等の小規模なものに給湯する場合 ・小規模厨房等で管理体制が異なる箇所へ給湯する場合

[m³/h]〈ホテル〉336室 712床

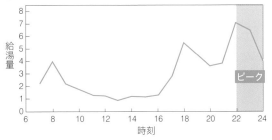

[ℓ/h]〈事務所〉男女便所・湯沸し室

図 2.3.1　ホテルと事務所の時刻別給湯量（ホテルは上田俊彦ら、事務所は井上宇市らによる）[20]

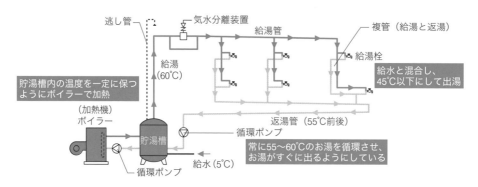

図 2.3.2　中央給湯方式の基本構成（複管方式・下向き循環式配管法）

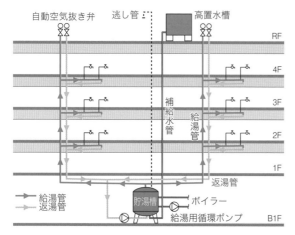

図 2.3.3　上向き循環式配管法

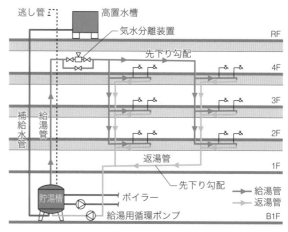

図 2.3.4　下向き循環式配管法

テルなどでは、循環ポンプで常に循環させ、配管内の湯の温度を一定に保つことで、水栓から即時お湯が出るシステムとしている（表2.3.4）。

（2）お湯の循環

単管式とは、供給用の往き給湯管しかない方式で、衛生器具から流出するまでは配管内にお湯が滞留する。そのため、使用されない時間に配管内の温度が下がり、衛生器具使用時にお湯が出るまでに時間がかかる。

複管式とは、往き給湯管に加え給湯熱源へ戻っていく返湯管を設置する方式である。お湯が使われていない間は配管内をお湯が循環しており給湯熱源で温度が一定に保たれるため、衛生器具使用時にはすぐにお湯が出る。

（3）循環式給湯配管の方式

複管式において、給湯配管内の温度の高いお湯は上昇し、返湯管の温度の下がったお湯は下降するため、循環配管内のお湯はポンプを利用しなくても自然に循環する。このお湯の温度差による浮力を利用した循環方式を自然循環式という。対してポンプを利用して強制的にお湯を循環させる方式を強制循環式という。一般的には強制循環式を採用することが多い。

また、給湯配管方式には図2.3.3のように、下階の貯湯槽から上階に向かって配管内を下から上に給湯する上向き循環式配管法と、図2.3.4のように、貯湯槽から一度最上階まで湯を送り、配管内を上から下に給湯する下向き循環式配管法がある。最上階まで立ち上げた配管から気水分離装置により配管内の流

壁付け型　　　　　　　　　自立連結型

図 2.3.5　瞬間湯沸器 [22]

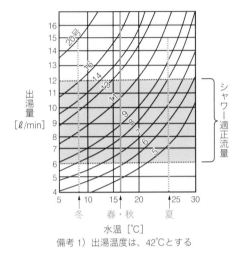

出湯量 [ℓ/min]

シャワー適正流量

水温 [℃]

冬　　春・秋　　夏

備考 1) 出湯温度は、42℃とする

図 2.3.6　瞬間湯沸器の能力と出湯量（42℃）[23]

ガス焚き温水器　　　　　　貯湯槽

図 2.3.7　ガス焚き温水器と貯湯槽 [24]

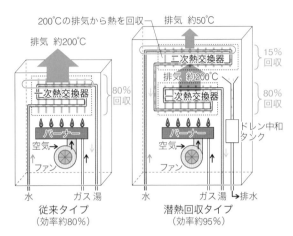

200℃の排気から熱を回収

排気　約50℃

排気　約200℃

二次熱交換器

15%回収

排気　約200℃

一次熱交換器

80%回収

一次熱交換器

80%回収

バーナー

空気

ファン

バーナー

空気

ファン

ドレン中和タンク

水　ガス 湯

水　ガス 湯　排水

従来タイプ
（効率約80%）

潜熱回収タイプ
（効率約95%）

図 2.3.8　潜熱回収型給湯器の仕組み

れを妨げる気泡を除去することができる下向き循環式配管法が推奨されている。

（4）給湯設備の設計手順

　給湯設備の設計は、給湯量の算定から始まり、給湯方式、省エネ手法、機器選定、配管計画へと続く。設計手順を以下に示す。

①建物で必要な給湯量を算出（2-3 ▶ 2 参照）

②方式を選択（局所給湯、中央給湯）
　用途ごと、室ごとに方式を検討（2-3 ▶ 3 参照）

③節水、省エネルギー手法の検討（2-3 ▶ 6 参照）

④熱源種類と加熱能力、必要に応じて貯湯槽容量の仕様を決定（2-3 ▶ 4 参照）

⑤単管式か複管式かを選択し、配管方式（上向き循環方式、下向き循環方式）や配管材質を決定
　（2-3 ▶ 3、5 参照）

⑥強制循環方式の場合は循環ポンプを選定

▶ 4　給湯設備機器

（1）加熱装置の種類

a) 瞬間湯沸器

　瞬間湯沸器は主に局所給湯に用いられる加熱装置で家庭用のガス給湯器として広く使用されている。小型の壁掛け型が多いが、美容院やクリニック等で給湯負荷が多い場合は連結型として能力を増やすことが可能である（図 2.3.5）。能力の算定は必要な出湯量と給湯温度より加熱量を求めることにより決定するが、簡易的に図 2.3.6 のグラフから行うこともできる。

　ガス給湯器の「号」の表示は、1 号が流量 1 ℓ/min の水を 25℃ 上昇させる能力（1.75kW）を表し、単

図 2.3.9　ヒートポンプ式電気温水器 [25]

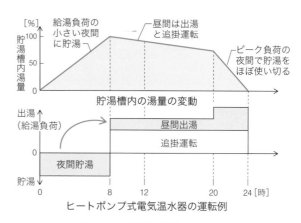

図 2.3.10　貯湯と出湯のバランス

体の瞬間湯沸器では、10、16、20、24、28号という製品ラインナップが一般的である。

b）ガス焚き温水器と貯湯槽（図2.3.7）

中央給湯方式では、加熱能力が高いガス焚き温水器やボイラーなどの加熱装置と貯湯槽との組み合わせが用いられる。ボイラーは加熱能力が高いが燃焼後の排気を行う煙突の設置が必要となり、ボイラーのうち圧力容器に該当する機器では取扱いに専門の資格が必要となる。

c）潜熱回収型ガス給湯器

瞬間湯沸器のうち、ガス燃焼後の排気から熱を回収して一次熱交換器への給水温度を上げておく潜熱回収型ガス給湯器は、排気から熱を回収した分バーナーによる加熱量が低減でき、従来タイプよりガスの消費量が少なくてすみ、省エネルギーとなる（図2.3.8）。

d）ヒートポンプ式電気温水器（図2.3.9）

ヒートポンプ式電気温水器は「エコキュート」と呼ばれているもので、エアコンと同じヒートポンプ方式（p.121）によって温水を製造するため、効率が高く省エネルギーにつながる。ただし、ガス瞬間湯沸かし器などの燃焼系給湯器に比べて加熱能力が低く、瞬間的な給湯量の増加に対応できないため貯湯槽と組み合わせる必要がある。図2.3.10に示すように、給湯負荷の少ない深夜に貯湯槽にお湯を貯め、

給湯負荷のある昼間に貯湯槽のお湯とそれを補完する追い掛け運転で対応する運転方法となる。貯湯槽内のお湯を使い切ってしまうと湯切れのリスクが発生する。

（2）さまざまな安全装置

ボイラーや貯湯槽などの給湯設備の密閉容器内で水を加熱すると、水の膨張により容器内の圧力が上昇し、容器を破壊する恐れがある。この水の膨張を逃がすために加熱装置においては図2.3.11にある膨張管（逃し管）や膨張タンク、図2.3.12のような逃し弁、溶解栓などが必要となる。膨張管（逃し管）は圧力を大気に開放するために屋上まで立ち上げる配管であり、常に大気に開放されているためお湯が逆流しないように給水システムよりも上の位置まで立ち上げられている。圧力を逃す安全装置であるため、膨張管には止水弁を設けてはならない。膨張タンクには開放式と密閉式があるが、開放式膨張タンクはタンク内の水位の変動により圧力を調整する装置である。

密閉式膨張タンクは図2.3.13に示すように、通常時は気体で満たされており、配管系統とはダイヤフラムと呼ばれる膜で仕切られている。圧力が高くなると膨張水がダイヤフラムを押すことでタンク内に膨張水が浸入し圧力を吸収する。逃し弁は圧力が高

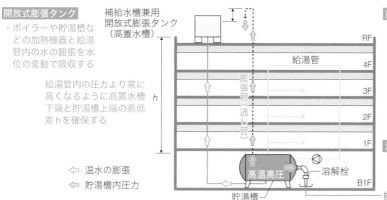

開放式膨張タンク
・ボイラーや貯湯槽などの加熱機器と給湯管内の水の膨張を水位の変動で吸収する

給湯管内の圧力より常に高くなるように高置水槽下端と貯湯槽上端の高低差 h を確保する

⇦ 温水の膨張
⇦ 貯湯槽内圧力

補給水槽兼用
開放式膨張タンク
（高置水槽）

給湯管

膨張管（逃し管）

高温高圧
貯湯槽

溶解栓

膨張管（逃し管）
・貯湯槽内の圧力を逃がす
・高置水槽内の水面より上部の位置で開放する（通常時に水が吹き出さないように）
・止水弁を設けてはならない

溶解栓
・貯湯槽内温度が100℃に上がると、栓が溶解し排水される

排水管

図 2.3.11　開放式膨張タンクと膨張管

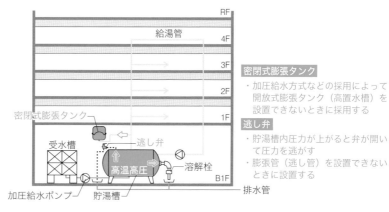

給湯管

密閉式膨張タンク

受水槽

逃し弁

高温高圧
貯湯槽

溶解栓

加圧給水ポンプ

⇦ 温水の膨張
⇦ 貯湯槽内圧力

密閉式膨張タンク
・加圧給水方式などの採用によって開放式膨張タンク（高置水槽）を設置できないときに採用する

逃し弁
・貯湯槽内圧力が上がると弁が開いて圧力を逃がす
・膨張管（逃し管）を設置できないときに設置する

排水管

図 2.3.12　密閉式膨張タンクと逃し弁

くなった場合に大気に圧力を逃がす機構を持つ弁である（図 2.3.14）。また、水温が 100℃ を超える容器は溶解栓が必要となる。溶解栓は 100℃ 近い高温水が触れると溶解栓に内蔵された合金が溶け、容器外に水が排出される仕組みとなっている。

▶ 5　給湯配管の計画

（1）給湯配管に用いる材料

　給湯配管は上水と同等の水質管理が必要なため、ステンレス鋼管、銅管、耐熱塩化ビニルライニング鋼管、耐熱性樹脂管（耐熱硬質塩化ビニル管、ポリブデン管、架橋ポリエチレン管）を用いることが一般的である。また、給湯管は管内の水温が高いため、給湯管から周辺空気への熱損失が大きくなる。した

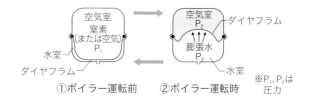

空気室
窒素
（または空気）
P_1

水室
ダイヤフラム

①ボイラー運転前

空気室
P_2
ダイヤフラム

膨張水
P_2
水室

②ボイラー運転時

※P_1、P_2は圧力

図 2.3.13　密閉式膨張タンクの原理[26]

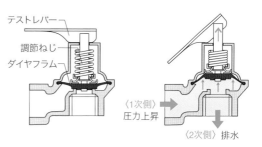

テストレバー
調節ねじ
ダイヤフラム

〈1次側〉
圧力上昇

〈2次側〉排水

1次側の圧力上昇によりダイヤフラムが上がり2次側に圧力（熱湯）を逃がす

図 2.3.14　逃し弁の原理

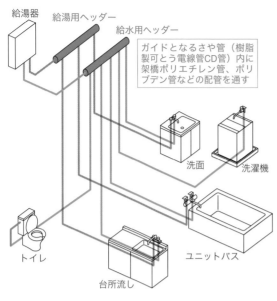

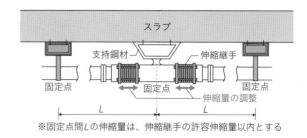

図 2.3.16　ベローズ型伸縮継手（複式）と固定点

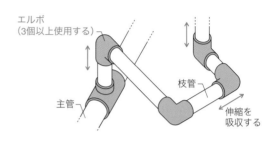

※固定点間Lの伸縮量は、伸縮継手の許容伸縮量以内とする

給湯器　給湯用ヘッダー

給水用ヘッダー

ガイドとなるさや管（樹脂製可とう電線管CD管）内に架橋ポリエチレン管、ポリブデン管などの配管を通す

洗面　洗濯機

ユニットバス

トイレ

台所流し

図 2.3.15　さや管ヘッダー方式

エルボ
（3個以上使用する）

主管

枝管

伸縮を吸収する

図 2.3.17　スイベルジョイント方式

がって、断熱材等によって適切に保温を行うことが給湯温度の低下を防止し、無駄な燃料消費を削減することにつながる。

　住宅などでは、樹脂管を用いた**図2.3.15**のようなさや管ヘッダー方式が多く採用されている。ヘッダーから各給水・給湯器具に水とお湯を1本ずつ配管する方式で、ヘッダー以降で分岐しないので、水圧の低下が少ないことが特徴である。また、さや管は給水・給湯管としての樹脂管が劣化した場合であっても、単独で劣化した樹脂管をさやから抜き出し、新規の樹脂管を差し込むことにより配管の交換が可能である。

（2）配管の伸縮量

　給湯配管内の水は、冬の給水温度5℃から貯湯槽内温度60℃以上まで水温が大きく変動する。この温度変動により給湯配管自体の管径および長さが伸縮する。管径の伸縮はごくわずかであるが、軸方向の伸縮は配管長が長くなるほど大きくなり、継手・弁類・支持金物などが破損して大規模な漏水事故などにつながることがある。配管の伸縮を吸収させる

ために、直管部においては、**図2.3.16**のような伸縮継手を用いる。伸縮を吸収するには伸縮継手と配管の適切な位置に固定点を設置する必要がある。分岐部などで配管伸縮を吸収する方法として、**図2.3.17**のように、XYZ方向の変位を吸収するために3個以上のエルボを使用して配管に可とう性（フレキシビリティ）をもたせて伸縮を吸収させるスイベルジョイント方式（**図2.3.17**）がある。

（3）空気抜き弁

　特に水圧の低い位置の給湯設備配管では、圧力低下により湯に含まれる気体が分離する傾向にあり、その気体を除去する必要がある。理由は、空気溜まりを防止して、湯の流れを妨げないためと、配管内面の腐食を防止するためである。そのために自動で作動する空気抜き弁が使用される。フロート式の空気抜き弁は、空気の流出によって水面が上がるとフロートも上昇し、やがて弁座とフロートが密着することで再び気密が保たれる。空気抜き弁は、気体が溜まりやすい配管の最高高さの位置等に設置するのがよい。

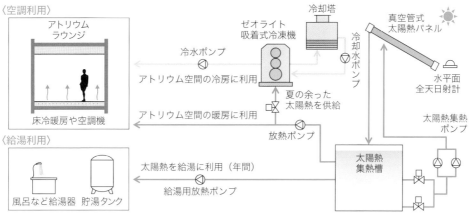

図2.3.18　太陽熱利用システムの例

▶ 6 給湯設備における環境負荷削減手法

(1) 太陽熱を利用した給湯設備

太陽熱パネルを屋上等に設置することにより、太陽光で水を加温して給湯することが可能である。ホテルや病院などの年間を通して給湯負荷が発生する建物には有利であるが、季節による給湯負荷の変動があり、特に夏において太陽熱が余ってしまうことがある。太陽熱システムの事例として、夏に余った太陽熱温水と吸着式冷凍機という熱源を利用して冷水を製造し、冷房を行うシステムを**図2.3.18**に示す。

吸着式冷凍機では、効率的な冷水製造のために高温の太陽熱温水を供給する必要があり、**図2.3.19**のような高断熱で集熱効率の高い真空管式集熱パネルを採用している。

(2) 地中熱ヒートポンプ給湯器

ヒートポンプ式給湯器は空気と熱交換を行う空冷式が一般的であるが、地中熱ヒートポンプ給湯器は冬期において空気より温度が高い地中と熱交換を行うことで高効率な運転を行う方式である。特に寒冷地など外気の温度が低い地域で効果が大きい。

注
1　レジオネラ症：レジオネラ菌により、米国のホテルで在郷軍人会に出席した人が多く死亡した。循環式浴槽システムが原因で、対策には給湯温度を一定以上に保つことが重要となる。

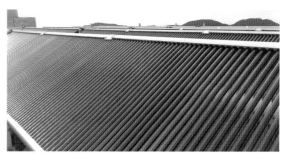

図2.3.19　真空管式太陽熱集熱パネル

| 例題③ | 給湯量とガス瞬間湯沸器の容量選定 |

住宅に設置するガス瞬間湯沸器の容量を選定すること。器具種別と個数は、個人洗面器1個、洋風浴槽1個、シャワー1個、台所流し1個とする。また給水温度5℃、余裕率1.2とし、小規模のため同時使用率は無視し3か所すべてを同時に使用可能とする。

解答

使用給湯量：7.6 + 76 + 114 + 38 = 235.6ℓ/h（**表2.3.3**より）

時間最大給湯量：235.6 ÷ 60分 × 1.2（余裕率）= 4.712ℓ/min

必要加熱量：4.186（kJ/(kg℃)：水の比熱）× 4.712 × (60 − 5) ÷ 60 = 18.1kW

必要能力：18.1 ÷ 1.75kW/号 = 10.3号

したがって、10.3号を上回る 16号 のガス瞬間湯沸器が必要。

2-4 排水・通気設備

▶ 1 排水・通気設備の役割

排水設備は雨水や台所、洗面所などからの雑排水、便所からの汚水などを建物内から下水道本管に排出する設備である（図 2.4.1）。

排水は自然流下で排出することが前提であり、たとえば、排水が排水管の下流に向かって流れていくような勾配をつけて計画する。逆流するような逆勾配とならないように気をつける。また、ストロー状の細い排水管から排水を行うため、排水をスムーズに行うには配管内部の空気が流れを妨げないよう通気管から適切に逃がしてやる必要がある。これを通気といい、排水設備において適切に通気を計画することは非常に重要になる。

排水管は衛生器具と直接接続されているため排水管からの臭いが室内に逆流しないようにトラップを設け、直接空気が室内とつながらないようにする。

通気管は配管内の圧力変動によってトラップ内の封水がなくなることを防止する役割もある。

▶ 2 排水方式の設計手順

排水方式の検討と設計は以下のような手順によって行う。

①建物から出る排水量を算出

　汚水・雑排水は給水設備の設計で用いた給水量を排出量とする。（2-4 ▶ 4 参照）

②敷地に適した排水方式を検討

　汚水・雑排水・雨水を分けて排水するか、下水道本管が敷設されていない場合は河川に放流できる水質まで排水を浄化する浄化槽が必要かどうか等を検討する。（2-4 ▶ 8 参照）

③建物内で排水が必要な箇所を決定

④汚水・排水管の配管ルートを計画

⑤トラップの設置や通気方式を計画（2-4 ▶ 3 参照）

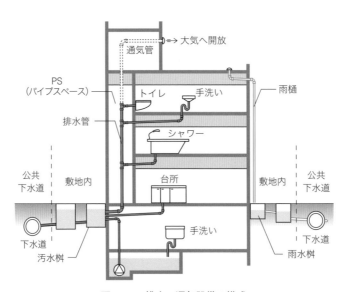

図 2.4.1　排水・通気設備の構成

⑥雨水排水の方法を計画

降雨強度より雨水貯留槽の容量や構造、外構雨水の集水方法を検討し、雨水排水竪管等の設計を行う（2-4 ▶ 8 参照）。

⑦外構から下水道本管に接続する敷地排水管のルートを計画（2-4 ▶ 4 参照）

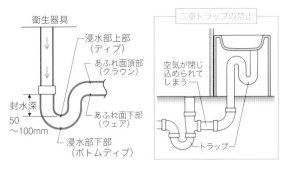

図 2.4.2　トラップの仕組み

▶ 3　排水トラップ・阻集器・ディスポーザ

（1）排水トラップの目的と種類

排水トラップは排水管から臭気や虫などが室内に侵入することを防ぐために設けているもので、排水管の室内側の出口に水で蓋をする構造（封水）となっている。確実に蓋をするため、トラップの封水深は、建築基準法では50mm以上100mm以下とされている。また、2つのトラップを同一配管に直列に設けることは、トラップ間の配管内の空気が閉じ込められることになり、排水の支障となるため禁止されている（二重トラップの禁止）（図 2.4.2）。

トラップは図 2.4.3 に示す種類のものがあり、管トラップと隔壁トラップに大きく分けられる。管トラップは管の一部を曲げたもので自己サイホン作用により固形物などが混じった水でも排水できる特徴（自浄作用）があるが、封水が切れやすい。SトラップやPトラップは器具に設置する場合が多いが、Uトラップは排水管の途中に設置される。隔壁トラップはサイホン現象が起きにくく、封水強度の大きいトラップである。わんトラップは容易に取り外しできるわんでトラップを形成しているため、清掃時に取り外した後、必ず元に戻すことが重要である。ドラムトラップなどは排水中の固形物などを堆積させる目的もある。ボトルトラップは主にヨーロッパで用いられており国内での使用は少ない。

（2）トラップの封水損失（破封）

トラップの封水は以下のような現象により失われ

図 2.4.3　トラップの種類

ることがあるため注意が必要となる（図 2.4.4）。たとえばその1つの原因としてサイホン現象がある。サイホン現象とは図 2.4.5 に示すように管が水面の上にあっても管内に水が満たされ流れはじめると2つの水槽が同じ水位になろうとすることによって水位の高い水槽から低い水槽へ水が流れるような現象である。

a）自己サイホン作用

排水が勢いよく流れることによりサイホン現象が起こり、封水が損失する作用である。

b）誘導サイホン作用（吸出し作用）

排水立て管（p.48）に大量に排水が流れることで、流れた直後の配管内が負圧となり、封水が排水立て管に吸い出されていく作用。排水した階の直下階で発生しやすい。

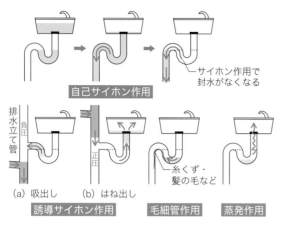

図 2.4.4　主なトラップ封水損失現象

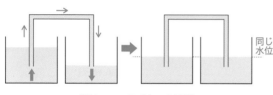

図 2.4.5　サイホンの原理

c）誘導サイホン作用（はね出し作用）

吸出し作用と同様に、排水立て管に大量の排水が流れた場合、流れてくる排水に空気が押し出されて封水が吹き出す作用。最下階で発生しやすい。

d）毛細管現象

トラップのあふれ面付近に髪や糸くずなどが付着すると、それらを伝わって徐々に封水が失われていく現象。

e）蒸発

長期間排水を行わないことによって、封水が徐々に蒸発し失われていく現象。

（3）阻集器の目的と種類

トラップの一種である阻集器は排水管の汚れの防止や下水道施設の排水処理負荷を軽減することを目的として、排水から油や、毛やゴミを分離するなどの目的で設置される。排水が発生する場所の直近に設置されることが望ましい。厨房には**図 2.4.6** のようなグリース阻集器が設置され、駐車場や洗車場、

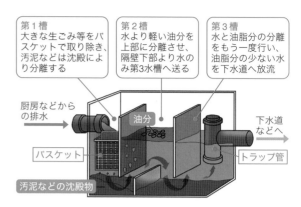

図 2.4.6　グリース阻集器の構造

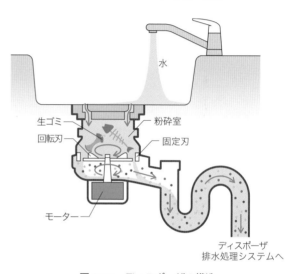

図 2.4.7　ディスポーザの構造

その他油漏れが予想される場所の排水にはオイル阻集器（ガソリントラップ）が設置されることが多い。この他に美容室・理容室やプールの排水に設置するヘアトラップなどがある。

（4）ディスポーザ（図 2.4.7）

ディスポーザとは、キッチンシンクの排水口の下などに設置され、固形の生ごみをミキサーのように粉砕して水とともに排水管に流し出す生ごみ処理機である。室内に置いておく生ごみが削減でき衛生的であるが、下水道施設への負担が増えるため、排水管から下水道に流す前にディスポーザ排水処理システム等で再度処理を行う場合もある。

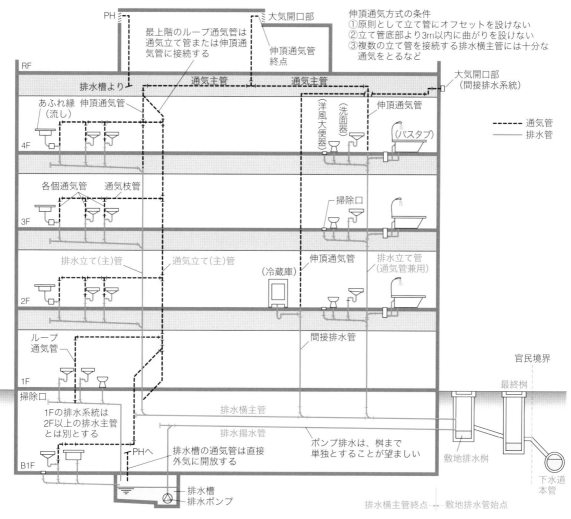

図中のラベル：

PH　最上階のループ通気管は通気立て管または伸頂通気管に接続する　大気開口部

伸頂通気方式の条件
①原則として立て管にオフセットを設けない
②立て管底部より3m以内に曲がりを設けない
③複数の立て管を接続する排水横主管には十分な通気をとるなど

RF　排水槽より　通気主管　通気主管　伸頂通気管終点　大気開口部（間接排水系統）

4F　あふれ縁（流し）　伸頂通気管　（洋風大便器）　（洗面器）　伸頂通気管　（バスタブ）
- - - 通気管
── 排水管

3F　各個通気管　通気枝管　掃除口

2F　排水立て（主）管　通気立て（主）管　（冷蔵庫）　伸頂通気管　排水立て管（通気管兼用）

1F　ループ通気管　間接排水管　官民境界　最終桝

掃除口　1Fの排水系統は2F以上の排水主管とは別とする
排水横主管　排水揚水管　ポンプ排水は、桝まで単独とすることが望ましい　敷地排水桝

B1F　排水槽の通気管は直接外気に開放する　下水道本管
排水槽　排水ポンプ
排水横主管終点　敷地排水管始点

図 2.4.8　排水通気配管系統 [27)]

▶ 4　排水通気配管の種類と機能

　建物内の排水通気の配管は**図 2.4.8** のような構成となっており、衛生器具からの排水管を排水横枝管で集め、排水立て管にてたち下げた後、地盤面以下で敷地排水桝に接続する。通気管は、排水を流れやすくするために設置し、通気管の末端は大気に開放する。衛生器具から排水することにより排水管内に閉じ込められる空気を大気に開放する役目や、排水通過後に一時的に負圧となる配管に大気から空気を送り込む役目をしている。

　以下に、各配管の名称と機能を示す。

a）敷地排水管

　建物からの排水は外構に埋設された排水桝に接続され、敷地排水管によって敷地外に排出される。汚水用の排水桝には、固形物が滞留しないように底部に溝（インバート）を設けた**インバート桝**が用いられる（**図 2.4.9**）。点検など維持管理のために桝が必要となる部分は、①敷地排水管の始点（最上流）、②敷地排水管の曲がり部、合流部、③敷地排水管の管径、管種、および勾配の変化点、④排水管の長さが内径の120倍を超えない範囲で維持管理上適切な場所、などである。

　トラップを設けられない雨水や空調のドレン排水

47

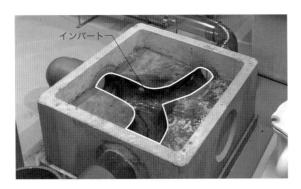

図2.4.9　インバート枡の底部

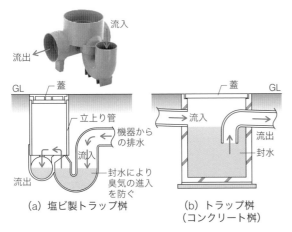

図2.4.10　トラップ枡[29]

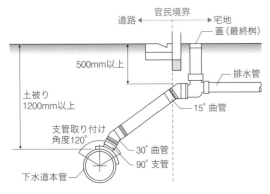

図2.4.11　敷地内最終枡から下水本管への接続例[30]

表2.4.1　排水横枝管の最小勾配[28]

呼び径（A）	勾配（最小）
65 以下	1/50
75、100	1/100
125	1/150
150 〜 300	1/200

※ Aは配管の呼び径を示し 100A →外径 114.3mm である

管などを敷地排水管に接続する場合、臭気が室内に逆流しないように図2.4.10のようなトラップ枡を設ける。また、敷地内に極端な高低差がある場合に垂直につないで勾配を調整するためのドロップ枡がある。

これらの排水枡は、最終的には図2.4.11にあるように下水道本管の上部に勾配をつけて接続する必要がある。また、官民境界付近に最終枡を設ける。

b）器具排水管

衛生器具と直接接続されている排水管である。

c）排水横枝管

排水を水平方向に流す（横引きする）ための排水管で器具排水管に接続される。表2.4.1にあるような適切な勾配を確保する必要がある。

d）排水立て管

排水横枝管が接続され、上階から下階へ自然流下式で排水する立て管である。排水立て管は、最下部の最も大きな排水負荷を負担できる管径とし、最上部まで同じ管径とする。最下階では排水横主管に詰まりが生じた場合に上階より流下してきた排水が最下階の衛生器具に逆流する可能性もあるため、最下階の排水立て管は上階からの配管に接続させず、単独系統で排水することが望ましい。

e）排水横主管

排水立て管を最下階の床下で横引く配管のこと。

f）掃除口

排水管内を清掃するために設置するものであり、

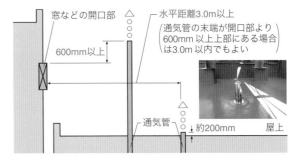

図2.4.12　通気口と開口部・外気取入口の距離

固形物が詰まりやすい曲がり部分に設置が必要である。また、排水口径 100A で 15m 以内に設置するなど、排水管全体を清掃できるように適切な間隔で設置する。

g）通気口

通気管は排水管に接続されているため、臭気の強い排気が行われることがある。そのため、**図 2.4.12** のように建物開口部や外気取入口と通気口の距離に規制が設けられており、一定の距離を確保する必要がある。

▶ 5　通気方式

排水を適切に行うために必要な通気方式について以下に示す。また、各通気方式の排水の流れと通気管内の空気の流れを**図 2.4.13** に示す。

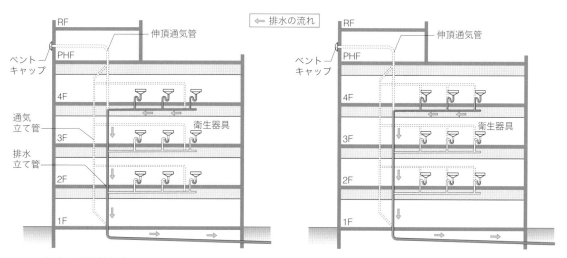

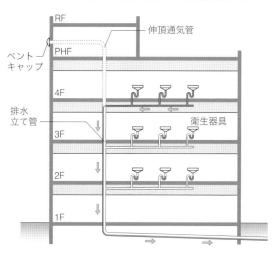

a）ループ通気方式
専用の通気立て管を設け、各トラップの封水を誘導サイホン作用から守るためにループ通気管を設ける

b）各個通気方式
ループ通気に加え、自己サイホン作用からも各トラップの封水を守るために各トラップに通気をとる

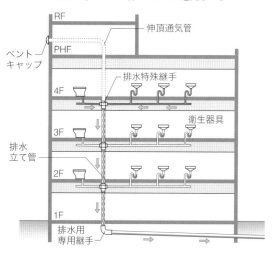

c）伸頂通気方式
排水立て管を余裕を持った太さとし、排水と同時に通気を兼用する

d）特殊継手排水システム
特殊継手により、立て管を流下する排水を旋回させて、発生する立て管中央の空気コアを通気として利用する

図 2.4.13　通気方式

a）ループ通気方式

衛生器具のトラップ封水損失の防止のため、排水横枝管末端の衛生器具の排水管に通気管をとる方式（図2.4.14）。

大便器など床面近くの低い位置で排水される器具などを8個以上受け持っている横枝管は、その階の同時使用による大量の排水により横枝管が満流となり、ループ通気管が適切に機能しない恐れがある。よって、図2.4.14に示すように、最下流の衛生器具排水と排水立て管の接続部との間に逃し通気管を併設して、通気を確保することが必要となる。

b）各個通気方式

衛生器具ごとに通気管を接続する方式で、トラップ封水損失の防止に最も効果がある。

c）伸頂通気方式

排水立て管内を排水が流れる際に、配管内に発生する正圧・負圧を解消し、スムーズな排水を行うために、排水立て管の頂部を伸長し通気管として大気に開放する方式である。

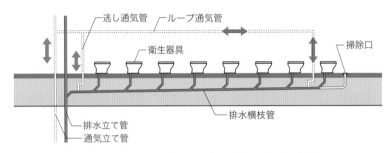

図 2.4.14　ループ通気方式の逃し通気の取り方の例[31]

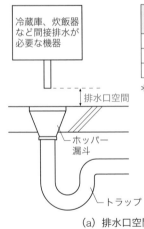

間接排水管の 管径 [A]*1	排水口空間*2 [mm]
25以下*3	最小50
30〜50	最小100
65以上	最小150

＊1）Aは配管の呼び径と言われ、配管の外径で分類されているが、管種により寸法に差があり、その数字は近似的には内径寸法と考えてよい
2）各種の飲料用貯水槽などの間接排水管の排水口空間は、上表にかかわらず最小150mmとする
3）間接排水管の25A以下は、機器に付属の排水管に限る

（a）排水口空間による例

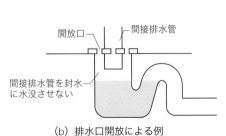

（b）排水口開放による例

図 2.4.15　間接排水の例[32]

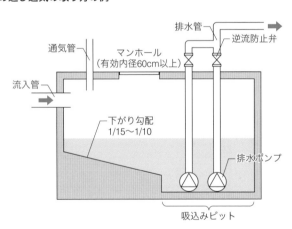

図 2.4.16　排水槽の例

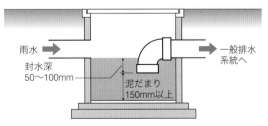

図 2.4.17　雨水用トラップ枡

50

d）特殊継手排水システム

継手部分の形状の工夫により排水が流れやすいようにし、通気管を伸頂通気管のみとできる方式。これらの特殊な継手は集合管継手と呼ばれるように排水接続口が複数あるもので、施工上も有利である。

▶ 6　間接排水による逆流防止

飲料水、食物を扱う機器、また、オーバーフロー管からの排水は、排水管の詰まりなどにより汚水が逆流すると飲料水、食物が直接汚染されるため、衛生上の問題がある。これを防止するために排水口空間を設ける間接排水とする。図2.4.15に間接排水の例を示す。

▶ 7　排水槽の構成

地下階の排水を下水本管に放流する場合、排水槽に貯留した後、排水ポンプでポンプアップ（汲み上げ）する必要がある。排水槽は衛生上の問題が発生しないよう、図2.4.16のような、槽内に水を残さず排水するために最下部に設置する吸込みピット、空の排水槽に排水が流入した場合に空気を逃がす通気管、点検のための有効内径60cm以上のマンホールの設置や排水時に固形物が床に残らないようにピットに向かって1/15〜1/10の下がり勾配がついた床を設けるなどの構造が必要となる。

▶ 8　雨水を排水するための設備

（1）雨水排水管と雨水桝

地域により雨水と汚雑排水が別々の下水本管に放流される分流式と、同じ下水本管に放流される合流式がある。合流式の場合は、敷地内で汚雑排水と雨水が合流するため、下水道からの臭気が雨水管に侵入するのを防止する必要がある。ルーフドレンにはトラップ機能がないため、雨水配管を一般排水系統の敷地排水管に合流させる場合は図2.4.17のよう

な雨水用トラップ桝によって接続する。雨水専用管となる分流式の場合はトラップ桝は不要となる。

また、汚水排水ではインバート桝に接続するのに対し、雨水桝では配管内に泥が侵入しないようにするため深さ150mm以上の泥だまりを設ける。

（2）屋根の雨水排水

雨水排水管は屋根の集水面積に応じて排水立て管の本数を決定し、屋根面に勾配を設けてルーフドレン（図2.4.18）に雨水が排水されるように計画する。ルーフドレンは落ち葉等のゴミによって詰まることもあるため予備を設けて複数本設置しておくことが望ましい。

（3）雨水貯留と雨水浸透

瞬時最大排水量としては、建物から発生する汚水量と比較して雨水の排水量は非常に多い。そのため、大雨の時に各建物の雨水をすべて下水本管に排水した場合は下水本管の設計排水量を超え、オーバーフローする可能性が高くなる。そこで、影響の大きい大規模な開発では、時間差をつけて下水本管に排水するために、敷地内に雨水を一時的に貯留し、ポンプアップにより晴れた日の夜間などに放流する方式を採用することが多い。また、敷地内に緑地を設けたり、土中に雨水が浸透するような雨水浸透桝や浸透管を設ける方式を採用する場合もある。

（4）雨量と雨水配管の径

雨水配管の径は集水面積と降雨強度により決定す

図2.4.18　ルーフドレン[33]

表 2.4.2　各種衛生器具などの器具排水負荷単位数 [34]

器具名	トラップの最小口径 [mm]	器具排水負荷単位数
大便器（私室用）	75	4
大便器（公衆用）	75	6, 8 [注1]
小便器（壁掛小形）	40	4
小便器（ストール大形）	50	4, 5 [注1]
洗面器	30（32）	1
手洗器	25	0.5
浴槽（住宅用）	30、40	2
掃除流し（台形トラップ付き）	65	2.5
洗濯機（住宅用）	50	3
連合流し	40	2
調理用（住宅用）	40	2
流し（住宅用ディスポーザ付き）	40	2
流し（住宅用ディスポーザ付きかつ食器洗浄機付き）	40	3
流し（パントリー、皿洗用）	40〜50	4
流し（湯沸し場用）	40〜50	3
食器洗浄機（住宅用）	40	2
床排水	40	2
	50	3
	75	5
1組の浴室器具（洗浄タンク付き大便器、洗面器、浴槽）		6
1組の浴室器具（洗浄弁付き大便器、洗面器、浴槽）		8

注1）使用頻度が高い場合に用いる。

表 2.4.3　排水横枝管と排水立て管の許容最大器具排水負荷単位数 [35]

内径 [mm]	受持ちうる許容最大器具排水負荷単位数			
	排水横枝管 [注1]	3階建またはブランチ間隔3を有する1立て管	3階建を超える場合	
			1立て管に対する合計	1階分または1ブランチ間隔の合計
30	1	2	2	1
40	3	4	8	2
50	6	10	24	6
65	12	20	42	9
75	20	30	60	16
100	160	240	500	90

伸頂通気方式、特殊継手排水システムには適用できない。
注1）排水横主管の枝管は含まない。

表 2.4.4　排水横主管と敷地排水管の許容最大器具排水負荷単位数 [36]

内径 [mm]	排水横主管および敷地排水管に接続可能な許容最大器具排水負荷単位数		
	勾配		
	1/100	1/50	1/25
50		21	26
65		24	31
75	20	27	36
100	180	216	250
125	390	480	575
150	700	840	1000
200	1600	1920	2300

伸頂通気方式、特殊継手排水システムには適用できない。

る。近年のゲリラ豪雨発生などを考慮して余裕をもった降雨強度を設定することが重要となる。

▶ 9　排水配管の計画

（1）排水配管に用いる材料

排水管の管材は腐食に強い材質を選ぶ必要があり、硬質塩化ビニル管（VP）、塩化ビニルライニング鋼管（DVLP）などが用いられる。

（2）排水管径の計算

排水立て管は、既述のように最下部の最も大きな排水負荷を負担できる管径とし、最上部まで同じ管径とする。排水管は排水が流れる下流方向において管径が小さくならないようにしなくてはならない。具体的な排水管の管径の決定法は「器具排水負荷単位法」と「定常流量法」があるが、ここでは「器具排水負荷単位法」について説明する。各排水管に接続されている器具の排水負荷を単位化したものを合計することによってその排水管を流れる排水量を推定して、管径を決める方法である。

器具排水負荷単位法では以下の手順で排水負荷を計算し配管径を決定する。まず、表 2.4.2 にある設置器具の器具排水負荷単位を上流側から合計し、その合計値を上回る器具排水負荷単位を持つ配管径を

表 2.4.5　通気管の管径と長さ [37]

排水管内径 [mm]	器具排水負荷単位数	通気管管径 [mm]								
		30	40	50	65	**75**	100	125	150	200
		通気管の最長距離 [m]								
30	2	9								
40	8	15	45							
40	10	9	30							
50	12	9	22.5	60						
50	20	7.8	15	45						
65	42	—	9	30	90					
75	10	—	9	30	60	180				
75	**60**	—	—	15	24	**120**				
100	100	—	—	10.5	30	78	300			
100	500	—	—	6	21	54	210			
125	200	—	—	—	10.5	24	105	300		
125	1100	—	—	—	6	15	60	210		
150	350	—	—	—	7.5	15	60	120	390	
150	1900	—	—	—	—	6	21	60	210	
200	600	—	—	—	—	—	15	45	150	390
200	3600	—	—	—	—	—	7.5	18	75	240

※上の表は排水管内径 75mm、器具排水負荷単位数 60、通気管の最長距離 120m の場合、通気管管径は 75mm と読み取る

表 2.4.3、表 2.4.4 より選定する。そして①排水横枝管、②排水立て管、③排水横主管、④敷地排水管の順に上流側から下流側に向けて配管径を決定する。通気管は最長距離と器具排水負荷単位より表 2.4.5 を用いて決定する。

　次の排水・通気系統図について、器具排水負荷単位法によって、排水管①～⑤の伸長通気管の配管径を選定せよ。図中の（　）は**表 2.4.2** にある器具排水負荷単位数を示す。建物は 3 階建てとする。

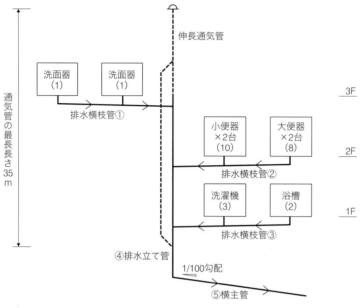

排水・通気配管の系統図

解答

〈配管径選定〉上流より選定していく。（　）は各配管で受け持つ器具排水負荷単位を示す。

1.　排水横枝管は器具排水負荷単位と**表 2.4.3** より
　　①器具排水負荷単位が(1)の部分 30mm、(2)の部分 40mm
　　②器具排水負荷単位が(8)の部分は 65mm だが、
　　　　表 2.4.2 のトラップ最小径より 75mm、(18)の部分も 75mm
　　③器具排水負荷単位が(2)の部分 40mm、(5)の部分 50mm

2.　排水立て管は、**表 2.4.3** より
　　3 階建て、かつ最下部の最大負荷単位 25 のため、75mm
　　排水立て管は最大径ですべての階共通とする。
　　また②の横枝管は 75mm 以上であり OK。

3.　排水横主管は**表 2.4.4** より
　　1/100 勾配かつ負荷単位 25 のため、100mm

4.　通気管は**表 2.4.5** より
　　伸長通気であり、排水立て管を 75mm としたので、
　　通気管の長さ 35m より、75mm

※ここでは 1F の排水を単独とはしていないが、逆流防止のため、
　　1F 排水合流後の排水立て管の立ち下げを十分にとる配慮を行っているものとする。

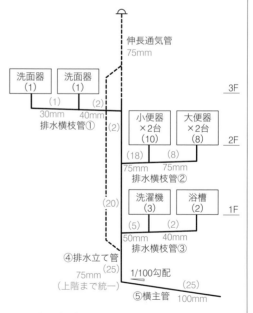

2-5 排水処理設備

▶ 1 排水処理設備の役割と水質基準

排水処理設備とは、建物からの排水を公共下水道や河川に放流できる水質まできれいにする設備である。

水質汚濁防止法で規定された工場や一定規模の飲食店などの特定施設では同法に定める水質まで排水をきれいにする必要がある。排水の汚染度を評価する指標としては、以下のようなものがある。また、各評価指標による規制値については表2.5.1に示すような基準がある。

a）生物化学的酸素要求量（BOD）

水中の有機物などの量を、その酸化分解のために微生物が必要とする酸素の量で表したもの。

b）化学的酸素要求量（COD）

水中の有機物を化学的に酸化するのに必要な酸素の量

c）水素イオン濃度（pH）

水が酸性かアルカリ性かを示す。pH7は中性付近であり、pH7以下が酸性、pH7以上はアルカリ性となる。

d）浮遊物質量（SS）

水の濁りを示す指標で、1ℓあたりの浮遊物質の質量を示す。

e）ノルマルヘキサン抽出物質含有量

厨房からの排水中に含まれるグリースや油脂類（ノルマルヘキサン抽出物質）の含有量。

一般的な住宅排水は表2.5.2に示すような量とBOD濃度であり、これらを排水水質基準に適合するように処理を行う必要がある。

表2.5.1　一般項目（有害物質以外）に係る排水水質基準
（水質汚濁防止法より抜粋）

評価指標	許容限度
水素イオン濃度（pH）	海域以外の公共用水域に排出されるもの 5.8以上8.6以下
	海域に排出されるもの 5.0以上9.0以下
浮遊物質量(SS)	200mg/ℓ （日間平均 150mg/ℓ）
化学的酸素要求量（COD）	160mg/ℓ （日間平均 120mg/ℓ）
生物化学的酸素要求量（BOD）	160mg/ℓ （日間平均 120mg/ℓ）
ノルマルヘキサン抽出物質含有量	鉱油類含有量：5mg/ℓ 動植物油脂類含有量：30mg/ℓ

※ DOは水質汚濁防止法の排水基準に規定されていない

表2.5.2　住宅排水のBOD原単位[38]

汚水の種類	汚水量 [ℓ/(人・日)]	BOD濃度 [mg/ℓ]	BOD負荷量 [g/(人・日)]
①便水	50	260	13
②雑排水	150	180	27
総合排水	200	200	40

▶ 2 排水処理の工程（図2.5.1）

建物内の汚水のみでなく雑排水もあわせて処理する合併処理浄化槽では、以下のような1〜3次処理を行い、最後に消毒を行って放流する。現在は、汚水のみを処理する単独処理浄化槽は認められていない。

①前処理

まず前処理として、大型の固形物や砂などをスクリーンによって取り除く。

②1次処理

次に沈殿分解などにより浮遊物質(SS)を取り除く。

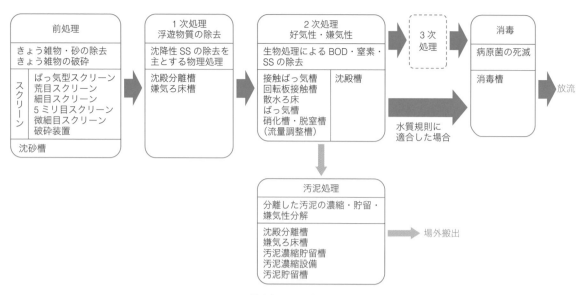

図 2.5.1　排水処理の工程と処理装置 [39)]

③２次処理

微生物の働きによる生物処理によって BOD・窒素・SS を除く工程で、好気性と嫌気性という２種類の方法がある。

好気性処理方法には、排水に空気を送り込んで簡易曝気処理を行い、有機物を無機物に分解する好気性微生物を増殖させることで処理を行う活性汚泥法と、ろ材などの表面に付着する好気性微生物の膜を利用して、生活排水の中の有機物を吸着して酸化する生物膜法がある。

嫌気性処理方法とは、酸素を利用しない嫌気性微生物によって行う処理である。分解によりメタンガスと、それにともなう臭気が発生する。

④３次処理

２次処理を経ても BOD、COD、リン、窒素などを水質汚濁防止法等の水質規制に適応させることができない場合は、より高度な３次処理を行う。

⑤汚泥処理

バキュームカーで搬出され、産業廃棄物として、埋設処理される。一部リサイクルされる場合もある。

▶ 3　浄化槽の計画

公共下水道が整備されていない地域で、建物からの排水を河川等に直接放流する場合、排水の水質を浄化するための浄化槽が必要となる。建築基準法に定められた浄化槽の性能について、**表 2.5.3** に示す。

(1) 浄化槽の容量

浄化槽の容量は一般的にその浄化槽を使う処理対象人員で表される。

(2) BOD 除去率

浄化槽によって BOD がどの程度減少したかを示す指標として BOD 除去率［%］がある。

$$BOD除去率 = \frac{流入水と放流水のBODの差}{流入水のBOD} \times 100$$

▶ 4　排水再利用設備

(1) 排水再利用設備の役割

排水再利用設備は、雨水や雑排水・汚水を浄化処理して、再度建物内で利用するための設備である。水を有効活用し、上水道設備や下水道設備などのイ

表 2.5.3　建築基準法施行令第 32 条第 1 項による浄化槽の性能

し尿浄化槽 または合併処理浄化槽を設ける区域	処理対象人員 [人]	性能	
		BOD 除去率 [%]	放流水の BOD [mg/ℓ]
特定行政庁が衛生上特に支障があると認めて規則で指定する区域	50 以下	65 以上	90 以下
	51 以上 500 以下	70 以上	60 以下
	501 以上	85 以上	30 以下
特定行政庁が衛生上特に支障がないと認めて規則で指定する区域	－	55 以上	120 以下
その他の区域	500 以下	65 以上	90 以下
	501 以上 2000 以下	70 以上	60 以下
	2001 以上	85 以上	30 以下

・排出水に含まれる大腸菌群数が、1cm³ につき 3000 個以下とする性能を有するものであること

ンフラに対する負荷を軽減することが主な目的である。また、非常時に雨水や雑排水を再利用できるため、環境に配慮した建物や、BCP（事業継続計画）対策を重視する企業の本社オフィスなどに導入されることもある（図 2.5.2）。

　排水再利用設備がない場合は、建物で 1 日に使う給水量を 100 とすると、上水道から 100 引き込むことになる。さらに、建物に降った雨水を 50 と仮定すると、排水は 150 となる（図 2.5.3）。雨水と雑排水の再利用設備を導入し、70 が再利用できる場合は、再利用する水量分の上水使用量が減り 30 となる。また、排水量も上水による補給と雨水の合計 80 に減ることになる（図 2.5.4）。

　上水の使用量と排水量が減ることによって、建物が支払う上下水道料金の削減になる一方で、排水再利用設備の導入費用とメンテナンス費用、光熱費などが発生する。

　そのため、これらの費用を抑える工夫が必要となり、たとえば建物の屋根に降った雨水など、比較的きれいな水を原水とし、簡易的なろ過設備の設置とすることなどが重要となる。

　コスト以外の導入理由としては、主にインフラ負荷の削減などの社会的理由がある。

(2) 排水再利用の処理方式

　処理方式は、原水となる雨水・排水の水質によっ

図 2.5.2　排水再利用設備の例

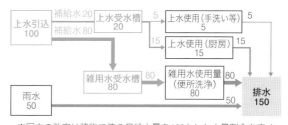

※図中の数字は建物で使う日給水量を 100 とした水量割合を表す

図 2.5.3　水バランス図（排水再利用なし）

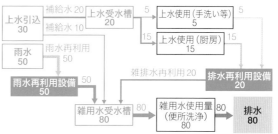

※図中の数字は建物で使う日給水量を 100 とした水量割合を表す

図 2.5.4　水バランス図（雨水＋排水再利用設備）

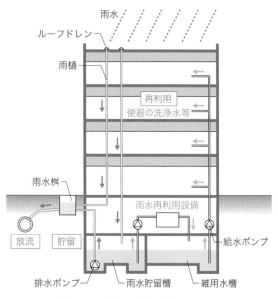

表 2.5.4　再利用水を原水とする雑用水の水質基準
（「建築物における衛生的環境の確保に関する法律施行規則」より）

使用用途	基準値
水洗便所の用に供する水	・pH 値は 5.8 以上、8.6 以下 ・臭気は異常でないこと ・外観はほとんど無色透明 ・大腸菌群は検出されないこと
散水、修景または清掃の用に供する水	・pH 値は 5.8 以上、8.6 以下 ・臭気は異常でないこと ・外観はほとんど無色透明 ・大腸菌群は検出されないこと ・濁度は 2 度以下

図 2.5.5　雨水の放流 / 貯留 / 再利用

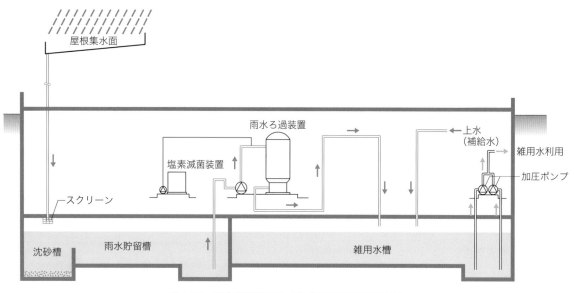

図 2.5.6　雨水再利用フロー図（図 2.5.5 の地下部分）

て選択される。雑用水としての使用に際しては表2.5.4 で示した雑用水の水質基準に合致するまで浄化することが求められる。

a）雨水再利用

　雨水は図 2.5.5 に示すように、直接下水等に放流する場合や下水道設備の負荷軽減のため一時的に貯留する場合、さらに貯留水を利用してトイレ洗浄水

などとして再利用される場合などがある。雨水は建物から出る排水と比較して、短時間に多量に発生する特徴があり、下水道が溢れないように貯留等によって雨水の排出を抑制することが義務付けられる場合がある。雨水は比較的水質が安定しているため、建物屋上などの汚染が少ない場所に降った雨を再利用する場合は、簡易な処理方式が用いられる。図

図 2.5.7　雨水ろ過装置[40]

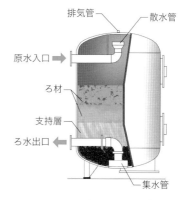

図 2.5.8　砂ろ過の原理[41]

2.5.6 に示すように、落ち葉などの大きなゴミをスクリーンと呼ばれる籠状の粗いフィルターでとり除いた後、砂を分離する沈砂槽を経由し、ろ過装置と塩素滅菌装置で雨水をきれいにする。きれいになった雨水は雑用水槽に移送され、トイレの洗浄水、散水、修景または清掃などの用途に使われる。雨水の水質が良い場合はろ過設備自体を省略し、ゴミの除去と消毒程度で再利用される場合もある。

b）排水再利用

雑排水や汚水を原水とする場合は、図 2.5.1 に示す排水処理設備と同等の処理を行った後、ろ過設備や塩素滅菌装置により雑用水としての水質まで処理する。ただし、汚水を原水に含むときはトイレの洗浄水のみに使用する。

c）ろ過装置・消毒装置

雨水のろ過設備は図 2.5.7 に示すような、ろ過用ポンプ、ろ過器、制御盤などが一体となったユニット型のものが用いられる。ろ過器本体の方式はさまざまなものがあるが、図 2.5.8 のような砂ろ過方式も多く採用されている。ろ過タンク内にろ材としての砂を敷き詰めて上部から原水を散布し、砂を通る間に不純物等が除去されてきれいな水となってタンク下部より出ていく。ろ材である砂には不純物が残るため、定期的にきれいな水をタンク下部から上部に逆流させ、不純物を排出する必要がある。これを

逆洗といい、タンク内の衛生状態とろ過性能を保つために重要なメンテナンス作業である。通常は制御盤によって自動で行われる。

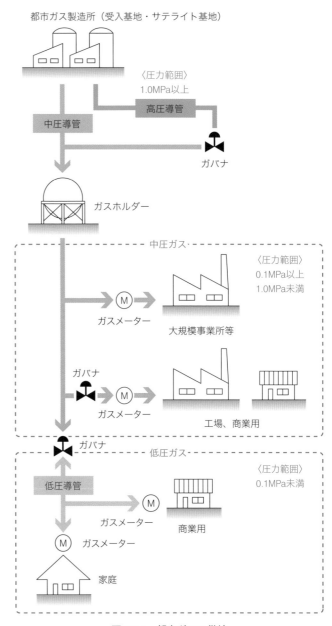

2-6 ガス設備

▶ 1 さまざまなガスの種類

　ガスは瞬間湯沸かし器やガスコンロを使用するための燃料として用いられている。ガスにはガス管によって各建物に供給される都市ガスと各建物にボンベで供給される液化石油ガス（LPガス）の2種類がある。LPガスはその主成分からプロパンガスとも呼ばれる。都市ガスの主原料である天然ガスは、そのほとんどを海外からタンカーに積んでLNG（液化天然ガス）の状態で輸入している。ガス事業法では、全国の都市ガスを比重、熱量、燃焼速度によって13A、12A、6A、5C、L_1、L_2、L_3の7種類に分類している。

▶ 2 ガスの供給方式

　LNGは、一度、受入基地のタンクに貯蔵し、その後、気化・熱量調整・付臭したものを「都市ガス」として供給している。LNG受入基地とガス導管がつながっていない一部の地域には、ローリー車や貨車でLNGを輸送し、サテライト基地等でLNGを気化・熱量調整・付臭して供給している。製造所から1.0MPa以上の高圧で送り出された都市ガスは、整圧器（ガバナ）で0.1MPa以上1.0Mpa未満の中圧ガスとして大規模工場・施設に届けられる。一般家庭や商業施設には、さらに0.1MPa未満に減圧された低圧ガスが運ばれる。一般家庭で使われるようなガス機器は低圧ガス専用で

都市ガス製造所（受入基地・サテライト基地）

〈圧力範囲〉
1.0MPa以上
高圧導管
中圧導管
ガバナ
ガスホルダー

中圧ガス
〈圧力範囲〉
0.1MPa以上
1.0MPa未満
Ⓜ ガスメーター
大規模事業所等
ガバナ
Ⓜ ガスメーター
工場、商業用

ガバナ
低圧ガス
〈圧力範囲〉
0.1MPa未満
低圧導管
Ⓜ ガスメーター
商業用
Ⓜ ガスメーター
家庭

図2.6.1　都市ガスの供給

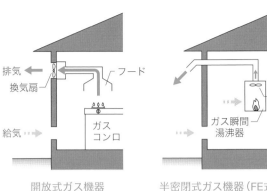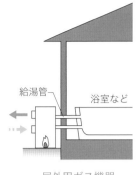

図 2.6.2　給排気の方法によるガス機器の分類

あるため、中圧ガスを引き込んだ建物でもガバナによって部分的に低圧ガスに減圧して使用することもある（図 2.6.1）。

▶ 3　ガス機器の分類

ガス機器には、主に給排気の方法により、次の 4つの種類がある（図 2.6.2）。

(1) 開放式ガス機器

燃焼用の空気を屋内からとり、燃焼排ガスをそのまま屋内に排出するもの。ガスコンロなどがこれにあたる。

(2) 半密閉式ガス機器

自然排気式と強制排気式があり、燃焼用の空気を屋内からとり、排気筒を用いて自然通気力によって燃焼排ガスを屋外に排出する方式を自然排気式（CF式）という。ファンを用いて強制的に燃焼排ガスを屋外に排出する方式を強制排気式（FE 式）という。

(3) 密閉式ガス機器

給排気管を外気に接する壁を貫通して屋外に出し、自然通気力やファンによって給気と排気を同時に行う。自然通気力による場合を自然給排気バランス式（BF 式）、機械通風の場合を強制給排気式（FF 式）という。

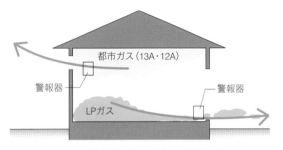

図 2.6.3　都市ガスと LP ガスの比重の違い

(4) 屋外用ガス機器

屋外に設置し、給排気を屋外で行う。

▶ 4　ガス漏れ警報機

都市ガス（13A、12A）は空気より軽いため高いところに留まりやすい。そのため、ガス漏れ警報器は上方に設置し、ガス漏れ時は高い窓から排気を行うのが効果的である。LP ガスは空気より重いため、ガス漏れ警報器は下方に設置し、ガス漏れ時は窓や戸を開けて屋外に排気を行う（図 2.6.3）。

▶ 5　ガス配管に用いる材料

都市ガスの場合のガス設備、配管はガス事業法によってガス会社または、指定工事店しか施工できない。道路に埋設されているガス導管には強度のあるダクタイル鋳鉄管などが用いられる。敷地内や建物内には炭素鋼鋼管やガス用ポリエチレン管、ガス用ステンレス鋼フレキシブル管などが用いられる。

2-7 衛生器具設備

▶1 衛生器具の役割

　人は1日2ℓ〜2.5ℓの水を体内に取り入れて、排出している（図2.7.1）。さらに、お風呂や歯磨き、食器洗い等で、1人あたり1日219ℓ（2015年度東京都水道局調べ）の水を使っている。そのすべての生活動作に、衛生器具が密接に関わっている。

　その役割は、最低限の衛生性や利便性に留まらず、快適性やデザイン性の追求も図られている。また、省エネルギーや省資源の観点からは、節水や節湯についても配慮が必要である。さらには、高齢者や障がい者に対する配慮はもちろん、誰でも使いやすいように配慮された設計が求められる。

　このように、排泄や洗顔、調理、清掃等、さまざまな生活動作は、衛生器具を操作することによって行われている。そして、上記のような生活動作によってつくられた雑排水・汚水は、排水設備へと送られる。衛生器具は、給水・給湯設備と排水設備の接点の役割を担っているのである。

▶2 衛生器具の種類

　衛生器具とは、給水・給湯および排水など、水回りに必要な器具および付属品の総称であり、以下の①〜④のように分類される。衛生器具には、便器などの水受け容器のほかに、シャワーや台所の水栓金具、浴槽の鏡や温水洗浄便座なども含まれる（図2.7.2）。

①給水器具（給水栓、給湯栓、洗浄弁、ボールタップなど）

②水受け容器（大便器、小便器、洗面器、手洗器、台所流し、掃除流し、浴槽、汚物流しなど）

摂取	
飲料水	700〜1,000mℓ
食物	1,000〜1,500mℓ
燃料水※	300mℓ
合計	2,000〜2,500mℓ

※燃料水
物を燃やすと二酸化炭素と水が生じる。身体の中でも脂肪などがエネルギーとして燃焼すると水分が生じる。

排出	
尿	1,200〜1,500mℓ
糞便	100mℓ
不感蒸泄※	700〜1,000mℓ
合計	2,000〜2,500mℓ

※不感蒸泄
皮膚および呼吸器から体外へ蒸発して失われる水分。発汗によるものは含まれていない。

図2.7.1　人体の水分収支

衛生器具にはいろいろある

①給水器具
給水栓　ボールタップ　給湯栓　洗浄弁

②水受け容器
掃除流し　汚物流し　大便器　台所流し
小便器　手洗器　浴槽

③排水器具
排水金具　Pトラップ

④付属品
紙巻器　温水洗浄便座

図2.7.2　衛生器具の種類

③排水器具（排水金具、トラップ、床排水口など）

④付属品（化粧棚、紙巻器、鏡、温水洗浄便座、ハ
ンドドライアなど）

▶ 3　さまざまな水受け容器

（1）大便器

　大便器とは、大便および小便の排泄を行う容器である。しゃがみこんで使用する和風大便器と、腰掛けて使用する洋風大便器に大別される。大便器は、図2.7.3に示すように、流路が蛇行しており、封水と呼ばれる水溜りをつくっている。

a）大便器に求められる機能

　大便器に求められる機能として最低限必要なことは、汚物をしっかり排出することである。しかし、それだけではなく、利用者にとって快適で、かつ、節水や省エネルギー性など、地球環境にも配慮されていなければならない。具体的には、以下の点に配慮されている。

1. 臭気の発生が少ないこと
2. 汚物の付着を減らすこと
3. 洗浄騒音の少ないこと
4. 破封しないこと
5. 少量の水で排出・搬送が可能であること

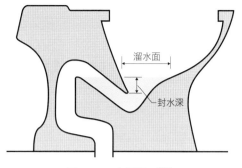

図 2.7.3　大便器の構造

表 2.7.1　洗浄方式

洗浄弁方式	ロータンク方式
フラッシュバルブ	ロータンク
・連続使用に適しており、学校、駅舎、事務所等で用いられる ・給水圧力は70kPa以上必要 ・逆流防止器（バキュームブレーカ）が必要	・一定量の貯水が必要となり連続使用が困難なため、住宅やホテルの個室などで用いられる ・給水管径が小さくてすみ、給水圧力も30kPa以上でよい。洗浄タンク（シスターン）方式ともいう

Column

溜水面の機能

　人は毎日、便器を使用している。便器の種類によって溜水面の広さが違うことに気づいている人は多いだろう。

　実は、溜水面はとても重要な機能を持っている。溜水面が広いと、汚物は水中に投入されるため、臭気の発生を防ぐことができる。また、便器内の乾燥面が少なくなるため、汚物の付着も軽減されるのである。

　ただし一般的には、溜水面が広いと、1回あたりの洗浄水量が多くなる傾向がある。

溜水面が小さい。
↓
臭いが発生しやすい。

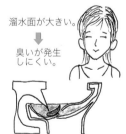
溜水面が大きい。
↓
臭いが発生しにくい。

表 2.7.2　大便器の主な洗浄方式と特徴 [42]

洗い出し式		
	方式	しゃがみこんで使用する容器であり、和式便器に使われる。汚物を一次便ばちに溜めておき、洗浄時の水の勢いでトラップ側へ汚物を運び、器外へ排出する方式。
	臭気の発生 汚物の付着	×溜め水が浅いため、汚物が水没せず、便ばちの上に盛り上がるため、臭気の発散が多い。乾燥した面への付着が多くなる。
	洗浄騒音	×洗浄騒音はかなり大きい。
洗い落とし式		
	方式	洗浄時に溜水面が上昇し、水面の落差によって汚物を器外へ排出する方式。構造がシンプルで、安価な便器である。洗浄時に水はねすることがある。
	臭気の発生 汚物の付着	△溜水面が小さいため、乾燥面が広く、汚物の付着が多い。それにより臭気も発生しやすくなる。
	洗浄騒音	×洗浄騒音は大きい。
サイホン式		
	方式	排水路を屈曲させて排水路内を満水にし、サイホン（水を吸い出す力）を起こすことで、汚物を吸引して器外に排出する方式。排出力が強い。
	臭気の発生 汚物の付着	○洗い落とし式に比べると、溜水面が大きく、封水も深いため、汚物が水没することで、臭気の発生や汚物の付着が少ない。
	洗浄騒音	○洗い落とし式と比べて洗浄騒音は小さい。

注）この他にサイホンゼット式、ブローアウト式、サイホンボルテックス式があるが、現在ではあまり見られない。

b) 便器の分類と特徴

　洗浄機能による分類では、洗い出し式、洗い落とし式、サイホン式などに分けられる。また、洗い落とし式とサイホン式の中間の機能を有するセミサイホン式も普及している。表 2.7.2 に洗浄機能による大便器の主な分類と、それぞれの特徴を示す。

c) 洗浄方式

　大便器の洗浄方式には、給水管圧力を利用した洗浄弁（フラッシュバルブ）方式と、いったん洗浄タンク（ロータンク）へ貯水し、洗浄時に排水するロータンク方式がある（表 2.7.1）。

　洗浄弁方式は、洗浄水を貯水する必要がなく、連続使用に適していることから、学校、駅舎、事務所、大型店舗等で広く用いられる。給水圧力は 70kPa 以上必要となる。また、トラップが詰まり便ばちに汚水が満水状態になった場合に、給水管が負圧となり、汚水が給水管内へ逆流する危険があるため、逆流防止器（バキュームブレーカ）を取りつける必要がある。

　ロータンク方式は、タンク内に一定量の貯水を行い、便器洗浄時に貯水した水を便器へ給水する。貯水には一定の時間が必要であるため、連続使用には適していないことから、住宅やホテルの個室など、比較的使用者が特定されている便器で用いられる。ロータンク方式の給水圧力は、タンク内に溜められた水で便器の洗浄を行うため、通常の一般水栓と同程度（30kPa 以上）でよい。

　大便器の洗浄水量は、表 2.7.3 に示すように、JIS規格では、使用水量によって「I 型」（8.5ℓ 以下）、「II型」（6.5ℓ 以下）と規定している。近年は、4.5ℓ 以下の超節水型が普及しはじめている。

d) 便座の種類と機能

　洋風便器には腰掛けるための便座が必要となる。便座は、表面が汚染されないことや清掃が容易で清潔に保たれることが重要となる。

　便座には、前丸形と前割型がある。以前は、公衆用に使用する場合は、前丸形だと局部が便座前面に触れることがあり、疾病に感染する恐れがあるため、前割型とする傾向が見られたが、前割型は強度に難点があることなどの理由により、近年は前丸型が一般的となっている。特に温水洗浄便座においては前

表 2.7.3　大便器の洗浄水量の基準

便器の種類	洗浄水量
	JIS A 5207 *1
Ⅰ型	8.5ℓ 以下
Ⅱ型	6.5ℓ 以下

*1 JIS A 5207（2019 年 11 月改定）による。

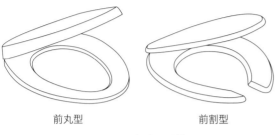

前丸型　　　　　　前割型

図 2.7.4　便座の形状

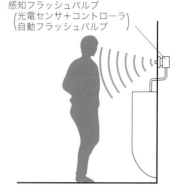

感知フラッシュバルブ
(光電センサ＋コントローラ)
(自動フラッシュバルブ)

図 2.7.5　個別感知式洗浄方式 [43]

丸型しかつくられていない（**図 2.7.4**）。

　温水洗浄便座の進歩は目覚ましく、近年は住宅だけでなく、事務所や店舗等、商業施設への普及も増えている。便蓋・便座開閉機能、温水による肛門洗浄機能、ビデ機能、温風乾燥機能、脱臭機能、擬音装置、清掃しやすいように便座部分がリフトアップされる機能などを備えたものが市販されている。

　洗浄用水加温方式には、貯湯式と瞬間式がある。貯湯式は、40℃ 程度の温水を 1ℓ 程度貯湯するタンクを備えている。瞬間式は、洗浄の必要なときに加温するため、省エネルギーであるが、ヒータ用の電気容量は大きくなる。

（2）小便器

a）小便器の種類

　小便器とは、専ら男性の小便の排泄を行う容器である。小便器の種類は、壁掛け型と据置き型に大別される。また、その大きさにより大型と小型に分け

られる。壁掛け型は、床部分の掃除がしやすいことから、公共施設に使われることが多い。据置き型は、床部分の掃除にやや手間がかかるが、身長の低い子供などでも使用しやすい。また、リップ（受け部）を低くして、子供にも使用しやすい形状とした壁掛け型（低リップ仕様）も広く普及している。壁掛け型（低リップ仕様）は、壁掛け型と据置き型の両方の長所を活かした仕様となっている（**表 2.7.4**）。

　また、近年は、給水設備が要らず節水効果のある無水小便器も普及しはじめている。無水小便器は、シール液（水より比重が小さく、ふたの働きをする）が充填されているカートリッジを小便器のリップに装着することで、臭いの発生を防いでいる。

b）洗浄方式とトラップ

　小便器の洗浄水は、尿を洗浄するほか、排水管内の尿石の付着を抑制する役割がある。洗浄方法には、使用者が操作する必要のない個別感知式洗浄方式（**図 2.7.5**）が普及している。1 回の洗浄水量は、JIS

表 2.7.4　小便器の種類

名称	壁掛け型	据え置き型	壁掛け型（低リップ仕様）
姿図	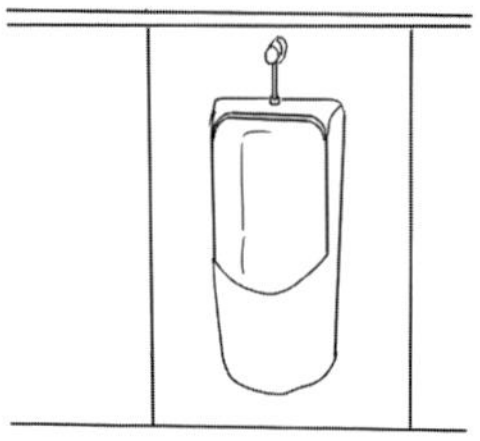	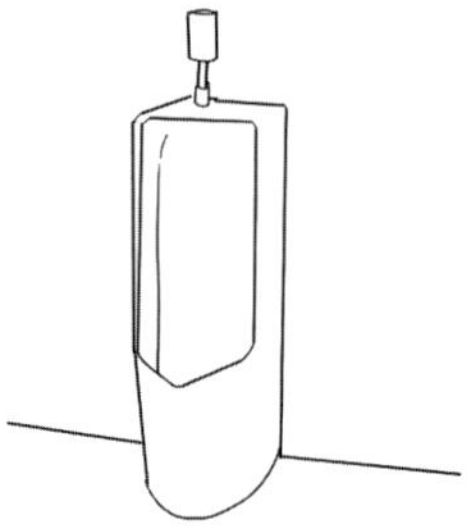	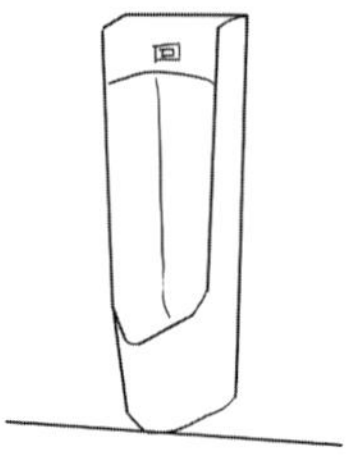
特徴	◎床の掃除がしやすい △子供が使いづらい	△床の掃除がしづらい ◎子供が使いやすい	○床の掃除が据え置き型より容易 ○壁掛け型より、子供が使いやすい

1. オーバーフロー排水路は、あふれた水がそのオーバーフロー排水路に残留しない構造とする。
2. 洗面器の排水トラップの流入側に接続すること。
3. オーバーフローの能力は、洗面器の上縁から水があふれ出ないものとする。

図 2.7.6　オーバーフローの基準[44]

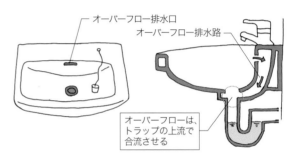

オーバーフロー排水口
オーバーフロー排水路
オーバーフローは、トラップの上流で合流させる

図 2.7.7　オーバーフローの構造

規格で 4ℓ 以下と規定されている。

　トラップ部は尿石がたまりやすいため、トラップ部の清掃性を考慮して、トラップが着脱できる小便器も普及している。

(3) 洗面器・手洗器

　洗面器とは、手洗いや洗顔、歯磨き、日常の身支度、洗濯等、多様な用途に使用される容器である。用途に応じ、多様な種類がある。手洗器とは、専ら手洗いを行う容器である。洗面器よりも小型であり、排泄後の手洗い目的として使われることが多い。

　洗面器・手洗器の使い方には、流し洗いとため洗いの2通りがある。ため洗いのできる構造の洗面器には、あふれ防止のために、必ずオーバーフロー排水路を設けなければならない。ただし、オーバーフロー排水路は細菌が繁殖しやすいため、一般に医療施設などではオーバーフロー排水路のない洗面器が

用いられる。

　SHASE-S 206 の規定では、オーバーフローについて、図2.7.6に示す3項目が規定されている。オーバーフローを排水トラップの流出側に接続すると、オーバーフロー排水路を通して、下水管から有害物質が室内へ入り込んでしまう危険がある（図2.7.7）。また、設置される給水器具類の吐水流量がオーバーフローの排水流量よりも多いと、洗面器から水があふれてしまう可能性があるため、給水器具の吐水流量とオーバーフローの排水流量には注意する必要がある。洗面器から水があふれるのを防止するには、自閉式給水栓や定量止水機能付き給水栓の使用も考えられる。

(4) 流し類 （図2.7.8）

　台所流しとは、料理の際に使用される容器である。野菜の水洗いや汚れた食器を洗うため、深いのが特

台所流し

掃除流し

汚物流し

図 2.7.8 台所流し、掃除流し、汚物流し[45]

表 2.7.5 浴槽の種類

形状	イメージ図	特徴
和洋折衷		・肩まで浸かることができて足を適度に伸ばせる ・深さは 60cm が主流
和風		・コンパクトであり、ひざを折りたたんで浸かる ・肩までしっかり浸かることができる ・深さは 65cm のものもある
洋風		・仰向けに寝た状態で入る浴槽 ・深さは 45cm 程度である ・立ち上がりにくいことなどが注意点

徴である。最近は、作業台、収納、調理設備等を組み合わせたシステムキッチンが多い。

掃除流しとは、掃除に用いたモップや雑巾を洗ったり、掃除後の汚れた水を排出する容器である。事務所ビルやトイレなどに設置される。

汚物流しとは、主に人工肛門保有者（オストメイト）が、パウチから糞尿を放出する際に使用する容器である。掃除流しに似ているが大便器のようなトラップ機能のある構造となる。汚物流しは、汚水系統の排水管に接続する。

(5) 浴槽

a) 浴槽の種類、排水方式、素材

浴槽は、和洋折衷、和風、洋風の 3 つの形状に区分される（表 2.7.5）。もっとも広く普及しているのは、和洋折衷浴槽である。

浴槽の排水方式には、ゴム栓とプッシュ式排水栓の 2 種類がある。ゴム栓は、構造が単純であるが、貯排水時に腰をかがめる動作が必要になったり、入浴中に足にワイヤー部分が触れることがある。プッシュ式排水栓は、無理に腰をかがめることなく、ボタンひとつで貯排水が可能な方式である。

素材は、樹脂製、ほうろう製、ステンレス製がほとんどである。樹脂製の中でも、とくに FRP の浴槽は、色の種類や形状が自由に設計でき、かつ強度にも優れているため、広く普及している。

b) 高断熱浴槽

生活時間の多様化などにより、家族の入浴時間がばらばらになる傾向が増えている。それにともない、追い炊きなどによって湯温を上げる回数が増えている。この再加熱にかかるエネルギー消費を抑えるために、保温性に優れた高断熱浴槽が普及している（図 2.7.9）。高断熱浴槽の性能は JIS A 5532 で定められている。

c) 節湯浴槽

近年、浴槽サイズの大型化により、長辺寸法 1,200mm サイズの浴槽から、現在では 1,400mm、1,600mm サイズへと製品の中心が移っている。したがって、浴槽湯はり量も増加傾向にあるため、ベンチ部分を設けるなど湯量の単純増加を抑える工夫を

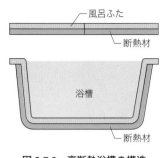

図 2.7.9　高断熱浴槽の構造

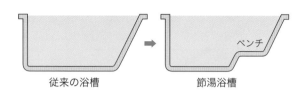

図 2.7.10　節湯浴槽

表 2.7.6　主な混合水栓の温度調節方法[46]

名称	2 ハンドル混合水栓	シングルレバー水栓	サーモスタット式混合水栓 （シャワー水栓付）
姿図			
操作方法	湯・水それぞれのハンドルの開閉によって、湯温・湯量を調整する。	レバーの上下で水または湯の量を調整し、回転で湯温を調整する。	サーモスタットにより適温を直接設定できる。レバーの上下で水栓とシャワーの切り替えと、水または湯の量の調整を行う。
特徴	値段が安い。操作は分かりやすいが、温度調節はしにくく、適量・適温に調節する間にむだ湯が出やすい。	操作は容易。温度調節は、2 ハンドル式より容易。無意識に湯を使用している場合がある。	温度調節が容易。安全性が高い。

取り入れた、節湯浴槽も普及している（**図 2.7.10**）。

JIS の節湯浴槽の基準では、浴槽長辺長さが 1,440 mm 以上で、かつ、浴槽湯量が 210ℓ 以下のものを節湯浴槽と定義している。

▶ 4　給水器具

（1）給水栓の種類

給水栓は、水または湯のみを供給する単水栓と、湯と水を混合して適温にして供給できる混合水栓に分類される。また、混合水栓には温度調節の方法の違いにより、2 ハンドル混合水栓、シングルレバー水栓、サーモスタット式混合水栓がある（**表 2.7.6**）。

サーモスタット式は、適温に調整する間のむだ湯を削減できる。また、シングルレバー水栓は、操作が簡単で、だれでも使いやすく、かつ、適温調整の時間も 2 ハンドル混合水栓に比べて早いことから採用が増えている。最近は、シングルレバー水栓による無意識な湯の使用を抑えるように改良された製品も増えている。

（2）混合水栓の節水と節湯

a）節湯器具

給湯のエネルギー消費量を削減する目的で、シャワー、洗面所、台所に設置する節水・節湯型の混合水栓が普及している。住宅・建築物の省エネルギー基準では、手元止水機構、小流量吐水機構、水優先吐水機構を有する水栓が定義されている。

手元止水機構（**図 2.7.11**）は、シャワーヘッド部

図 2.7.11　手元止水機構

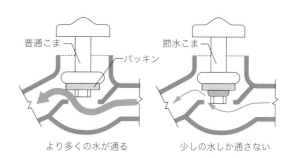

図 2.7.13　節水こま [47]

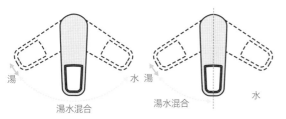

レバー中央部では水と湯が混ざって出るため、無意識に湯を無駄遣いしてしまう可能性がある

レバー中央部までは水のみが出るため、給湯器の無駄な作動を防ぐことができる

図 2.7.12　水優先吐水機構

で止水操作が行えるものや、タッチセンサ付きの台所水栓などが該当し、長時間の連続出湯を抑制する効果があり、台所水栓で9%、浴室シャワー水栓で20%の給湯量削減が期待できる。

　小流量吐水機構は、シャワー水栓（8.5 ℓ /min 以下）が該当する。これは従来のシャワーよりも小流量で満足感が得られるため、吐水流量を抑制する効果がある。代表的なものには、吐水とともに空気を混入させるものがある。

　水優先吐水機構は、シングルレバー式においてよく使用される、レバー中央位置までは湯を吐出させないものが該当する。これにより無意識の湯の使用を抑えることができる（図 2.7.12）。

b）節水こま

　単水栓や2ハンドル混合水栓では、水を止めるこま部分に、節水こまを組み込むことにより流量を絞り、流し洗いのときの節水効果が期待できる（図 2.7.13）。

▶ 5　衛生器具の必要個数

　表 2.7.7 に示すように、衛生器具の必要個数は、法令などにより建物用途に応じて最低設置器具数が定められている。一方、SHASE-S 206 の「技術要項」では、建物の利用形態や利用者数をもとにして、それに対する3段階のサービスレベルを想定し、適正器具数を設定する方法が提案されている。図 2.7.14 に事務所ビルの例を示すが、その他の建物用途については SHESE-S 206 の「技術要項・同解説」を参照のこと。

例題⑤　衛生器具の個数

　事務所用途のビルに男性 150 人、女性 100 人が就業している場合の、男子大便器、男子小便器、女子便器の最小器具数を示すこと。

　解答

男子大便器：150 ÷ 60 ＝ 2.5 ＜ 3 個

男子小便器：150 ÷ 30 ＝ 5 個

女子便器：100 ÷ 20 ＝ 5 個

表 2.7.7　建物用途別の衛生器具設置基準[48)]

| 建物種別 | 適用法規などの名称 | 区分 | 最小器具数（個） | | 備考 |
			大便器	小便器	
作業（事業）場	労働安全衛生規則	男子	$\dfrac{労働者数*}{60}$	$\dfrac{労働者数*}{30}$	＊同時に就業する労働者数
		女子	$\dfrac{労働者数*}{20}$	—	
事務所	事務所衛生基準規則	男子	同上	同上	
		女子	同上	—	
事業附属寄宿舎（第1種寄宿舎）	事業附属寄宿舎規程	寄宿者数100人以下	$\dfrac{寄宿者数}{15}$		
		101～500人	$7+\dfrac{寄宿者数-100}{20}$		
		501人以上	$27+\dfrac{寄宿者数-500}{25}$		

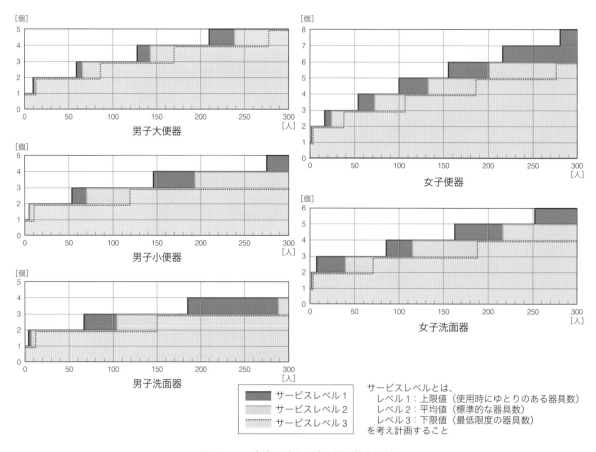

図 2.7.14　事務所ビルの適正器具数の例[49)]

2-8 消火設備

消火設備は火災時に建物内の人の命を守ることを目的とした重要な設備である。過去に起きた千日デパート火災（1972年）や大洋デパート火災（1973年）、ホテルニュージャパン火災（1982年）などの多くの死傷者を出した火災事故は、消火設備であるスプリンクラー設備が適切に作動していなかったことが被害拡大の原因と言われている。現在の建築基準法および消防法では、これらの建物にはスプリンクラーの設置が義務付けられ詳細な設置基準が決められている。法には建物の用途や規模によって必要とされる消火設備が規定されており、消火設備が確実に作動するように設置することが重要となる。

▶ 1 火災と消火設備

火災は、可燃物の種類により、**表2.8.1**の4種類に大別される。水での消火が適しているのはA火災のみであり、B火災、D火災は水との化学反応等による被害拡大の可能性があり、C火災は水による感電の恐れがある。

それぞれの火災に対して、以下のような原理を使った消火設備があり、火災の種類に応じて使い分ける必要がある。

a）冷却消火

水をかけて炎を消す消火法で、最も一般的である。屋内消火栓設備、スプリンクラー設備、屋外消火栓設備、水噴霧消火設備などがこれにあたる。

b）窒息消火

二酸化炭素や窒素などにより酸素の供給を断つことで消火する方法である。水による消火が適さない電気室、駐車場などで用いられる消火法で、不活性ガス消火設備や泡消火設備などがこれにあたる。

表2.8.1　火災の種類

A火災（普通火災）	木材、紙、布などの可燃物による火災
B火災（油火災）	ガソリンや動植物油による火災
C火災（電気火災）	感電のおそれがある電気機器による火災
D火災（金属火災）	マグネシウム、ナトリウムなどによる火災

表2.8.2　消火設備の分類

初期消火用	消火器、屋内消火栓設備、スプリンクラー設備、屋外消火栓設備、水噴霧消火設備、ドレンチャ設備、ガス系消火設備
消火活動用	連結散水設備、連結送水管、消防用水

c）負触媒消火

燃焼を抑制する負触媒効果のある薬剤による消火法である。粉末消火設備などがこれにあたり、水を用いないため寒冷地の駐車場などに用いられる。

消火設備は、火災発生直後の初期消火に用いるものと消防隊が到着後に本格消火として用いるものに大きく分けられる（**表2.8.2**）。初期消火設備は居住者が自ら消火するために用いる消火器、屋内消火栓設備、屋外消火栓設備と、火災を感知して自動消火する設備に大きく分けられる。

また、消防隊による消火活動用設備として連結散水設備、連結送水管、消防用水などがある。

▶ 2 消火栓設備

（1）屋内消火栓設備

屋内消火栓設備は広く用いられている消火設備で、主に火災初期段階に用いられ、手動操作により放水する設備である。**図2.8.1**に示すように、水源、消火ポンプ、消火栓箱、補助用高架水槽などから構成され、消火栓箱にはホースやノズル、開閉弁などが収められている。消火栓は**表2.8.3**に示すように2人

で操作する1号消火栓と1人でも操作が可能な易操作性1号消火栓がある。易操作性はホースが伸ばしやすい形状となっているのが特徴である。1号消火栓の警戒範囲は水平距離で半径25mの円と決められており、建物の各部分が消火栓の警戒範囲に含まれていることが必要となる。ホースの長さは、警戒範囲に有効に放水できる長さで決められている。ただし、通常は平面計画上最短のルートで火元までは行けないことから、実際のホースの長さは5m前後の余裕を持っており、水圧により水の届く範囲はさらに伸びる。1人でも操作ができる2号消火栓は工場や倉庫等の用途を除いて設置することができ、通常の警戒範囲は半径15mの円である。なお、2013年の消防法施行令等の改正により、警戒範囲が半径25mである広範囲型2号消火栓も認められるようになった。1号消火栓の放水量130ℓ/分以上に対して広範囲型2号消火栓は小水量での消火が可能な構造であるため80ℓ/分以上と規定されている。また、後述のスプリンクラー設備において設置される消火栓は、2号消火栓とほぼ同様の機能を持ち、補助散水栓とも呼ばれる。

(2) 屋外消火栓設備

屋外消火栓は1階および2階の火災の消火と隣接建物への延焼防止を屋外から行うものである。建物の各部分から消火栓のホース接続口までの水平距離が40m以下となるように消火栓を設置しなくてはならない。

▶ 3 スプリンクラー設備

スプリンクラー設備は初期消火に有効な自動消火設備で、図2.8.2に示すように、水源、消火ポンプ、アラーム弁、スプリンクラーヘッド（図2.8.3）、補助用高架水槽、送水口（図2.8.4）などで構成されている。病院・救護施設などの迅速な避難が困難な用途、特定用途で4〜10階以下・地階・無窓階の床面積が消防法で規定された床面積以上の階、11階以上のすべての階などに設置義務がある（消防法施行令第12条）。スプリンクラーヘッドは常に開放されている開放型と、常時は閉鎖しており火災の熱により感熱開放する閉鎖型、高天井に設置する放水型がある。閉鎖型は、火災時にスプリンクラーの感熱ヒュ

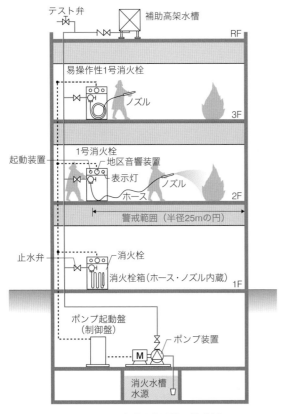

図2.8.1　屋内消火栓設備の構成例

表2.8.3　消火栓の種類[50]

1号消火栓	易操作性 1号消火栓	2号消火栓・ 補助散水栓
750 / 1300	750 / 1300	600 / 1000
警戒半径 25m	警戒半径 25m	警戒半径 15m （広範囲型は 25m）

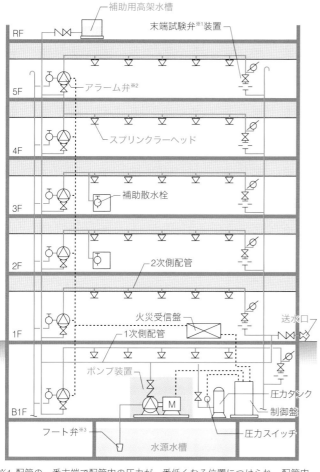

※1 配管の一番末端で配管内の圧力が一番低くなる位置につけられ、配管内の圧力が適切であるかを測定するための試験弁
※2 流水検知装置とも呼ばれ、スプリンクラーヘッドからの放水によって配管内を水が流れるのを検知し、警報を発信する
※3 配管内の水が水槽内に落水するのを防止するための逆流防止機構がついた吸込み口

図 2.8.2　閉鎖型湿式スプリンクラー設備 [51]

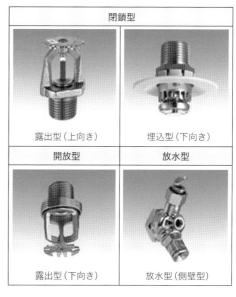

図 2.8.3　スプリンクラーヘッドの例 [52]

図 2.8.4　送水口

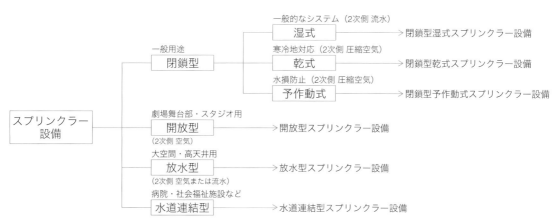

図 2.8.5　スプリンクラー設備の分類

ーズが熱で溶けることで、散水口が開放されて消火する設備であり、図2.8.5に示すように湿式、乾式および予作動式の3種類に分けられる。アラーム弁は流水検知装置を内蔵しており、スプリンクラーヘッドから放水が始まり、一定時間の流水を確認すると、電気信号により警報および消火ポンプの起動を行う機能がある。

（1）閉鎖型湿式スプリンクラー設備

最も一般的に用いられている方式であり、末端のスプリンクラーヘッドまで常時充水・加圧されているのでスプリンクラーヘッドが火災の熱で開放すると直ちに放水することができる（図2.8.6）。

（2）閉鎖型乾式スプリンクラー設備

凍結のおそれのある寒冷地に設けられるものである。流水検知装置としては特殊な乾式弁を使い、消火ポンプから乾式弁までの配管は充水されているが、乾式弁からスプリンクラーヘッドまでの配管内は圧縮空気が充填されている。火災でスプリンクラーヘッドが感熱開放すると弁の圧縮空気が入っている管の部分の圧力が減少し、乾式弁が開放して散水する（図2.8.7）。

（3）閉鎖型予作動式スプリンクラー設備

火災以外の誤作動による水損事故を防止するために設けるものであり、電気室やサーバー室などの水損を嫌う室に採用されている。流水検知装置として予作動弁（予作動式流水検知装置）を使用し、消火ポンプから予作動弁までの配管は充水され、予作動弁からスプリンクラーヘッドまでは圧縮空気が充填されている。予作動式は誤動作を防止するため、スプリンクラーヘッドの感熱開放のみでは放水せず、火災感知器が作動してから消火ポンプを起動し、放水を行う仕組みとなっている（図2.8.8）。

（4）開放型スプリンクラー設備

劇場などの舞台部およびスタジオ部で床面から天井までの高さが高く、ヘッドの感熱効果が十分でない部分に用いられ、多数のスプリンクラーヘッドから一斉に放水するものである。放水区画ごとに、一斉開放弁と一斉開放弁を開放する火災感知器および手動起動弁を設ける。消火ポンプから一斉開放弁までの配管は常時充水されており、火災時に火災感知装置が作動するか、手動で手動起動弁を操作することで放水する（図2.8.9）。

（5）放水型スプリンクラー設備

おもにアトリウムや展示場など、高天井部分（10mを超える部分、物販店舗等は6mを超える部分）に設けられるものである。放水区域ごとに、側壁または天井に火災検知のための火災感知器と放水型ヘッドを設置し、火災時に、火災感知器と火災受信器から散水制御盤に信号が入ると、該当する区域の遠隔操作弁が開き放水型ヘッドから一斉に放水される。放水型ヘッドは大空間を迅速に消火するため、水量が多く警戒範囲が広いことが特徴である（図2.8.10）。

（6）水道連結型スプリンクラー設備

2006（平成18）年に発生した認知症高齢者グループホームの火災事故を契機に、火災発生時に自力で迅速に避難することが困難な者が入院・入所する小規模な病院や社会福祉施設で2009（平成21）年より水道連結型スプリンクラー設備が適用されるようになった。給水配管とスプリンクラー配管が連結されており、水源・ポンプ・アラーム弁等を設けなくても良い簡易スプリンクラー設備である（図2.8.11）。

（7）スプリンクラーヘッド

スプリンクラーヘッドには閉鎖型、開放型、放水型の3種類がある（図2.8.3）。閉鎖型ヘッドにはそ

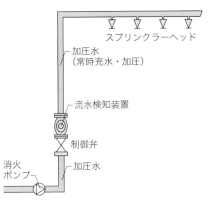

図 2.8.6　閉鎖型湿式スプリンクラー設備[52]

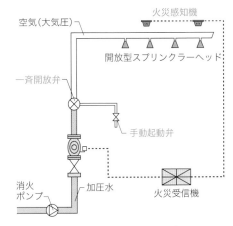

図 2.8.9　開放型スプリンクラー設備[52]

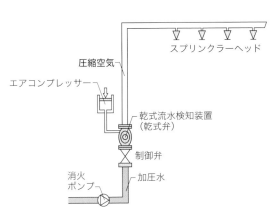

図 2.8.7　閉鎖型乾式スプリンクラー設備[52]

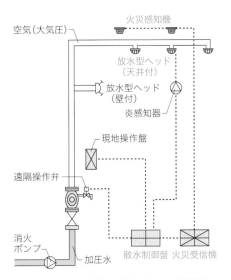

図 2.8.10　放水型スプリンクラー設備[52]

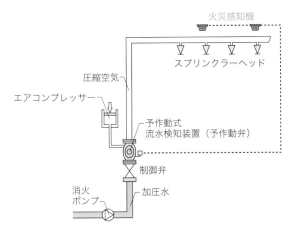

図 2.8.8　閉鎖型予作動式スプリンクラー設備[52]

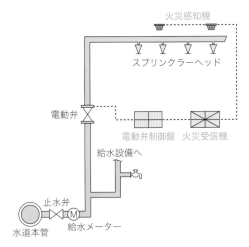

図 2.8.11　水道連結型スプリンクラー設備[52]

の感度によって、1種の高感度型と2種の通常感度型があり、1種のうち消火有効半径2.6m以上のものを特に高感度型ヘッドという。また、閉鎖型ヘッドは火災の熱によりヘッドの感熱ヒューズが溶解することで開放するが、溶解する温度によって種類が異なる。一般的な事務所は普通温度（周囲温度39℃未満、作動温度79℃未満）のものを用い、厨房などは室温が高い傾向にあるため、誤作動防止として中間温度（周囲温度39℃以上64℃未満、作動温度79℃以上121℃未満）のものなどを用いる。

▶ 4 消火器

消火器は各階ごとに歩行距離20m以内に1本設置することが必要であり、火災の種類によって対応する消火器が異なる。また、指定可燃物を貯蔵する室には大型消火器が必要になる場合がある。

▶ 5 水噴霧消火設備

水噴霧消火設備は、噴霧ヘッドから水を微細な霧状にして放射し、酸素供給遮断による窒息効果と、水滴による冷却効果で消火する。道路トンネルや駐車場、屋外変圧器などの消火に用いられるなど、油火災や電気設備の火災に適する。

大量の水を使用し、排水設備も必要となる。

▶ 6 ドレンチャ設備

ドレンチャ設備は主に文化財構造物において、周囲の火災からの延焼を防止するために設置される設備である。外壁や開口部・外構などに設置したドレンチャヘッドから噴霧された水で水幕を形成し、延焼を防ぐ。

放水時は遠隔起動押しボタン操作や、開放弁の操作または周囲の火災を監視する検知器と連動し、ドレンチャヘッドから一斉に放水される。

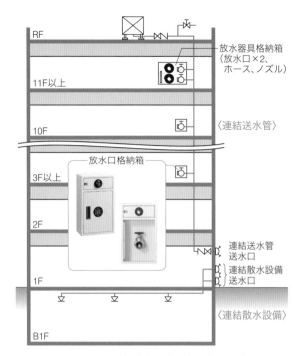

図2.8.12 連結散水設備と連結送水管[53]

▶ 7 連結散水設備

連結散水設備と連結送水管は、消火活動上必要な設備であり、消防隊が使用するものである。

連結散水設備は、建物の地階で火災が発生すると煙が充満して消火活動が困難になるため、地階に散水ヘッドをあらかじめ設置して送水口まで配管しておき、火災時に消防隊が消防ポンプ車で送水し、消火する設備である（**図2.8.12**）。

▶ 8 連結送水管

連結送水管は、3階以上の各階に設ける放水口と1階に設ける送水口および配管で構成される（**図2.8.12**）。11階以上に設ける放水口には、放水用器具格納箱が必要で、70mを超える建物には加圧送水装置（ブースターポンプ）を設ける。放水口は、階段室や、高さ31m以上の高層建築物に設置される非常用エレベーターの乗降ロビーなどで、消防隊が有効に活動できる位置に設けなければならない。また、

図2.8.13　泡消火設備[54]

図2.8.14　ガス系消火設備[55]

とアルゴンの混合ガスなどの不燃性ガスを消火剤として用いる設備で、消火剤の放出による酸素濃度低下（窒息作用）と液化したガスの気化熱による冷却作用により消火を行う。電気絶縁性があり消火後の汚損がないため、電気火災を発生しやすい電気室、発電機室、コンピューター室等や、美術品の収蔵庫などに用いられる。しかし、特に二酸化炭素の場合は人体に危険性があるため、人が活動するような場所には用いることができない（図2.8.14）。

階ごとに、放水口を中心に半径50mの円で建物全体が含まれるように配置する必要がある。

（2）ハロゲン化物消火設備

　不活性ガス消火と同等の効果を持つ設備であり、二酸化炭素などの代わりにハロンやHFCなどを用いるものである。ハロンは人体に対する安全性が高いがオゾン層破壊係数・地球温暖化係数の高い物質であるため、現在は生産が中止されている。消火剤としては新たに開発されたHFCなどの代替フロンが生産されている。

▶ 9　粉末消火設備

　粉末消火設備は炭酸水素ナトリウムなどの粉末を利用して負触媒効果により消火するものである。引火性の液体の表面火災に効果的であり、消火剤が粉末で凍結しないため寒冷地の駐車場、航空機の格納庫、屋上駐車場などに用いられている。

▶ 10　泡消火設備

　泡消火設備は、水に泡消火薬剤を混合して泡を発生させ、泡による窒息作用および冷却作用によって消火するものであり、駐車場、自動車整備工場、航空機の格納庫など油火災の危険性がある場所に設置される（図2.8.13）。

▶ 11　ガス系消火設備

（1）不活性ガス消火設備

　不活性ガス消火設備は、二酸化炭素・窒素・窒素

問題 2.1

給水設備に関する次の記述のうち、**最も不適当なもの**はどれか。

1. 水源の種類には、上水、中水、井水がある。

2. 水道直結増圧方式とは、水圧が足りない場合などに、ポンプを内蔵した増圧装置で圧力を加えて給水する方式である。

3. 事務所用途の1日・1人当たりの使用水量は 200ℓ/人である。

4. 衛生器具のシャワーでは 70kPa 程度が必要水圧である。

5. 上水や給湯系統とその他の系統（雑用水管等）が、配管・装置により誤って直接接続され、上水系統が汚染されることをクロスコネクションという。

問題 2.2

給湯設備に関する次の記述のうち、**最も不適当なもの**はどれか。

1. レジオネラ症の原因菌が増殖するのを防ぐため、「建築物衛生法」では貯湯槽の湯温を常に 60℃以上にし、給湯栓での温度も 55℃以上を保持することとされている。

2. 給湯方式の複管式とは、給湯管に加え給湯熱源へ戻っていく返湯管を設置する方式である。

3. 給湯配管方式では、下向き循環式配管法が推奨されている。

4. ボイラーの取扱いには必ず専門の資格が必要となる。

5. 給湯配管に設置する空気抜き弁は、気体が溜まりやすい配管の最高高さの位置等に設置するのがよい。

問題 2.3

排水設備に関する次の記述のうち、**最も不適当なもの**はどれか。

1. 2つのトラップを同一の排水配管に直列に設けることは、排水の支障となるため禁止されている。

2. トラップの封水は、自己サイホン、蒸発などの現象により失われることがあるため注意が必要となる。

3. 通気管は、衛生器具から排水することにより排水管内に閉じ込められる空気を、大気に開放する役目がある。

4. 排水口径 100A の場合、15m 以内の間隔で掃除口を設置することが望ましい。

5. 分流式では、雨水と汚雑排水は同じ下水本管に放流する。

問題 2.4

排水処理設備に関する次の記述のうち、**最も不適当なもの**はどれか。

1. 排水処理設備とは、公共下水道が敷設されていない土地に建物を建てる場合に必要とされる。

2. 生物化学的酸素要求量の略称は COD である。

3. 浄化槽の容量は一般的に処理対象人員で表される。

4. 雨水は再利用設備によって、トイレの洗浄水、散水、修景または清掃などの用途に再利用することができる。

5. 雨水再利用設備のろ過器本体の方式にはさまざまなものがあるが、雑用水の水質基準を満たせば、ろ過器を省略することもできる。

問題 2.5

ガス設備に関する次の記述のうち、**最も不適当なもの**はどれか。

1. ガスには、都市ガスと、各建物にボンベで供給される液化石油ガス（LP ガス）の 2 種類がある。

2. 全国の都市ガスは比重、熱量、燃焼速度によって 13A、12A、6A、5C、L_1、L_2、L_3 の 7 種類に分類されている。

3. ガスは、0.1MPa 以上 1.0MPa 未満の中圧ガスとして大規模工場・施設に届けられ、一般家庭や商業施設には、さらに 0.1MPa 未満に減圧された低圧ガスが運ばれる。

4. 中圧ガスを引き込んだ建物でも整圧器（ガバナ）によって部分的に低圧ガスに減圧して使用することもある。

5. LP ガスは空気より軽く高いところに留まりやすいため、ガス漏れ警報器は上方に設置し、ガス漏れ時は高い窓から排気を行うのが効果的である。

問題 2.6

衛生器具設備に関する次の記述のうち、**最も不適当なもの**はどれか。

1. 大便器洗浄方式の 1 つであるロータンク式は、給水管が負圧となり、汚水が給水管内へ逆流する危険があるため、逆流防止器（バキュームブレーカ）を取りつける必要がある。

2. 小便器のトラップ部の清掃性を考慮して、トラップが着脱できる小便器が普及している。

3. 住宅・建築物の省エネルギー基準で定める水優先吐水機構のある水栓とは、シングルレバー式においてよく採用されており、レバー中央位置までは湯を吐出させないものが該当する。

4. 単水栓や 2 ハンドル混合水栓は、節水こまを組み込むことにより、流し洗いのときの節水効果が期待できる。

5. JIS の節湯浴槽の基準では、浴槽長辺長さが 1,440mm 以上で、かつ、浴槽湯量が 210ℓ 以下のものを節湯浴槽と定義している。

問題 2.7

大便器に関する次の記述のうち、**最も不適当なもの**はどれか。

1. 給水方式の 1 つである洗浄弁方式は、排出に対し 70kPa 以上の給水圧力が必要である。

2. 洗浄方式の 1 つであるサイホン式とは、排水路内を屈曲させて満水にして、サイホンを起こすことで、汚物を吸引して器外に排出する方式である。

3. 大便器の洗浄水量は、JIS 規格では、使用水量によって「Ⅰ型」「Ⅱ型」と規定されている。

4. 温水洗浄便座における洗浄用水加温方式には、貯湯式と瞬間式があり、瞬間式は、洗浄の必要なときに加温するため、省エネルギーであり、ヒータ用の電気容量も小さくなる。

5. 大便器には、下水管からの悪臭や細菌・ウイルスの進入を防止するために、「封水」と呼ばれる水溜りがある。

消火設備に関する次の記述のうち、**最も不適当なもの**はどれか。

1. 消火の原理として、冷却消火、窒息消火、負触媒消火がある。

2. 消火器は各階ごとに、歩行距離20m以内に1本設置することが必要である。

3. 放水型スプリンクラーは、主にアトリウムなどの高天井部分（10mを超える部分、物販店舗等では6mを超える部分）に設けられるものである。

4. スプリンクラーヘッドには閉鎖型、開放型、放水型の3種類がある。

5. 不活性ガス消火設備は、人が常時活動するコンピューター室等の電気火災に対して有効である。

3章

空気調和設備

機械室内の空調機と冷水・温水配管

　空気調和設備とは、室内空気の状態を適切な環境に整える設備である。人は古くから、焚火や通風などにより、快適な環境を維持する工夫をしてきた。空気調和の肝要である冷凍技術は、食品の冷凍技術に端を発するものであり、建築分野においても適用され、その技術を進歩させてきた。

　現代ではさまざまな空気調和方式が存在し、建物の負荷特性に見合った適切な方式を選択する必要がある。この章では、それらの方式や構成について理解しよう。

▶ 1 空気調和設備の成り立ち

(1) 空気調和設備の目的 (図3.1.1)

建築における設備のうち、温度、湿度、気流、空気清浄度を整える役割を持つ空気調和設備(以下、空調設備)がある。それにより、室内の空気質環境、温熱環境を人が快適に過ごせる状態に維持することができる。空調設備が十分でないと、室内の空気質が悪化することによるシックハウス症候群や、夏に室内温度が上昇することによる熱中症など、人の健康にも影響する可能性がある。

そのため、適切な通風や日射遮蔽、断熱性の確保といった建築的な対処と、空調設備による設備的な対処により、快適な室内環境を維持することが重要である。また、工場やデータセンターなど産業用の建物では、製品や機器保護のために常に一定の熱環境維持が必要とされる場合もある。

(2) 空調設備を構成するシステム

空調設備の構成は、システムにより異なるが、規模の大きな建物に採用される中央熱源方式 (p.116) の場合、大きくは、図3.1.2のような構成となる。

空調設備は、電気やガス等を利用して熱を生み出す熱源設備、その熱を必要な場所まで運ぶ搬送設備(ファン、ポンプ、ダクト、配管)、室内へ冷風や温風を供給する空調機などから構成される。

これらに加えて、各所の空気の清浄度を維持するための換気設備、火災時に煙を建物外へ排出する排煙設備、これらの空調設備の運転を調整するための自動制御設備、各設備の状態の監視や遠隔操作、エネルギー管理等のための中央監視設備、BEMS (p.145)

がある。

大型の熱源機器や空調機は機械室に設置されるが、比較的小型のファンコイルユニットやパッケージエアコンのように、天井面もしくは天井内に設置される方式もある。

▶ 2 空気調和設備の歴史

(1) 古来の室内環境調整の工夫

古来の建物は、庇による日射遮蔽や通風など、建築の工夫(パッシブ技術)によって、室内環境を維持してきた。

たとえば、図3.1.3のように、古民家における縁側空間は、庇により夏の強い日射を遮り室内の温度上昇を抑えるとともに、冬季は太陽高度の低い直達日射が入射して、逆に暖房効果を得ることができる。

また、夏は縁側空間を開放して通風を行うことで涼しさを得て、冬は逆に閉じることで、外部の冷気が室内へ侵入しづらくする緩衝空間として機能する。

(2) 冷房・暖房の歴史

このような建築的な室内環境調整の工夫に加えて、火をおこすなどして暖を取ることは可能であったが、一方で、自然の氷や雪を利用せず、人工的に室内を冷やすことは、技術的に難しかった。

冷却技術は、冷蔵庫などで冷凍を行う技術に端を発するが、その技術を建物内の空調に応用したのが、建物における冷房の登場である。ウィリス・キャリアにより、冷却減湿法や、湿り空気線図、ターボ冷凍機の開発が行われた。当初は、人体に有害な冷媒が利用されており、利用できる場所が限られていたが、安全な冷媒(フロンガス)が開発されるとその

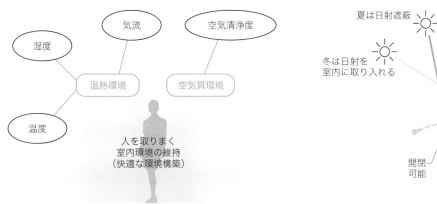

図 3.1.1　空調設備の目的

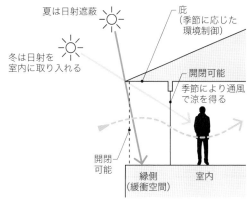

図 3.1.3　庇と縁側による室内環境調整

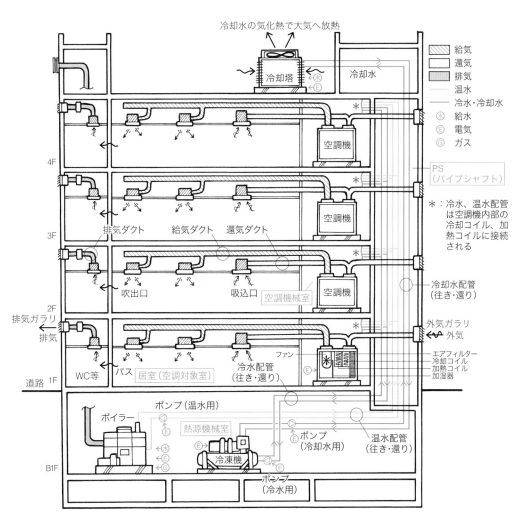

図 3.1.2　空調設備の構成

適用範囲が広がった。

その後、日本においてもパッケージ化されたルームエアコンが販売され、各家庭にも急速に普及した。

(3) 省エネルギー化の動向

近年では地球環境保護の観点から、建築設備における省エネルギーが推進されており、設備機器も効率向上が進んでいる。

1章の図1.2.2に示すように、オフィスビルのエネルギー消費量のうち、空調設備に関する消費量の割合はおよそ半分程度を占めるため、省エネルギーに配慮することが重要である（p.11、図1.2.2参照）。

また、たとえばヒートポンプ[注1] について、日々技術向上が進んでおり、現状で、ヒートポンプの効率を示すCOP（p.121）が3～7程度発揮でき、今後もさらなる効率向上が期待される。

Column

暑寒知らず

1901（明治34）年1月2日、3日の報知新聞の記事に「二十世紀の豫言」が掲載された。20世紀に実現されるであろう電気通信、運輸、軍事、医療、防災などの23項目について、未来予測（ラジオ、テレビ、テレビ電話、電気など）を行った記事であった。その中に「新器械發明せられ暑寒を調和する爲に適宜の空氣を送り出すことを得べし亞弗利加の進歩も此爲なるべし」とあり、暑寒を調和する空気調和の発明によりアフリカ（アフリカ）も進歩するだろうと書かれていた。

その翌年の1902（明治35）年、バッファロー・フォージ会社（ヒータや換気システムの開発会社）の弱冠23歳の電気技師ウィリス・キャリアは、出張先のピッツバーグ駅のプラットフォームで汽車を待つ間、折からホームにかかっている晩秋の冷たい霧を見て、冷水噴霧による空気の冷却脱湿法（露点調節法）を思いついた。このことが、温湿度調和の基礎原理の発見につながっている。

これは1797（寛政9）年、ベンジャミン・フランクリンが日記に「夏の暑い日、冷たい井戸水をコップに入れると、コップの外側に水滴がつく。この水は一体どこからきたのだろう」と書いてから約100年後の話である。

「二十世紀の豫言」が掲載された報知新聞の紙面
（1901年1月2日、3日）

ウィリス・キャリア（1876～1950年）[1]

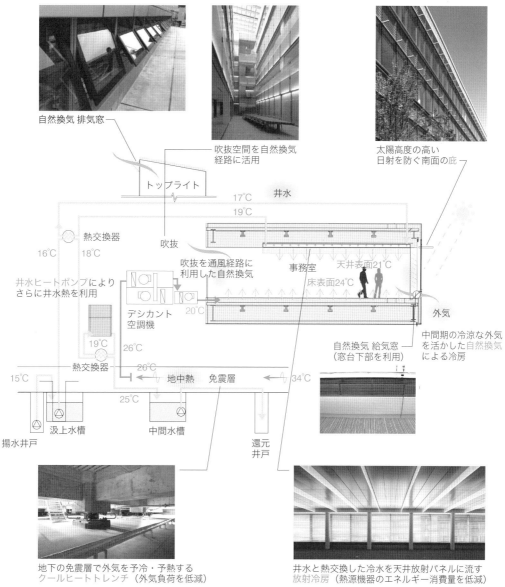

自然換気 排気窓

吹抜空間を自然換気
経路に活用

太陽高度の高い
日射を防ぐ南面の庇

トップライト

井水

17℃
19℃

熱交換器

吹抜

16℃　18℃

井水ヒートポンプにより
さらに井水熱を利用

デシカント
空調機

吹抜を通風経路に
利用した自然換気

事務室

天井表面21℃
床表面24℃

20℃

自然換気 給気窓
（窓台下部を利用）

外気

中間期の冷涼な外気
を活かした自然換気
による冷房

19℃

26℃

熱交換器

26℃

15℃

地中熱　免震層

34℃

25℃

汲上水槽　中間水槽

揚水井戸

還元
井戸

地下の免震層で外気を予冷・予熱する
クールヒートトレンチ（外気負荷を低減）

井水と熱交換した冷水を天井放射パネルに流す
放射冷房（熱源機器のエネルギー消費量を低減）

図 3.1.4　空調設備に関連する省エネ技術の導入事例（電算新本社ビル）[2]

また、近年では、**図3.1.4**に示すように、建築・設備が一体となった技術により、空調設備の省エネルギー性と快適性を向上させる事例もある。空調設備自体に省エネルギー技術を採用するだけではなく、庇やルーバーなどによる外壁の日射遮蔽や断熱性の向上、屋上緑化による屋根面の断熱性向上などの建築的工夫を合わせて行うことが重要である。また、部屋内の空気温度維持のみを空調設備の目標とするのではなく、人の体感を考慮する「ヒューマンファクター」の考え方を活用した空調設備（放射冷暖房）などの高効率設備システムの導入や、自然エネルギー（自然換気、ナイトパージ（夜間外気導入方式[注2]）、地中熱（クール・ヒートトレンチ）、井水等）を利用することで、空調エネルギー消費量の低減が可能である。

▶3 空調設備の設計手順

空調設備の設計手順は、おおむね下記のような流れで進める。

①対象となる室用途に求められる、目標とする室内環境条件（室内温度26℃、相対湿度50％など）を明確にする。
②空調負荷を算出する。その際に、外皮の断熱性や日射遮蔽性能といった建築条件や、室内での内部発熱条件（照明発熱、OA機器発熱、人員による発熱）、必要外気量等の空調負荷を計算するために必要な条件も明確にしておく必要がある。空調負荷を低減することができれば、空調設備に必要な容量を低減し、省エネルギーにつながるため、空調負荷を低減する建築的な工夫を検討することも重要である。
③対象建物や室の用途や空間構成、空調負荷等を総合的に考慮して、最適な空調方式を決定する。
④算出した空調負荷を熱処理できる空調機器の選定を行う。

⑤選定した空調機器が設置できるスペースを確保する。また、ダクトや配管ルートについても必要なスペースを建物内に確保する。たとえばケーブルラックなど、空調設備以外の設備との干渉に留意しておく必要がある。
⑥空調設備を実際にどのように運転させるかを考慮して、どのような自動制御設備とするかを決定しておく必要がある。また、空調設備はどのように運用がなされるかにより効率が変わるため、施設管理者により、設計意図通りに運用がなされるようBEMS設備などの運用状況のモニタリングを行う設備を検討するなど、運用面への配慮も行う。

注
1 熱は温度の高いところから低いところへ移動する。ヒートポンプとは、その逆で、熱を温度の低いところから高いところへ移動させる機器である（ポンプで水を汲み上げるように、熱を汲み上げる働きをする）。
2 夏季などに、夜間の冷涼な外気を換気窓やファンによって室内へ導入することで、室内や躯体を冷やし、冷房負荷を低減する技術。

3-2 室内環境の快適性

人が1日のうちほとんどの時間を過ごす室内環境は、光環境（明るい・暗い）、温熱環境（暑い・寒い）、音環境（うるさい・静か）、空気質環境（埃っぽい・清浄）などにより形成される。空調設備は、特に温熱環境・空気質環境に関係する。

建築・設備によって、人が快適に感じる室内環境を計画するには、「温度」「湿度」などの物理量と、「暑い」「寒い」などの人の快適性（心理量）との関わり合いを十分考える必要がある（図3.2.1）。

▶ 1　室内環境に関連する基準

室内環境が劣悪だと、たとえば夏季に室内温度が高温になることによる熱中症や、換気不足によるシックハウス症候群など、人の健康や生産性に悪影響を与える恐れがある。そのため、適切な室内環境を維持することは重要であるが、その基準を定めているものに建築基準法や、建築物における衛生的環境の確保に関する法律（ビル管法）がある。**表3.2.1**のように項目別に基準値が定められている。

▶ 2　温熱感覚

（1）温熱環境をつくる6要素

人が空間において、暑い、寒いと感じることを温熱感覚と呼ぶ。「温」熱と熱の違いは、「温」熱ではこのような人の感覚が考慮されている点である。

温熱感覚はさまざまな要素に左右される。特に人体に作用するものとして、**図3.2.2**に示すように、①空気温度、②湿度、③放射温度、④気流、⑤代謝量（人の活動に使われるエネルギーの量）、⑥着衣量があり、温熱環境の6要素と呼ばれる。①〜④を特に環境側4要素、⑤⑥を人体側2要素という。

建築・設備により室内環境を調整　→　室内環境の質（物理量）温度・湿度等　→　室内環境による影響　→　人の快適性（心理量）暑い・寒い等

建築・設備

図3.2.1　室内環境の役割

表3.2.1　法令で定められている室内環境の基準[3]

浮遊粉塵の量	0.15mg/m³ 以下
一酸化炭素（CO）濃度	6ppm 以下（0.0006%以下）※
二酸化炭素（CO_2）濃度	1,000ppm 以下（0.1%以下）
温度	（1）18℃以上、28℃以下※ （2）居室における温度を外気の温度より低くする場合には、その差が著しくないこと
相対湿度	40〜70%
気流	0.5m/s 以下
ホルムアルデヒドの量	0.1mg/m³（0.08ppm）以下

※令和4年4月1日以降

①空気温度［℃］　②湿度［%］　③放射温度［℃］　④気流［m/s］　⑤代謝量［met］　⑥着衣量［clo］

図3.2.2　人体に作用する温熱環境の6要素

(2) 平均放射温度

　熱が電磁波として運ばれる現象として「放射（輻射とも呼ばれる）」がある。これは、物体同士の間で熱を電磁波で熱交換する現象である。

　放射の効果値を表す指標として、平均放射温度（MRT：Mean Radiant Temperature）［℃］がある。MRT は、周囲空間の全方向から受ける放射温度を平均化したもので、対象者の周囲の壁や窓、床や天井面の表面温度をもとに、それぞれの面の形態係数（各面が対象者から見た空間に占める割合）を加味し

て算出した値である。

　MRT は、p.90 に示すグローブ温度計で測定された数値を基に算出することも可能である。

　たとえば地中のトンネルの壁は壁面温度が低いため MRT が低く、放射熱により涼しく感じる。放射冷房は冷たい天井面をつくることで MRT を低くし、室内空気温度が多少高くても体感として涼しく感じさせる技術である。また、窓際を冷房して空気温度を下げていても、窓面からの日射を受けたガラスやブラインドからの放射熱で、体感としては暑く感じ

Column

測定器とその原理②　温度計

　温度を表す単位として一般的に［℃］が使われる。空気温度、水温、表面温度など、あらゆる温度の測定には、主に以下のいずれかの原理が使われている：　①物質の熱膨張を用いるもの、②物質の電気的性質の変化を用いるもの。

　①の代表的な測定器に、ガラス棒温度計がある。球状の感温部に液体（水銀、エチルアルコール等）が満たされており、熱により体積が増加または減少することで管内の液体の高さが変化する。

　②の代表的な測定器に、熱電対がある。熱電対は、ゼーベック効果による発電量から温度を測定する。ゼーベック効果とは、2 種類の金属の接点間で温度差があると電圧（V）が発生するという現象である。2 つの接点間の温度差が大きいほど発生する電圧も大きくなるため、接点 1 の温度がわかれば（別の温度計が必要）、接点 2 の温度がわかる。また、温度により物質の電気抵抗が変化する特性を利用したセンサーにサーミスター（測温抵抗体）がある。空調制御用のセンサーや温度管理の必要な家電機器（冷暖房・調理用家電など）等に広く使われている。

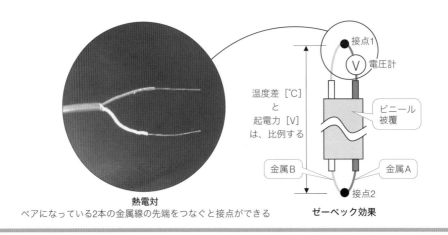

熱電対
ペアになっている2本の金属線の先端をつなぐと接点ができる

ゼーベック効果

る場合もある。庇などにより窓面からの放射熱を減らす工夫は快適性の面でも重要である。

（3）代謝量

人間の活動量を表す指標であり、[met] という単位で表される。met は、成人男子の静座時の発熱量を 1met で表した単位である。表 3.2.2 に示すように、睡眠時で 0.8met、オフィスの作業時で 1.2met、歩行時で 2.6met、運動時で 4met 程度である。

（4）着衣量

人の温熱感覚には着衣量も影響する。衣服の熱抵抗を表す単位に [clo] 値がある。空気温度 21℃、相対湿度 50%、気流 0.1m/s の環境下で、着席時の人が快適であるための熱抵抗を 1clo と設定している。

図 3.2.3 に示すように、男性であれば冬物スーツ上下を着ている状態で 1clo 程度、夏服で 0.6clo 程度である。

（5）快適性のさまざまな指標

人の温冷感は、前述のように、温度だけでなく、温熱環境の 6 要素により影響を受ける。そのため、それらの要素を加味した快適性を評価する指標があり、温度に換算して表現される SET*や ET、暑い寒いといった温熱感覚を予測する PMV 等がある。

表 3.2.2　活動内容と代謝量 [met]

活動	代謝量[met]
睡眠	0.8
成人男子・静座	1.0
立位／オフィス作業	1.2
歩行	2.6
ジョギング	4.0
ランニング	8.0

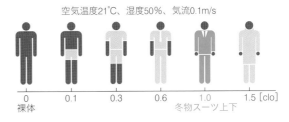

空気温度21℃、湿度50%、気流0.1m/s

0　0.1　0.3　0.6　1.0　1.5 [clo]
裸体　　　　　　　　　　冬物スーツ上下

図 3.2.3　着衣量の例 [clo]

Column

測定器とその原理③　サーマルマネキン

サーマルマネキンは、人間と同じように発熱する等身大のマネキンである。表面には発熱ワイヤーが密に巻かれており、内部に組み込まれた制御用回路で人体の部位ごとに温度調節ができる。発熱に使用した電力を測ることで、人体から環境への放熱量 [W/m²] がわかる。

裸体時と比べて着衣時は放熱量が減るため、その差から着衣量（着衣熱抵抗 clo 値）を求めることができる。また、温度ムラのある空間に設置すると、体のどの部分が冷やされているか、または温められているかがわかる。

衣服のバリエーションが豊富なため、女性型が多いが、男性型や乳児型のサーマルマネキンもある。

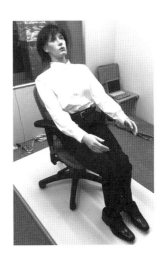

サーマルマネキン

a) 標準新有効温度 SET *

標準新有効温度 SET *（Standard New Effective Temperature）は温度で表される指標であり、単位は [℃] である。SET*は、空気温度、湿度、気流、放射、着衣量を考慮し、気流のない相対湿度50%の場合と同じ温熱感覚および放熱量となる空気温度で表される指標である。

その他の指標として、空気温度、湿度、気流のみから快適性を評価する指標に有効温度（ET = Effective Temperature）[℃]があるが、それに対して SET * では、温熱環境6要素を加味して快適性を評価・比較できる。**表3.2.3** に示されているように、SET *が 22.2℃ ～ 25.6℃ の範囲で快適、許容できる温冷感となると設定されている。

b) 予想平均申告 PMV

予想平均申告 PMV（Predicted Mean Vote）[−]は、温熱感覚の指標である。デンマーク工科大学の P. O. ファンガーにより発表された指標であり、温熱感覚の6要素をすべて加味した快適性指標である。

PMV は、−3（寒い）～＋3（暑い）の範囲で数値化され、0に近付くほど快適な温熱環境であることを示す。PMV ＝ −0.5～＋0.5 の範囲内が快適範囲とされている。**図3.2.4** は PMV と PPD（予測不満足者率、Predicted Percentage of Dissatisfied）[%]

表 3.2.3　SET*と温冷感の関係 [4]

SET* [℃]	温冷感	生理的状態
＞ 37.5	非常に暑い、非常に不快	体温調節ができない
34.5～37.5	暑い、許容できない	おびただしい発汗
30.0～34.5	暖かい、不快	発汗
25.6～30.0	やや暖かい、やや不快	軽い発汗、皮膚血管拡張
22.2～25.6	快適、許容できる	中性
17.5～22.2	やや涼しい、やや不快	皮膚血管収縮
14.5～17.5	涼しい、許容できない	軽い体冷却
10.0～14.5	寒い、非常に不快	ふるえ

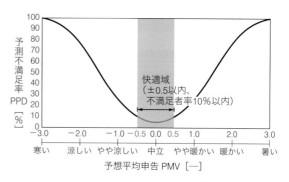

図 3.2.4　PMV と PPD の関係

Column

測定器とその原理④　グローブ温度計

平均放射温度を測定するための最も簡易的な測定器で、つや消し黒色で塗装された直径15cmの銅製中空球に温度計をさしたものである。つや消し黒色は放射熱を吸収しやすいため、周囲面（床・壁・天井・窓等）から放射の影響を受けた中空球の内部温度［℃］が測定できる。同時に測定したグローブ温度と空気温度の差が、周囲からの放射の影響の大きさを表す。空気温度と風速を同時に測定することで、換算式から平均放射温度を求めることができる。

$$MRT = 2.37 \sqrt{v}\,(t_g - t_a) + t_g$$

MRT：平均放射温度［℃］

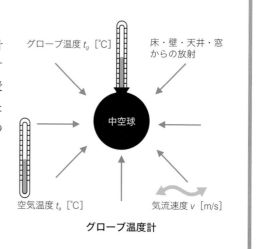

グローブ温度計

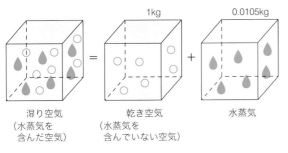

空気温度26℃、相対湿度50%の場合

湿り空気
（水蒸気を
含んだ空気）

乾き空気
（水蒸気を
含んでいない空気）

水蒸気

図 3.2.5　湿り空気のイメージ

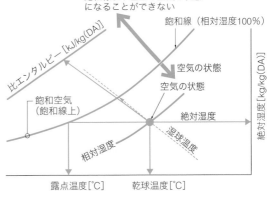

図 3.2.6　湿り空気線図

の関係を示している。PMV＝－0.5～＋0.5であれば、不満足者率は10%以内となることを示している。

▶ 3　空気線図

空気は、**図 3.2.5** に示すように、乾き空気と水蒸気により構成されている。一見透明な空気の中にも、多かれ少なかれ水分が存在している。水蒸気を含んでいない空気のことを「乾き空気」という。水蒸気を含んだ空気のことを「湿り空気」という。

1kg の乾き空気に対する水蒸気の量を「絶対湿度」といい、単位は［kg/kg（DA）］で表される。1kg の乾き空気に対して水蒸気は 0.0105kg 程度である（空気温度 26℃、相対湿度 50%の場合）。絶対量としては少なく感じるが、この水蒸気量は、空調のエネルギー消費量や室内の快適性に大きく影響する。

（1）空気線図の役割

空気線図とは、湿り空気の温度・湿度等の状態を表すものである。

空調設備の計画において、空気の状態やその変化を検討することなどに用いられる。

図 3.2.6 に空気線図の例を示す。空気線図には、温度（乾球温度、湿球温度）や湿度（絶対湿度、相対湿度）、比エンタルピーなどが示されている。いずれか 2 つの値が決まると、空気の状態が決定され、空気線図上のその空気の位置が定まる。これにより、他の状態値を求めることもできる。

空気は、空気線図上の飽和線より下側のあらゆる点になりうる。一方で、空気線図外の状態（空気線図上、相対湿度 100%の飽和線より左上部）にはなることができない。

（2）飽和空気

水蒸気をこれ以上含むことができない状態の空気を「飽和空気」という。飽和空気は、相対湿度 100%の状態である。

たとえば、飽和していない空気であれば、室内の洗濯物からの水蒸気を、空気が吸収して、洗濯物が乾く。逆に、飽和状態の風を洗濯物に当てても、空気がそれ以上水蒸気を吸収できないため、洗濯物は乾かない。

（3）空気線図から読み取ることができる情報
①乾球温度

乾球温度とは、温度計の感熱部分が乾燥した状態で計測された温度のことである。空気線図上では、乾球温度は、横軸で表される。

②湿球温度

湿球温度とは、温度計の感熱部分を湿った布で包んで計測された温度である。乾球温度よりも低い温

度となるが、飽和空気の状態の場合は、乾球・湿球温度計のどちら側の温度表示も同じになる。

湿球温度は、**図3.2.6**に示すように空気線図上の斜めの線で表現されている。

③絶対湿度

絶対湿度とは、乾き空気1kgに対する水蒸気量［kg/kg(DA)］のことである。DAは、Dry Airを意味している。空気線図上の縦軸で表現されている。

④相対湿度

相対湿度は、その温度における飽和空気の水蒸気分圧に対する、湿り空気中の水蒸気分圧の比により算出され、パーセント［%］で表される。空気線図上では、ななめの曲線で表現されている。

⑤比エンタルピー

比エンタルピー［kJ/kg(DA)］とは、単位質量あたりの湿り空気が持つ仕事を、熱量（エネルギー）に換算して表現したものである。

空気温度26℃、相対湿度50%の場合、絶対湿度0.0105kg/kg(DA)の水蒸気を含み、比エンタルピーは53kJ/kg(DA)である。空気線図上では、空気の状態点からななめ左上の軸から数値を読み取ることができる。

⑥露点温度

湿り空気が含むことができる水蒸気量には、限界がある。湿り空気の温度が高いほど、多くの水蒸気を含むことができる。

湿り空気を冷却していくと、ある温度で飽和空気

となる。それでもさらに冷却を続けると、それ以上空気に含むことができない水蒸気が水滴となって現れ、結露する（**図3.2.7**）。その状態の温度を、露点温度という。

たとえば冬の室内空気が、窓際の冷たいサッシ部で冷やされて結露するのは、このためである。

空気線図上では、対象とする空気の状態の点から左方向に絶対温度が一定の水平の線を引き、その線と飽和線の交点における乾球温度が露点温度を示している。

⑦顕熱比 SHF

空気の状態は、顕熱変化（温度の変化）と潜熱変化（絶対湿度の変化）の両方により変わる。その変化量は熱量により表される。**図3.2.8**に示すように、空気の状態を、変化させる場合、顕熱変化による熱量と、潜熱変化による熱量によりそれぞれ表すことができる。

また、顕熱変化による熱量と潜熱変化による熱量の合計は全熱変化による熱量として表すことができる。

顕熱比 SHF とは、全熱変化に対する顕熱変化の熱量の比率［－］のことである。

SHF を算出することで、空気の状態を変化させる場合の、顕熱負荷と潜熱負荷の割合を知ることができる。

また、SHF は、室内の熱負荷が顕熱によるものか潜熱によるものかの比率を示すこともできる。

オフィスであれば顕熱負荷が主のため、SHF ＝ 0.8～0.9程度である。

会議室やホールなど人員密度が高い空間の場合、人から発生する水分量が増えるため、潜熱負荷の割合が大きく、顕熱負荷の割合は小さくなる。そのため、SHF ＝ 0.5～0.7程度となる（人員密度による）。

サーバールームなどは、人がおらず潜熱負荷がない。室内熱負荷としては、サーバーの発熱による顕熱負荷のみである。その場合、室内熱負荷のSHF ＝ 1.0である。

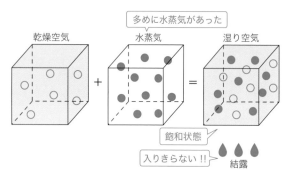

乾燥空気　　水蒸気　　湿り空気

多めに水蒸気があった

飽和状態

入りきらない!!　　結露

図3.2.7　結露のイメージ

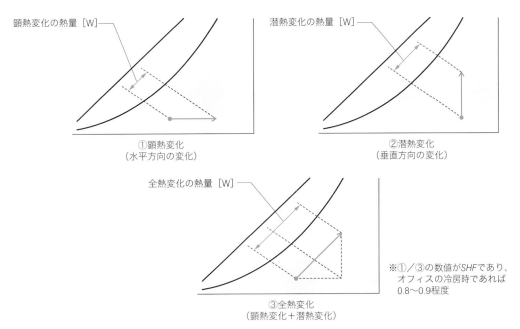

①顕熱変化
（水平方向の変化）

②潜熱変化
（垂直方向の変化）

③全熱変化
（顕熱変化＋潜熱変化）

※①／③の数値がSHFであり、
オフィスの冷房時であれば
0.8〜0.9程度

図3.2.8　空気線上における顕熱・潜熱・全熱変化

Column

測定器とその原理⑤　アスマン式乾湿球温度計

アスマン式乾湿球温度計は、感温部に十分な風を当てながら乾球温度と湿球温度を同時に測定できる温度計である。湿り空気線図を用いることで、相対湿度や絶対湿度を求めることもできる。電気的センサーが普及する前は、気象観測や室内環境測定に用いられてきた。現在も精度検定を受けた機器を使って正しい手順で測定すると、高精度な温湿度測定が可能である。

乾球温度は通常の空気温度であるが、先端の感温部（球）が周囲からの放射の影響で加熱または冷却されると正確な値が得られない。そのため、光沢のある金属の筒で感温部をカバーし、ファンで空気を吸い込みながら測定することで正確な乾球温度が得られる。

湿球温度は、感温部を湿らせたガーゼで覆って測定した空気温度である。ガーゼから水分が蒸発するときに感温部から潜熱を奪うため、湿球温度は乾球温度よりも低くなる。空気中の湿度が低いほど蒸発量も多くなり、湿球温度と乾球温度の差は大きくなる。相対湿度が100％の時は水分が蒸発しないため、湿球温度と乾球温度の値は同じになる。蒸発量が安定するように、一定速度の風を感温部に当てながら測定する。

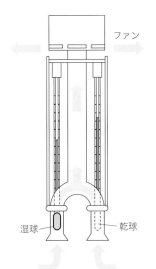

ファン

湿球　　　乾球

周囲の空気

アスマン式乾湿球温度計

▶ 4　空調機における空気状態の変化

空調を行う際、空気は空調機内部で冷却、加湿、除湿、混合などにより状態変化する。それらの変化は、空気線図上で**図 3.2.9** に示すように表現することができる。

（1）冷却と除湿、加熱と加湿

A：冷却

冷房時に空調機から室内に供給する空気の温度を下げたい場合、空調機により冷却が行われる。

冷却する場合、温度が低下するため、空気線図上では左に移動する。

B：冷却＋除湿

冷房時に温度のみでなく、湿度も下げる必要がある場合は、空気を冷却し、飽和空気の状態に達してもなお冷却を続けることで、除湿が行われる（過冷却）。この場合、空気線図上では、飽和空気の点に達した後は、飽和空気線に沿って左下へ移動する。空気線図上で左下に移動しているため、絶対湿度が低下していることがわかる。

C：加熱

暖房時に、空調機から室内に供給する空気の温度を上げたい場合、空調機により加熱が行われる。

加熱する場合、空気は温度が上昇するため、空気線図上で右に移動する。

D：加湿

加湿の目的は、空気に含まれる水蒸気量を増やし、室内空気を適切な湿度にすることである。加湿を行うと絶対湿度が上昇するため、空気線図では、空気の状態が上方向に移動する。

ただし、空気線図上の移動の仕方は、加湿方式（→p.132）により異なる。

水噴霧加湿では、等エンタルピー線上で左上方向に移動する。そのため絶対湿度が上がるが、温度は下がってしまう。

蒸気噴霧加湿では、水噴霧加湿の場合と比較して、温度への影響が少ない。

（2）空気の混合

空調機の内部では、2 つの状態の空気を混合する場合がある。混合前の空気の状態から、混合後の空気の状態 C を空気線図上で求めることができる。乾

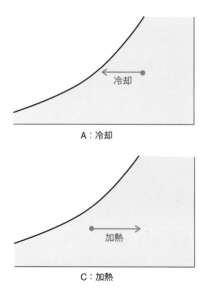

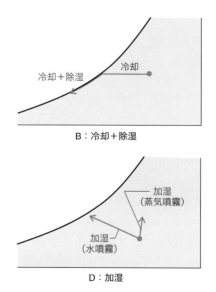

図 3.2.9　空気線図上での空気の状態変化

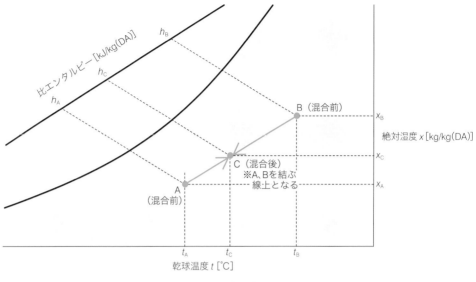

図 3.2.10 混合による空気状態の変化

Column

測定器とその原理⑥ 湿度計

湿度の単位には、相対湿度 [%]、水蒸気圧 [Pa]、絶対湿度 [kg/kg(DA)] などが使われる。湿度測定の原理には、主に 3 種類ある。①物体の伸縮、②物体の電気的性質の変化、③湿り空気の熱力学的特徴をそれぞれ用いるものである。

①の代表的な測定器に、毛髪式湿度計がある。空気中の湿度により毛髪の含水率が変化し、伸び縮みする原理を利用している。回転する筒状の用紙に記録ペンで湿度変化を示す毛髪式湿度計は、美術品の湿度管理などに使われている。

②の代表的な測定器に、高分子膜湿度センサーがある。電極に挟まれた高分子膜の電気特性（抵抗、静電容量）が含水率によって変化することを利用している。

③の代表的な測定器に、アスマン通風乾湿計がある。乾球温度と湿球温度を測定し、湿り空気線図から湿度を求める。

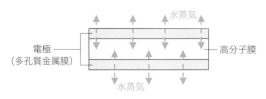

高分子膜湿度センサーの原理

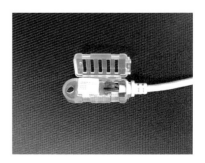

高分子膜抵抗式湿度センサー

95

球温度 t_C、絶対湿度 x_C、比エンタルピー h_C は、**図3.2.10** に示すように、それぞれの空気の間の点となる（図中の点 A と点 B の混合→点 C）。

　具体的には、混合点は、混合前の2点を絶対値により内分した点の位置となる。たとえば、図中の混合前の点 A の乾球温度を t_A、絶対湿度を x_A、比エンタルピーを h_A、乾き空気質量を G_A [kg(DA)]、点 B の乾球温度を t_B、絶対湿度を x_B、比エンタルピーを h_B、乾き空気質量を G_B とすると、混合後の点 C における t_C、x_C、h_C はそれぞれ、下記で算出できる。

$$\text{乾球温度 } t_C = \frac{G_A\, t_A + G_B\, t_B}{G}$$

$$\text{絶対温度 } x_C = \frac{G_A\, x_A + G_B\, x_B}{G}$$

$$\text{比エンタルピー } h_C = \frac{G_A\, h_A + G_B\, h_B}{G}$$

$$\text{乾き空気質量 } G = G_A + G_B$$

3-3 空調負荷

▶ 1 空調負荷とは

空調負荷とは、室内を一定温度に維持するために、室内に供給または室内から除去すべき熱量のことである。したがって、そもそも空調設備がない部屋には、空調負荷は存在しない。

空調負荷には、「冷房負荷」と「暖房負荷」がある。図3.3.1 に示すように、夏季は、室内のパソコン・照明などの発熱、人からの発熱等に加え、外部からの熱伝導、日射熱の影響が大きい。そのため、冷房を行わない場合、室内の温度は上昇してしまう。部屋の温度を一定に保つためには、取得した熱と同じ分の熱を、冷房により除去しなければならず、その熱量を「冷房負荷」という。

冬季は、外部の温度が低く、外壁からの熱伝導や隙間風により、室内の発熱が外部へ損失される。そのため、暖房を行わない場合、室内の温度は低下する。したがって、損失した熱と同じ分の熱を、暖房により加熱しなければならならず、その熱量を「暖房負荷」という。

空調負荷に応じて、空調設備に必要な冷房・暖房能力は決定される。たとえば冷房時の設定温度を26℃から28℃に緩和すると、冷房負荷（除去する熱量）は小さくなるため、必要な冷房能力は小さくなる。また、建物の断熱性能が低いと暖房負荷は大きくなり、暖房能力を高める必要がある。

空調負荷は、空調によるエネルギー消費量と密接に関係する。図3.3.2 に示すように、空調負荷を半分にすれば、エネルギー消費量は 1/2 となる。さらに、空調システムの効率を2倍とすれば、空調システム効率向上による省エネルギー効果により、エネ

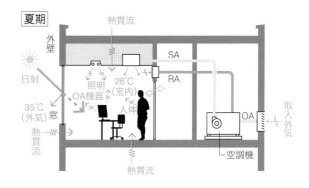

冷房負荷（除去する熱量）

暖房負荷（加熱する熱量）

図3.3.1　空調負荷のイメージ

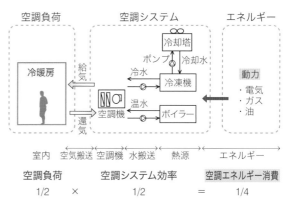

図3.3.2　ファクター4

ルギー消費量はさらに 1/2 とできる。そのため、空調によるエネルギー消費量は 1/4（＝ 1/2 × 1/2）となる。このように、負荷を半分にし、効率を 2 倍とすることで、エネルギー消費量を 1/4 にする考え方を、ファクター 4 という。したがって、省エネルギーのためには、断熱・日射遮蔽など外装の工夫により空調負荷を低減する建築とし、さらにその空間に適した効率良い空調システムを計画することが重要である。

(1) 空調負荷の種類

空調負荷は、「顕熱負荷」と「潜熱負荷」から構成されている。温度を一定に保つために必要な負荷を「顕熱負荷」といい、湿度を一定に保つために必要な負荷を「潜熱負荷」という。潜熱負荷は、除湿・加湿しなければならない水蒸気量を、熱量に換算して表現する。顕熱負荷と潜熱負荷の合計は、「全熱負荷」と呼ばれる。

(2) 空調負荷の条件設定

空調負荷は、建物の立地や部屋の利用スケジュールにより異なるため、その条件設定が重要である。

たとえば、同じ建物でも、温暖な地域に建つ建物と寒冷地に建つ建物では、空調負荷は異なる。そのため、空調負荷を計算する際には、立地や建物利用時間を加味して、表 3.3.1 に示すような外気条件の設定が行われる。

計画地域の観測史上最高・最低の外気温度で算出した空調負荷で空調設備の能力を計画すると、実際にそのような外気条件が発生する頻度は極めて少ないため、過大な設備能力となる場合がある。そのため、1 年間における外気温度の危険超過率（TAC）を考慮して計画される場合が多い（一般には 2.5%〜5%程度）。

一般的なオフィス用途では、空調は 8 時〜 19 時のようなコア時間帯に利用され、深夜には利用されな

表 3.3.1 設計用外気条件の例[5]

地名	冷房用		暖房用	
	乾球温度 [℃]	相対湿度 [%]	乾球温度 [℃]	相対湿度 [%]
札幌	30.3	59.2	−8.3	67.3
東京	34.2	56.3	1.8	40.1
大阪	34.7	51.9	2.0	57.9
鹿児島	34.4	58.4	3.4	59.1

い場合が多い。冬季の深夜には、外部の冷気により、外壁やコンクリート床などの建物躯体が冷やされるため、朝の空調運転開始時の負荷（立ち上がり負荷）が大きい。一方で、部屋が連続利用され、24 時間空調が運転される室では、立ち上がり負荷の影響は小さい。このように、空調の運転スケジュールも空調負荷に影響するため、明確にしておく必要がある。

空調負荷の概略値は、用途により異なる。オフィスの冷房負荷で 100 〜 200W/m²、暖房負荷で 70 〜 150W/m² 程度である。一方、たとえば客席の人員密度の大きい劇場などは、人体からの熱取得とともに外気負荷も大きいため、冷暖房ともに 500W/m² 程度と大きくなる。このように建物用途や利用特性を踏まえて、正しい空調負荷を算出することが重要である。

▶ 2 冷房負荷

冷房負荷は、エアコンや冷凍機の冷房能力を算出するために必要とされ、「室内負荷」と「外気負荷」に大別される。図 3.3.3 に冷房負荷の構成、その要因を示す。

室内負荷には、

①壁からの貫流熱による負荷（外壁・屋根 q_{WO}、内壁・床 q_{WI}）（顕熱のみ）

②窓ガラスからの熱貫流 q_{GC}、日射による負荷 q_{GR}（顕熱のみ）

③機器（OA 機器）の発熱による負荷 q_{INS}（顕熱・潜熱）

④照明の発熱による負荷 q_L（顕熱）

⑤人体からの発熱による負荷 q_{HS}、q_{HL}（顕熱・潜熱）

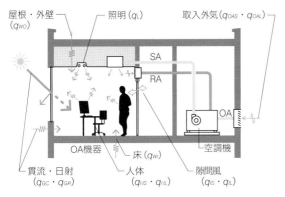

図3.3.3 冷房負荷となる主な要因

表3.3.2 外壁・屋根の実効温度差 ETD の例 [K] [6]

時刻 方位	水平 H	北 N	東 E	南 S	西 W
9	7	4	9	4	4
12	16	6	14	7	6
14	23	7	14	11	8
16	26	8	13	12	12

※普通コンクリート（厚さ190mm）、東京の場合。
　室内温度26℃、夏期平均外気温度29.5℃

表3.3.3 材料の熱伝導率 λ の例 [W/(m・K)] [7]

分類	材料	λ
金属	アルミニウム	228
	鋼	45
コンクリート・ モルタル類	普通コンクリート	1.40
	軽量コンクリート	0.78
	気泡コンクリート（ALC）	0.17
	モルタル	1.50
木材	ひのき（重量）	0.19
	合板（中量）	0.17
	軟質繊維板（軽量）	0.14
ボード類	石こう板・ラスボード	0.17
	畳	0.15
タイル・ガラス	タイル	1.30
	ガラス	1.00
断熱材	ポリスチレン（押出）	0.04
	グラスウール（24K）	0.04
	ロックウール吹付け	0.05

⑥サッシの隙間や出入口からの隙間風負荷 q_{IS}、q_{IL}
（顕熱・潜熱）

がある。

外気負荷とは、換気のために外気を室内に取り入れる際に、室内と外気の温度・湿度が異なる場合に発生する負荷である。

⑦取り入れ外気 q_{OAS}、q_{OAL}（顕熱・潜熱）

①～⑦の負荷をそれぞれ算出し、合計することで、房負荷が算出される。

（1）壁からの貫流熱による負荷

壁や屋根を通して、室内と室外との温度差から起こる熱貫流（熱の流れ）により、侵入する熱量のことである。外壁からの熱貫流による取得負荷 q_{WO} は、

$q_{WO} = K \cdot A \cdot ETD$ [W]

K：外壁の熱貫流率 [W/m²・K]

A：壁面積 [m²]

ETD：実効温度差 [K]

ETD は、日射熱とその蓄熱を考慮し補正を加えた、室内空気と外気との温度差である。

表3.3.2 に実効温度差の例（東京）を示す。方位や時刻により異なるのがわかる。

外壁の熱貫流率 K は次式のように、外壁の熱抵抗（熱伝達率の逆数）の総和の逆数で算出される。たとえば、外表面熱抵抗、外装（コンクリート）、断熱材、内装仕上げ、内表面熱抵抗の総和を算出し、その逆数で求めることが可能である。

$$K = \cfrac{1}{\left(\cfrac{1}{\alpha_o}\right) + \sum\left(\cfrac{L}{\lambda}\right) + \left(\cfrac{1}{C}\right) + \left(\cfrac{1}{\alpha_i}\right)} \ [\mathrm{W/m^2 \cdot K}]$$

α_o：外壁の外側表面熱伝達率 [W/m²・K]
（= 23 程度）

α_i：外壁の内側表面熱伝達率 [W/m²・K]
（= 9 程度）

C：空気層の熱伝達率 [W/m²・K]
（= 6.5 ～ 7.3 程度）

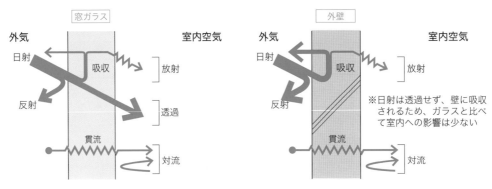

図 3.3.4　窓ガラスと外壁（コンクリート等）における熱の収支

L：壁の厚さ［m］

λ：壁部材の熱伝導率［W/m・K］

　壁部材の熱伝導率 λ は、**表 3.3.3** に示すように、部材厚さ 1m、面積 1m² あたりの壁面の外側と内側の温度差が 1℃ の時に、外側から内側に伝わる熱量［W］を示すものである。たとえばアルミニウムなどは、熱伝導率 λ ＝ 228W/m・K と大きく、熱が伝わりやすい材料である。断熱用途に用いられるグラスウール（24K）は、熱伝導率 λ ＝ 0.04W/m・K と小さく、熱を伝えづらい材料である。

　たとえば外壁の断熱材の厚さ L を 25mm → 50mm として断熱性を高めると、外壁の熱貫流率 K および熱貫流による取得負荷 q_{wo} が小さくなり、省エネルギーとなる。

　コンクリート 150mm ＋断熱材 25mm の外壁では、熱貫流率 K ＝ 0.91 W/m²・K となる。夏期で外気温が 34℃、室内温度が 26℃ の場合、日射の影響を無視した場合でも、外壁面積あたり 7.3W/m² 程度の負荷となる。

　内壁からの熱貫流による取得負荷 q_{wI} も、外壁と同様の方法で算出できる。隣室が空調されていると負荷はなくなり、空調されていない場合は負荷が大きくなる。

（2）窓ガラスからの熱貫流・日射による負荷

　窓ガラスは、室内からの眺望を確保したり、外部の明るさを室内に取り入れたりするために設けられる。ガラスは外壁のうち壁である部分（**図 3.3.4**）に比べて日射遮蔽・断熱性能が低く、熱負荷の観点では弱点となる。そのため、ガラス張りの外壁の建物では冷房負荷が大きくなる。**図 3.3.4** に示すように、窓ガラスを透過して室内に入る、太陽からの日射熱による負荷と、外気と室内との温度差による熱貫流負荷が、冷房負荷となる。

　窓ガラスからの取得負荷は、ガラスの日射遮蔽・断熱性能により異なる。日射を遮蔽する性能は、「日射熱取得率［－］」あるいは「日射遮蔽係数 SC［－］」で表現される。ガラスの断熱性能は、「熱貫流率 K［W/m²・K］」で表現され、数値が小さいほど断熱性が高く、熱を伝えづらい。これらの性能値は**表 3.3.4** に示すようにガラスの種類や厚さにより異なる。

a）日射による負荷 q_{GR}

　日射による負荷 q_{GR} は、次式により算出される。

$$q_{GR} ＝ A_G \cdot S \cdot SC \ ［W］$$

　A_G：窓ガラス面積［m²］

　S：窓ガラスからの標準日射熱取得［W/m²］

　SC：日射遮蔽係数［－］

　外部からの入射熱量 S は、**表 3.3.5** に示すように、窓ガラスの向いている方位や時刻によって異なる。

　「日射熱取得率」は、窓面に外部から入射した日射熱のうち、室内に侵入する熱の割合である。厚さ 3mm のフロートガラスで 0.88 程度である（窓日射熱

表 3.3.4　ガラスの熱性能値の例 [8]

ガラスの種類	厚さ [mm]	ブラインド	熱貫流率 K [W/m²·K]	日射遮蔽係数 SC [－]
フロートガラス	3	なし	6.5	1.00
複層ガラス	6 + A*6 + 6	なし	3.4	0.83
		明色	3.0	0.52
熱線吸収ガラス	6	なし	6.3	0.83
		明色	5.0	0.48
Low-E 複層ガラス（クリア断熱型）	6 + A*6 + L6	なし	2.6	0.60
		明色	2.2	0.46
Low-E 複層ガラス（クリア遮熱型）	L6 + A*6 + 6	なし	2.6	0.51
		明色	2.2	0.34

＊：A は空気層の厚さを示す

表 3.3.5　ガラスからの日射熱量 S [W/m²] [9]

方位＼時刻	水平	北 N	東 E	南 S	西 W
9	654	42	491	77	42
12	843	43	43	180	50
14	722	42	42	108	400
16	419	38	36	36	609

※東京、夏期の値
　□ は各方位で最も日射熱量が大きい時刻を示す

図 3.3.5　Low-E 複層ガラスの断熱型・遮熱型の違い

のうち 88％が透過）。数値が小さいほど日射を遮蔽する性能が高い。

「日射遮蔽係数 SC」は、厚さ 3mm のフロートガラスの日射熱取得率に対する当該ガラスの日射熱取得率の比で算出される。そのため、フロートガラスの $SC = 1.0$ であり、Low-E ガラスのような高性能ガラスと明色ブラインドを組み合わせた場合で、$SC = 0.4$ 程度である。

表 3.3.5 は、フロートガラスの各方位、時刻ごとの、窓ガラス面積あたりの日射による負荷を示しており、日射熱量が大きい時刻は方位により異なるのがわかる。

また、ガラスの性能のみでなく、庇や外部ルーバーによる日射遮蔽や、反射率の高いガラスを採用することで、日射による負荷は減らすことができる。

b）熱貫流による負荷 q_{GC}

熱貫流による負荷 q_{GC} は、次式により算出される。

$$q_{GC} = A_G \cdot K \cdot (t_o - t_i) \ [\text{W}]$$

A_G：窓ガラス面積 [m²]
K：窓ガラスの熱貫流率 [W/m²·K]
t_o：外気温度 [K]
t_i：室内温度 [K]

窓ガラスの熱貫流率 K は、厚さ 3mm のフロートガラスで $K = 6.5$W/m²·K であり、断熱性能の高い Low-E 複層ガラスで表 3.3.4 の断熱型の仕様では $K = 2.6$W/m²·K である。

また、Low-E ガラスは二重ガラスの外側ガラスに低放射膜を設ける遮熱型と、二重ガラスの内側ガラスに低放射膜を設ける断熱型がある。遮熱型は日射遮蔽性能が高く、冷房時に有利である。低放射膜がより室内側にある断熱型の方が断熱性が高く、暖房時に有利である（図 3.3.5）。

窓ガラスからの取得負荷 q_G は、a）日射による負荷 q_{GR} と、b）熱貫流による負荷 q_{GC} の合計で算出できる。

$$q_G = q_{GR} + q_{GC} \ [\text{W}]$$

表 3.3.6　照明消費電力と室内照度

用途	室	必要照度[lx]	照明消費電力[W/m²]
事務所	事務室（蛍光灯）	750	18 〜 30
	事務室（LED）		10 〜 15
劇場	観客席	100 〜 150	10 〜 15
	ロビー	150 〜 200	10 〜 15
商業	店内	300 〜 800	25 〜 35
学校	教室	150 〜 250	10 〜 15

※事務室（LED）を除き、蛍光灯の値

表 3.3.7　人体からの発熱量［W/人］[10]

例	室温 26℃		室温 28℃	
	顕熱 H_S	潜熱 H_L	顕熱 H_S	潜熱 H_L
事務所	69	53	55	66
会議室	67	49	55	62
講堂	64	34	51	47
食堂	79	67	65	81

表 3.3.8　室用途別の人員密度

用途		m²/人	人/m²［N］
事務所	事務室	5.0 〜 10.0	0.1 〜 0.2
	会議室	2.0 〜 3.0	0.3 〜 0.6
商業店舗	売り場	2.5	0.4
レストラン	—	1.0 〜 2.0	0.5 〜 1.0
劇場	観客席	0.5 〜 1.0	1.0 〜 2.0
ホール	—	1.0 〜 2.0	0.5 〜 1.0

※上記は概略値であるが、実際の建物の使い方を踏まえ、設計値として設定を行う。

（3）機器からの負荷

　室内に設置されるパソコンやコピー機などによる発熱が空調負荷となる。機器負荷 q_{INS} は、次式により算出される。近年のオフィスでは、パソコンなど OA 機器の高効率化により、10 〜 30W/m² 程度と小さくなる傾向にある。大型のサーバーや特殊な OA 機器がある場合は、数を明確にして別途計上することが望ましい。

$$q_{INS} = A \cdot W_{INS} \cdot f \ [\mathrm{W}]$$
　　A：床面積［m²］
　　W_{INS}：面積あたりの機器発熱［W/m²］
　　f：利用率［−］

（4）照明からの負荷

　照明は、部屋の用途に応じて必要な照度が設定され、その照度を確保するために必要な照明器具が設置される。その照明器具からの発熱が、空調負荷になる。照明負荷 q_L は次式により算出できる。

$$q_L = A \cdot W_L \ [\mathrm{W}]$$
　　A：床面積［m²］
　　W_L：面積あたりの照明発熱［W/m²］

　表3.3.6 に示すように、たとえば事務室では、必要照度が 750lx 程度であり、蛍光灯の場合では 18 〜

30W/m² 程度の照明消費電力が必要とされる。一方、劇場のように空間の必要照度が 100 〜 150lx と低い場合は、照明消費電力も 10 〜 15W/m² と低く済む。

また、従来の照明は蛍光灯が主体であったが、近年は効率の良い LED 照明の普及により、10 〜 15W/m²、あるいはそれ以下の照明消費電力で済む場合も多くなっている。

照明器具を効率良く設置し、照明による消費電力を減らすと、照明発熱が減るため、空調負荷も減らすことができる。

（5）人体からの負荷

人の代謝により発せられる熱も、空調負荷となる。発汗や呼吸により水分も発せられるため、顕熱負荷 q_{HS} と潜熱負荷 q_{HL} の両方となる。次式のように、一人あたりの発熱量 H_S、H_L に、人員密度 N と床面積 A を掛けることで算出される。

$$q_{HS} = A \cdot N \cdot H_S \ [\text{W}]$$
$$q_{HL} = A \cdot N \cdot H_L \ [\text{W}]$$

A：床面積 $[\text{m}^2]$

N：人員密度 $[人/\text{m}^2]$

H_S：1 人あたりの発熱量（顕熱）$[\text{W}/人]$

H_L：1 人あたりの発熱量（潜熱）$[\text{W}/人]$

表 3.3.7 に示すように、1 人あたりの発熱量は、26℃ のオフィス作業時で顕熱発熱 H_S が 69W/人、潜熱発熱 H_L が 53W/人である。

人員密度 N は、表3.3.8 に示すように、一般的なオフィスでは、0.1 〜 0.2 人/m²（1 人あたり 5m²）、会議室等では、0.3 〜 0.6 人/m²（1 人あたり 2m²）、ホールなどでは 1.0 〜 2.0 人/m²（1 人あたり 0.5 〜 1m²）程度が採用される。人員密度の高い部屋は、空調負荷のうち、人体からの取得負荷の比率が高くなり、潜熱の負荷比率が大きくなる。

（6）隙間風による負荷

外壁のサッシなどに隙間があり、建物の気密性が低い場合や、建物のエントランス等で扉の開閉が多く行われる場所は、意図しない隙間風が室内に入ることで、空調負荷となる。逆に建物の気密性を高めると、隙間風による空調負荷を減らすことができるため、省エネルギーとなる。

隙間風による取得負荷（顕熱負荷 q_{IS}、潜熱負荷 q_{IL}）は、次式により算出できる。

$$q_{IS} = 0.33 \cdot Q_t \cdot \Delta t \ [\text{W}]$$
$$q_{IL} = 834 \cdot Q_t \cdot \Delta x \ [\text{W}]$$

Q_t：隙間風風量 $[\text{m}^3/\text{h}]$ （$Q_t = n \cdot V$）

n：換気回数 $[回/\text{h}]$（$= 0 \sim 0.2$ 回/h 程度、空間の気密性に応じて設定。近年の建物は気密性が高く無視する場合もある）

V：室容積 $[\text{m}^3]$

Δt：室外と室内の温度差 $[\text{K}]$

Δx：室外と室内の絶対湿度差 $[\text{kg}/\text{kg}(\text{DA})]$

（7）取り入れ外気による負荷

空調を行う室に換気により外気を導入する際、室内と外気の温度・湿度が異なると、空調負荷となる。外気負荷には顕熱負荷 q_{OAS} と潜熱負荷 q_{OAL} があり、それぞれ次式で算出することができる。

$$q_{OAS} = 0.33 \cdot Q_t \cdot \Delta t \ [\text{W}]$$
$$q_{OAL} = 834 \cdot Q_t \cdot \Delta x \ [\text{W}]$$

Q_t：導入外気量 $[\text{m}^3/\text{h}]$

（$Q_t = A \cdot N \cdot V$）

A：床面積 $[\text{m}^2]$

N：人員密度 $[人/\text{m}^2]$

V：1 人あたり必要外気量 $[\text{m}^3/\text{h} 人]$

（$= 20 \sim 30\text{m}^3/\text{h}$ 人程度；3-7 ▶ 2 参照）

Δt：室外と室内の温度差 $[\text{K}]$

Δx：室外と室内の絶対湿度差 $[\text{kg}/\text{kg}(\text{DA})]$

東京の夏期冷房時では、1m³/h の外気量あたりで 11W 程度の外気負荷となる。

また、外気による冷暖房負荷を低減するために、換気設備に全熱交換器（室内空気と外気を熱交換す

る）を採用する場合もある（p.113）。

（8）冷房負荷の算出

冷房負荷は（1）〜（7）の各負荷の合計である。その際、次式のように適宜安全率を加味する。冷房能力を決定するために冷房負荷を算出する際には、主要時刻ごとに冷房負荷の合計を算出し、値が最大となる時間（ピーク時）の空調負荷を満たすような冷房能力を計画する。オフィスでは、冷房負荷は床面積あたり $100 \sim 120 \mathrm{W/m^2}$ 程度である。

顕熱負荷合計［W］

$$q_{CS} = (q_{WO} + q_{WI} + q_G + q_{IS} + q_{HS} + q_L + q_{INS}) \times \alpha_S + q_{OAS}$$

潜熱負荷合計［W］

$$q_{CL} = (q_{IL} + q_{HL}) \times \alpha_L + q_{OAL}$$

α_S：送風機・ダクトからの負荷による安全率

（$1.1 \sim 1.2$）

α_L：安全率（$1.05 \sim 1.1$）

▶ 3 暖房負荷

暖房負荷は、エアコンやボイラーの暖房能力を決定するために必要となる。**図3.3.6**に暖房負荷の構成とその要因を示す。冷房負荷の算出時と同様に、「室内負荷」と「外気負荷」に大別して計算する。

暖房負荷計算の際には、冷房負荷計算との違いとして、下記に留意する必要がある。

・壁体からは、室内よりも外部の温度のほうが低いため、冷房時とは逆に、外部へ熱が損失する。

・日射熱取得は、暖房時には有利に働くため、暖房負荷計算時は、日射はないものとして計算する。

・人体、照明、機器による発熱も、暖房時には有利に働くため、暖房負荷計算時は、ないものとして計算する。

Column

測定器とその原理⑧　熱流計

熱流計は、ある面を通過する熱流［$\mathrm{W/m^2}$］を測定できるセンサーである。床暖房のようなパネル表面からの放熱量や、窓面・壁面の熱貫流量の測定などに使われる。センサーとして、熱抵抗のわかっている基板の両面に接点を持つサーモパイル（複数の熱電対を直列につないで出力電圧を増幅させたもの）が使われる。窓などの表面に貼りつけたとき、基板の表裏の温度差から、熱流とその方向がわかる。基板が十分に薄く、柔らかければ人体表面などの曲面の熱流も測定できる。

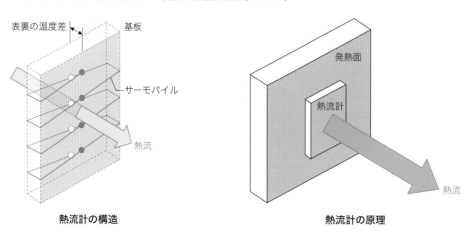

熱流計の構造　　　　　　　　**熱流計の原理**

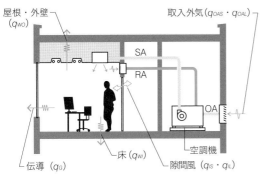

図 3.3.6 暖房負荷となる要因

(1) 壁からの損失負荷

壁や屋根からの損失負荷 q_{WO} は、冷房負荷計算と同じように次式にて算出することができる。日射はないものとするため、ETD は考慮する必要はない。また、内壁からの損失負荷 q_{WI} も同様に算出する。

$$q_{WO} = A_W \cdot K \cdot (t_i - t_o)\ [W]$$

A_W：壁面積 $[m^2]$

K：壁の熱貫流率 $[W/m^2 \cdot K]$

t_o：外気（または隣室）温度 $[K]$

t_i：室内温度 $[K]$

部屋が地中と接する場合、冷房時は有利に働くため無視するが、暖房時は計算に含める必要がある点は、留意が必要である。

(2) 窓ガラスからの損失負荷

窓ガラスからの損失負荷 q_G は日射による負荷を考慮しないため、次式により算出できる。

$$q_G = A_G \cdot K \cdot (t_i - t_o)\ [W]$$

A_G：窓ガラス面積 $[m^2]$

K：窓ガラスの熱貫流率 $[W/m^2 \cdot K]$

t_i：室内温度 $[K]$

t_o：外気温度 $[K]$

(3) 隙間風による負荷

意図しない隙間風の侵入による損失負荷（q_{IS}（顕熱）・q_{IL}（潜熱））は、冷房負荷と同様に、次式によ

り算出できる。

$$q_{IS} = 0.33 \cdot Q_t \cdot \Delta t\ [W]$$

$$q_{IL} = 834 \cdot Q_t \cdot \Delta x\ [W]$$

Q_t：隙間風風量 $[m^3/h]$

（$Q_t = n \cdot V$）

n：換気回数 $[回/h]$（$= 0.1 \sim 0.6$ 回/h 程度、空間の気密性に応じて設定。近年の建物は気密性が高く無視する場合もある）

V：室容積 $[m^3]$

Δt：室外と室内の温度差 $[K]$

Δx：室外と室内の絶対湿度差 $[kg/kg(DA)]$

(4) 取り入れ外気による負荷

冷房負荷計算と同様に、暖房時の外気負荷（q_{OAS}（顕熱）・q_{OAL}（潜熱））も、それぞれ次式で算出することができる。

$$q_{OAS} = 0.33 \cdot Q_t \cdot \Delta t\ [W]$$

$$q_{OAL} = 834 \cdot Q_t \cdot \Delta x\ [W]$$

Q_t：導入外気量 $[m^3/h]$

（$Q_t = A \cdot N \cdot V$）

A：床面積 $[m^2]$

N：人員密度 $[人/m^2]$

V：1 人あたり必要外気量 $[m^3/h \cdot 人]$

（$= 20 \sim 30 m^3/h$ 人程度；3-4 ▶ 3 参照）

Δt：室外と室内の温度差 $[K]$

Δx：室外と室内の絶対湿度差 $[kg/kg(DA)]$

東京の冬期暖房時では、$1 m^3/h$ あたり $12W$ 程度の外気負荷がある。

(5) 暖房負荷の算出

暖房負荷は（1）～（4）の各負荷の合計である。下記のように冷房負荷の場合と同様に、安全率を加味した上で、主要時刻ごとに暖房負荷合計を算出し、値が最大となった時間（ピーク時）の空調負荷を利用する。

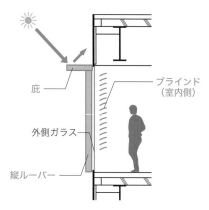

図 3.3.7　庇・ルーバーによる日射遮蔽

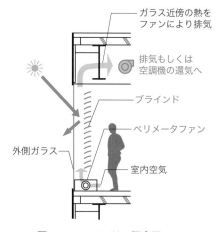

図 3.3.8　エアバリア概念図

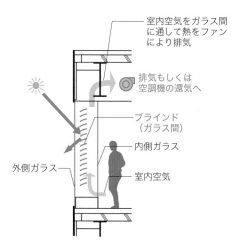

図 3.3.9　エアフローウィンドウ概念図

顕熱負荷合計［W］

$$q_{CS} = (q_{WO} + q_{WI} + q_G + q_{IS}) \times \alpha_S + q_{OAS}$$

潜熱負荷合計［W］

$$q_{CL} = q_{IL} \times \alpha_L + q_{OAL}$$

　　α_S：送風機・ダクトからの負荷による安全率

　　　　（1.1 ～ 1.2）

　　α_L：安全率（1.05 ～ 1.1）

▶ 4　外皮負荷低減の方法

　建築の形状や外装を工夫して、外壁や窓の断熱性・日射遮蔽性能を向上すれば、空調負荷の低減につながる。特に窓ガラスから取得・損失される空調負荷は大きく、窓ガラス部の熱性能の向上は重要である。

　窓ガラスの断熱性が低い場合、冬期のペリメータの暖房負荷が大きくなる。オフィスでは、機器等の発熱が大きく、冬期でもインテリアは冷房負荷となる。その場合、ペリメータの暖房空気と、インテリアの冷房空気が混ざることによる混合ロス（ミキシングロス）が発生し（3-4 ▶ 3 参照）、空調のエネルギー消費量が増える。エアフローウィンドウやダブルスキンにより窓ガラス部の断熱性を高めると、ペリメータミキシングロスも低減できる。

　以下に、外皮負荷低減の方法を示す。

（1）庇・ルーバー

　図 3.3.7 に示すように、庇やルーバーなどを用いて建物外部で日射を遮蔽することにより、日射負荷を低減する。伝統的な日本の民家で用いられる、軒の庇やすだれと同様の機能である。ルーバーは可動式のものもあり、太陽高度に応じて角度を変えることが可能である。

（2）エアバリア方式

　エアバリア方式とは、図 3.3.8 に示すように、ガラス下部に設けたペリメータファンにより室内空気を

誘引して上向きに気流を吹き出し、窓頂部から排気を行う方式である。

（3）エアフローウィンドウ

エアフローウィンドウとは、図 3.3.9 に示すように、二重ガラスの間に設けられたブラインドで日射を遮蔽し、ガラス間の日射熱を、ファンを利用して機械的に排出するものである。室内の空気は窓下部からガラス間に循環し、外部へ排気または空調機に戻される。

ガラスの種類にもよるが、日射遮蔽係数 $SC = 0.2$、熱還流率 $K = 1.5W/m^2 \cdot K$ 程度である。

ガラス間の空気を外部に排気する場合、室内への給気量と排気量のバランスを維持するため、外気の導入量を増やす必要がある。したがって、ガラス面からの日射負荷は減るが、外気負荷が増えるため、省エネルギーとなるかどうか、注意が必要である。

（4）ダブルスキン

ダブルスキンとは、エアフローウィンドウと同様に、二重ガラスの間に設けられたブラインドにより日射を遮蔽するが、重力換気で外部へ自然排気する方法である（図 3.3.10）。ガラスの間の空気は、夏季では日射熱により 40 〜 60℃ と温度が上がる。温度が高い空気は軽いため、自然に上昇気流が起こり（煙突効果）、排気される。

外部の開口に開閉機構を持たせて、冬季は閉鎖して熱を溜め込むことで、断熱性を高めることもできる。季節により人が身につける衣服を変えるように、ダブルスキンは、季節により機能を切り替えることができる。

ダブルスキンの熱性能は、ガラス自体の熱性能にもよるが、日射遮蔽係数 $SC = 0.15$、熱還流率 $K = 1.0W/m^2 \cdot K$ 程度である。

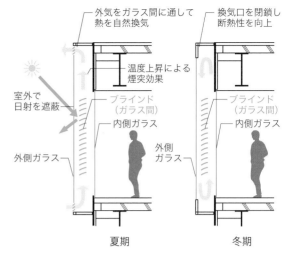

図 3.3.10　ダブルスキン概念図

次の 500m² のオフィスにおける、室内の冷房負荷（顕熱）、暖房負荷（顕熱）を、それぞれ下記の空欄を埋めることで算出した内部負荷と外皮負荷を合計することで算出せよ。

暖房時は外皮の貫流負荷分のみ考慮することとする。外気による負荷、隙間風負荷は考慮しないものとする。

建築条件　・室面積　　：10m × 50m = 500m²

　　　　　・外壁面積：1mH × 50m = 50m²

　　　　　・窓面積　：2mH × 50m = 100m²

※隣室からの負荷は無視することとする

まず、冷房負荷の外皮による負荷分を算出する。

そのうち貫流負荷は、壁面とガラス面によるものがある。

壁面からの貫流負荷 q_{wo} は、壁面積に熱貫流率（ここでは 0.5W/m²·K とする）と室内外温度差（ここでは外気 34℃、室内空気 26℃ とする）を掛けることで算出する。

・外壁からの貫流負荷 q_{wo}

$$= A_G \cdot K \cdot (t_o - t_i)$$
$$= 50\text{m}^2 \times 0.5\text{W/m}^2\text{·K} \times (34 - 26)\text{K}$$
$$= \boxed{}\text{W （①）}$$

窓ガラスからの熱貫流 q_{GC} は、窓ガラス面積に熱貫流率（ここでは 3W/m²·K とする）と室内外温度差を掛けることで算出する。

・ガラス面の貫流負荷 q_{GC}

$$= A_G \cdot K \cdot (t_o - t_i)$$
$$= 100\text{m}^2 \times 3\text{W/m}^2\text{·K} \times (34 - 26)\text{W/m}^2$$
$$= \boxed{}\text{W （②）}$$

日射負荷 q_{GR} は、窓面積に窓ガラスからの標準日射熱取得（ここでは 600W/m² とする）、SC 値（ここでは 0.4 とする）を掛けることで算出する。

・日射負荷 $q_{GR} = A_G \cdot S \cdot SC$

$$= 100\text{m}^2 \times 600\text{W/m}^2 \times 0.4$$
$$= \boxed{}\text{W （③）}$$

ゆえに、冷房時の外皮負荷合計（①＋②＋③）は $\boxed{}$ W（④）となる。

次に、冷房負荷の内部負荷分を算出する。

内部負荷には下記を想定する。それぞれ、内部発熱密度に床面積を掛けることで負荷を算出する。

・人体からの発熱による負荷（顕熱）q_{HS}：

$$11\text{W/m}^2 \times 500\text{m}^2 = \boxed{}\text{W （⑤）}$$

（人員密度 0.2 人/m²、1 人あたり発熱量（顕熱）：55W/ 人とし、0.2 人/m² × 55W/ 人 = 11W/m²）

・照明からの発熱による負荷 q_L：

$$20\text{W/m}^2 \times 500\text{m}^2 = \boxed{}\text{W （⑥）}$$

・機器（OA 機器）の発熱による負荷 q_{INS}：

$$30\text{W/m}^2 \times 500\text{m}^2 = \boxed{}\text{W （⑦）}$$

ゆえに、内部負荷合計（顕熱分）（⑤＋⑥＋⑦）は $\boxed{}$ W（⑧）となる。

よって冷房負荷合計（顕熱分）（④＋⑧）は $\boxed{}$ W（⑨）である。

次に、暖房負荷を算出する。暖房負荷の計算には、ここでは内部負荷は無視することとした。

暖房時の外皮負荷分を算出する。ここでは日射負荷は無視することとした。

壁面からの貫流負荷 q_{wo} は、壁面積に熱貫流率（ここでは 0.5W/m²·K とする）と室内外温度差（ここでは外気 2℃、室内空気 22℃ とする）を掛けることで算出する。

・外壁からの貫流負荷 q_{wo}

$$= A_w \cdot K \cdot (t_o - t_i)$$
$$= 50\text{m}^2 \times 0.5\text{W/m}^2\text{·K} \times (22 - 2)\text{W/m}^2$$
$$= \boxed{}\text{W （⑩）}$$

窓ガラスからの貫流負荷は、窓ガラス面積に熱貫流率（ここでは 3W/m²·K とする）と室内外温度差を掛けることで算出する。

・ガラス面の貫流負荷

$$= A_G \cdot K \cdot (t_o - t_i)$$
$$= 100\text{m}^2 \times 3\text{W/m}^2\text{·K} \times (22 - 2)\text{W/m}^2$$
$$= \boxed{}\text{W （⑪）}$$

ゆえに、暖房時の外皮負荷合計（⑩＋⑪）は $\boxed{}$ W（⑫）となる。

よって暖房負荷合計（＝⑫）は $\boxed{}$ W である。

解答

① 200　② 2,400　③ 24,000　④ 26,600　⑤ 5,500　⑥ 10,000　⑦ 15,000　⑧ 30,500　⑨ 57,100　⑩ 500　⑪ 6,000　⑫ 6,500

3-4 空気調和方式

▶ 1 空気調和の原理

（1）熱源から室内への熱搬送

空気調和設備の基本的な原理を**図 3.4.1** に示す。空調設備は、冷熱・温熱を「熱源」により生成し、室内まで「熱搬送」することで、室内空気の状態を調整（冷房・暖房）するものである。空調方式は、この熱搬送の方式により大別される。

図 3.4.1 空調の原理

（2）熱搬送の方式

熱搬送の方式を**図 3.4.2** に示す。空調における熱搬送には「空気」「水」「冷媒」の 3 種類の熱媒体が利用される。「空気」や「水」を冷却・加熱し熱を搬送する場合に加え、「冷媒」は、圧力を加えて強制的に気化、液化させ、その際に熱を吸収、あるいは放出することで熱を伝える。冷媒にはフロンなどの、水よりも状態変化（気化、液化）しやすい化学物質が用いられる。

これらの熱媒体は比熱が異なるため、同じ熱量を搬送するために必要な体積が異なる。**図 3.4.2** 中に示すように、たとえば 10kW の熱量（オフィス空間 100m² 程度の冷房負荷に相当）を処理する冷熱を搬送するには、空気の場合で直径 400mm のダクト（空気の搬送に利用）、水の場合で直径 32mm の配管（水や冷媒の搬送に利用）、冷媒で 9.5mm の配管が必要であり、空気は特に搬送のための必要スペースが大きいことが分かる。水と空気の必要スペースを比較すると、約 160 倍の断面積の差が生じる。

これらの熱搬送の方式を用途やスペースを考慮し、選択して計画する必要がある。

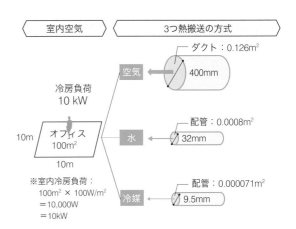

図 3.4.2 熱搬送の方式別のダクト、配管サイズの違い
空気は室内との Δt = 10℃、1Pa/m、3030m³/h の場合、水は往還Δt = 5℃、2m/s 以下の場合。冷媒配管は液管のみ表記

▶ 2 さまざまな空調方式

空調方式は、熱搬送の方式の違いによって**図 3.4.3** に示すように「空気方式」「水方式」「冷媒方式」に大別される。

「空気方式」は、室内に「空気」で熱搬送する方式（熱源から空調機までは「水」）である。「水方式」は、室内に「水」で熱搬送する方式である。「冷媒方式」は、室内に「冷媒」で熱搬送する方式である。

各空調方式の構成例を**図 3.4.4** に、特徴と分類を**表 3.4.1** に示す。

表 3.4.1　空調方式の分類と特徴

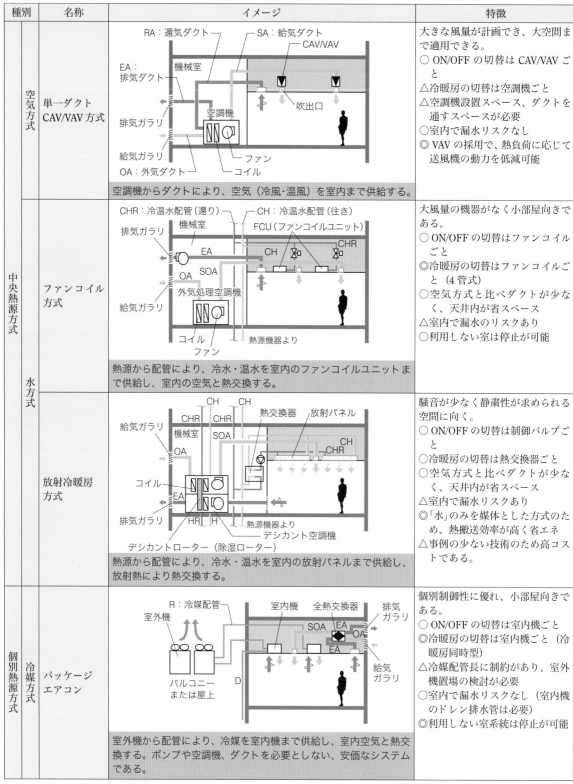

種別		名称	イメージ	特徴
中央熱源方式	空気方式	単一ダクト CAV/VAV 方式	RA：還気ダクト　SA：給気ダクト　CAV/VAV　EA：排気ダクト　機械室　空調機　吹出口　排気ガラリ　給気ガラリ　ファン　OA：外気ダクト　コイル 空調機からダクトにより、空気（冷風・温風）を室内まで供給する。	大きな風量が計画でき、大空間まで適用できる。 ○ ON/OFF の切替は CAV/VAV ごと △冷暖房の切替は空調機ごと △空調機設置スペース、ダクトを通すスペースが必要 ○室内で漏水リスクなし ◎ VAV の採用で、熱負荷に応じて送風機の動力を低減可能
	水方式	ファンコイル方式	CHR：冷温水配管（還り）　CH：冷温水配管（往き）　機械室　FCU（ファンコイルユニット）　排気ガラリ　CH　CHR　EA　SOA　OA　外気処理空調機　給気ガラリ　コイル　ファン　熱源機器より 熱源から配管により、冷水・温水を室内のファンコイルユニットまで供給し、室内の空気と熱交換する。	大風量の機器がなく小部屋向きである。 ○ ON/OFF の切替はファンコイルごと ◎冷暖房の切替はファンコイルごと（4管式） ○空気方式と比べダクトが少なく、天井内が省スペース △室内で漏水のリスクあり ○利用しない室は停止が可能
		放射冷暖房方式	CH　CH　熱交換器　放射パネル　給気ガラリ　CHR　CHR　機械室　SOA　OA　CH　CHR　コイル　EA　排気ガラリ　HR　H　熱源機器より　デシカント空調機　デシカントローター（除湿ローター） 熱源から配管により、冷水・温水を室内の放射パネルまで供給し、放射熱により熱交換する。	騒音が少なく静粛性が求められる空間に向く。 ○ ON/OFF の切替は制御バルブごと ○冷暖房の切替は熱交換器ごと ○空気方式と比べダクトが少なく、天井内が省スペース △室内で漏水リスクあり ◎「水」のみを媒体とした方式のため、熱搬送効率が高く省エネ △事例の少ない技術のため高コストである。
個別熱源方式	冷媒方式	パッケージエアコン	R：冷媒配管　室内機　全熱交換器　排気ガラリ　室外機　SOA　EA　OA　EA　給気ガラリ　バルコニーまたは屋上　D 室外機から配管により、冷媒を室内機まで供給し、室内空気と熱交換する。ポンプや空調機、ダクトを必要としない、安価なシステムである。	個別制御性に優れ、小部屋向きである。 ○ ON/OFF の切替は室内機ごと ◎冷暖房の切替は室内機ごと（冷暖房同時型） △冷媒配管長に制約があり、室外機置場の検討が必要 ○室内で漏水リスクなし（室内機のドレン排水管は必要） ◎利用しない室系統は停止が可能

凡例）SA：給気ダクト　SOA：給気ダクト（外調空気）　RA：還気ダクト　OA：外気ダクト　EA：排気ダクト
CH：冷温水配管（往）　CHR：冷温水配管（還）　H：温水配管　R：冷媒配管　D：ドレン排水配管

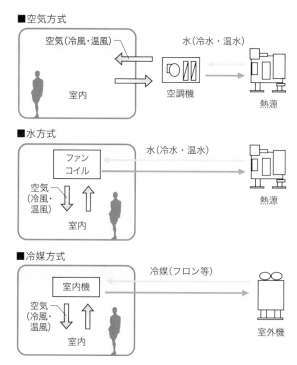

図 3.4.3　熱搬送の方式

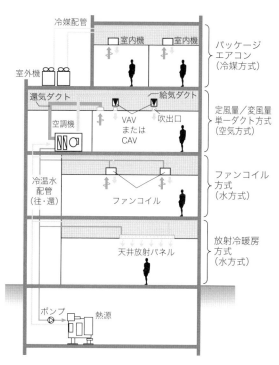

図 3.4.4　各空調方式の構成例

（1）空気方式

a）単一ダクト CAV 方式＝定風量単一ダクト方式

　空気方式である単一ダクト CAV（Constant Air Volume ：定風量）方式は、空調機からダクトにより、空気（冷風・温風）を室内まで供給する方式である。空調機は、供給範囲の大きさに応じて製作が可能であり、大部屋事務所スペースから天井高の高い大空間まで対応できる。一方、空調機を設置するためのスペースが必要となる。

　ON/OFF の切替は、ダクト途中に設置された CAV ユニットごとに可能となる。

　図 3.4.2 で示すように、CAV 方式のような空気方式の場合、後述の水方式であるファンコイルユニット方式の場合よりも、大きなダクトスペースが必要である。

b）単一ダクトVAV方式（変風量）
＝変風量単一ダクト方式

　空気方式である単一ダクト VAV（Variable Air Volume ：変風量）方式は、単一ダクト CAV 方式と同様に、空調機からダクトにより、空気（冷風・温風）を室内まで供給する方式である。VAV ユニットにより、エリアごとに設定温度に近付くよう自動的に空調機からの風量が調整されるため、ファンの駆動エネルギーが必要最小限で運転でき、省エネルギーである。室内負荷の変動に応じて空調機からの送風量が減ると、気流の室内循環風量が減るため、気流分布を考慮する必要がある。また、熱負荷のピークが同時に発生しなければ、CAV 方式よりも小さいサイズの空調機やメインダクトとすることもできる。

　単一ダクト CAV、あるいは VAV 方式と組み合わせて用いられる技術として、下記のようなものがある。
・外気冷房

　オフィスのように室内でパソコンなどによる発熱があり、外気温度の低い中間期や冬季などに冷房する必要がある場合は、室温より温度の低い外気を室内へ供給することで、冷房効果が期待できる（外気冷房）。熱源を使わずに冷房が可能のため省エネルギーとなる。

・低温送風

　冷房時に吹出し温度を 10 ～ 12℃ 程度と低くすれば、同じ冷房能力でも冷房時の送風量を抑えることができる。それによりファンの搬送にかかる動力を低減することができ、空調機やダクトを縮小することができる。一方で、低温のため、吹出し口やダクト類などの結露防止に対する配慮が必要である。

・床吹出し空調方式

　一般的な単一ダクト方式の場合、吹出し口を天井面に設けるが、床面に設ける床吹出し空調方式もある。オフィス等のフリーアクセスフロアの床下に空調機からの空気を吹き出し、加圧された床下から、床面に設けられた出口を経由して空調空気を室内側へ吹き出すシステムである。新鮮な空調空気を人に近い高さに重点的に供給できるが、足下から空調空気が出るため、寒さ対策のために、冷房時でも給気温度を18℃以上に高める必要がある。そのため、同じ冷房負荷を処理する場合でも天井吹出しの場合と比較して空調風量が増し、送風動力も増加する。

c) 二重ダクト空調方式

　冷風と温風の 2 種類のダクトによる給気を、混合ボックスで混合して温度制御した上で、室内へ供給する方式である。制御性能は高いが、冷風と温風を混合することによるエネルギーロスが大きい。

d) ターミナルレヒート方式

　ダクトの分岐部にレヒーター（再熱器）を設置することで、エリアごとの吹出し温度の調節を可能とした方式である。レヒーター単位で吹出し温度の調整が可能だが、エネルギーロスは大きい。

（2） 水方式

a) ファンコイルユニット方式

　水方式であるファンコイルユニット方式は、熱源から配管により、冷水・温水を室内のファンコイルユニットまで供給し、室内の空気と熱交換するものである。ファンコイルは、ファン（送風機）とコイ

ル（熱交換器)がパッケージ化された製品である。供給風量も小さいものが中心であり、空調機を設置する場合よりも、機器の台数は多くなるが、きめ細かい範囲のオン・オフが可能となる。小型のため天井内や窓台に設置することができ、省スペースである。

　ただし、ファンコイルとは別の機器で外気導入を行う必要があるため、単一ダクトによる外気処理専用空調機と併用される場合も多い。

b) 放射冷暖房方式

　同じく水方式である放射冷暖房方式は、熱源から配管により、冷水・温水を室内の放射パネルまで供給する。室内に設置された放射パネルは、冷房時は冷やされ、暖房時は温められる。そのパネル面により、人体やパソコンなどの対象物を、放射熱により直接、冷却あるいは加熱する。一般的な空調とは異なり、風で室内を冷暖房する方式ではないため、空調機からの不快な気流（ドラフト）を低減できる。ファンを用いず水で冷房・暖房するため、熱の搬送効率が良い。また、17℃ 程度の中温度の冷水を室内側のパネルまで通すことで十分な冷房が可能となるた め（一般の空調では 7℃ 程度の冷水が必要）、井水や地中熱などの自然エネルギーを熱交換に活用することもできる（p.85、図 3.1.4 事例参照）。そのため、省エネルギー効果が高い。

　事例の少ない技術のため高コストであるが、快適性や居住者の健康面、省エネルギー性などの観点から近年、注目されている。ただし冷房時には、放射パネル表面の温度が下がり過ぎて結露が生じないように、制御する必要がある。

　以上の a)、b) の方式は中央熱源方式の場合に採用される方式である。すなわち、建物内で集約された熱源機器で生み出した熱を、冷水、温水（または蒸気等）により、各室の個々の空調機、ファンコイル、放射パネルで熱交換して、室内の空調に利用する方式である。

（3）冷媒方式

冷媒方式であるパッケージエアコンは室外機から配管により、冷媒を室内機まで供給し、室内空気と熱交換する。ポンプや空調機、ダクトを必要としない、安価なシステムである。熱源機器が建物内で分散する方式であり、個別熱源方式と呼ばれる。冷媒で室内機まで熱搬送されるため、空気で熱搬送する単一ダクトVAV方式と比較してファンの搬送動力が小さい。

通常のパッケージエアコンは、室外機と室内機が1対1で接続されたシステムであり、小規模な建物に向く。一方で、1台の室外機に対して、複数台の室内機が接続されたシステムであるマルチパッケージ方式もある。利用する室内機のみ運転が可能のため、省エネルギー運用を図ることができ、大規模な建物に向く。このうち、冷暖房同時型では、冷房運転で得られた熱を暖房運転に利用し、消費電力を軽減できる。

室内への外気導入は、パッケージ空調機とは別に、全熱交換器を換気設備として設置することで対応する方法がある。全熱交換器は、室内に外気導入を行う際に、室内の空調された空気と外気を熱交換し、外気に起因する空調負荷を低減しながら換気を行う装置である。

▶ 3　熱搬送の制御方法

（1）熱媒体の搬送・制御方法

空調システムにおける熱搬送は、空気方式では送風機（ファン）により空調空気を、ダクトを通じて吹出し口まで搬送する。また、水方式ではポンプ、冷媒方式では圧力による自然循環により熱搬送が行われる。

空調システムの能力は、空間の冷暖房負荷が最も大きい条件や時間帯（ピーク熱負荷時）に十分な熱量が供給されるよう計画する。一方、年間のうちピーク熱負荷が発生する時間帯は少なく、気象条件や

表 3.4.2　熱媒体の搬送・制御方法

熱媒体	搬送方法	制御（流量調整）
空気	ファン	ダンパー CAV VAV
水	ポンプ	バルブ
冷媒	圧力による自然循環	膨張弁

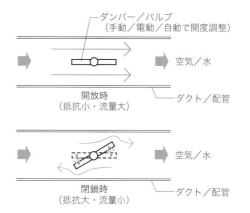

図 3.4.5　ダンパー・バルブの機構図

室内の利用状況により変動する。そのため、室内環境を目標とする条件内に維持するためには、空調負荷に応じて熱媒体の供給量を制御する必要がある。

熱媒体の搬送・制御方法を表 3.4.2 に示す。空気方式では、風量を調整するダンパーやVAV（変風量制御）ユニットにより供給量を調整する。水方式ではバルブ、冷媒方式は膨張弁で供給量を調整する。図 3.4.5 に示すように、ダンパー・バルブは、空気方式ではダクト、水方式・冷媒方式では配管途中にそれぞれ挿入され、開閉することで熱媒体の流通する面積を調整するものである。熱媒体の流量だけで調整しきれない場合、温度調整する場合もある（自動制御の章にて後述）。

（2）VAV方式による制御

p.111 で説明した単一ダクトVAV方式は、空調負荷の変動に応じて自動的に空調風量を調整する仕組みである。VAVユニットの外観を図 3.4.6 に、構成を図 3.4.7 に示す。VAVユニットは空調機からのダ

図 3.4.6　VAV ユニットの外観[11]

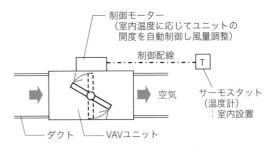

図 3.4.7　VAV ユニットの機構

クト内に挿入される。空調負荷の変動をサーモスタット（温度計）で感知して、室内が目標の温度に近付くよう、ユニット内のダンパの開度を自動的に調整し、室内への給気風量を制御する。風量を増やす場合は開放、減らす場合は閉鎖する。

　CAV 方式は、1 台の空調機からダクトで分岐して異なる部屋に空調空気を供給している場合、熱負荷の異なる部屋それぞれの負荷変動に対応できない。熱負荷特性の異なる部屋ごとに VAV ユニット（変風量装置）を設けることで、それぞれに必要な風量を供給できる。無駄のない運転ができるため、ファンの動力の節約が可能であり、省エネルギーに寄与する。

▶ 4　ゾーニング （インテリア／ペリメータ空調）

　1 つの空調機がカバーするエリアに、室の用途や使用時間など異なる使われ方のエリアが混在すると、個別に制御しづらい。

　そのため、空調系統を室の用途や運転スケジュール、熱負荷特性などによって分割（ゾーニング）することが重要である。たとえばインテリア／ペリメータで空調機を分けることもゾーニングのうちの 1 つである。

　空調空間は、同じ室内であっても均一でなく、「インテリア（室奥）」と「ペリメータ（窓際）」を分けて考える。これらは同じ室内でも日射の影響による熱負荷が大きく異なるため、それぞれに適した空調方式を選択する必要がある。

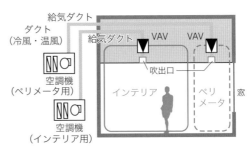

例1. インテリア：空気方式（単一ダクトVAV方式）
**　　ペリメータ：空気方式（単一ダクトVAV方式）**

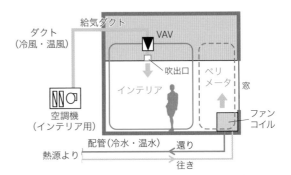

例2. インテリア：空気方式（単一ダクトVAV方式）
**　　ペリメータ：水方式（ファンコイル方式）**

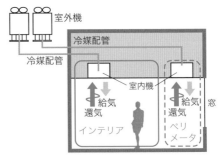

例3. インテリア：冷媒方式（パッケージエアコン）
**　　ペリメータ：冷媒方式（パッケージエアコン）**

図 3.4.8　インテリア／ペリメータ空調方式

ただし、たとえば冬季のオフィスで、ペリメータは窓や外壁からの冷気により暖房負荷となるが、インテリアはパソコン・OA 機器の発熱により冷房負荷となる場合が多い。その場合、ペリメータでは暖房、インテリアでは冷房する必要があり、それらの空気が混合すると互いの効率が悪くなるため（ミキシングロス）、注意する必要がある。インテリアとペリメータの空調の構成例を図 3.4.8 に示す。

例1 インテリア：空気方式（単一ダクトVAV方式）
ペリメータ：空気方式（単一ダクトVAV方式）

例1は、インテリア、ペリメータともに空気方式（空調機による単一ダクト VAV 方式）による場合である。インテリアとペリメータにそれぞれ異なる空調機から冷風・温風を供給することで、インテリアが冷房、ペリメータが暖房負荷などの場合でも熱負荷処理が行える。このケースでは、空調機設置スペースが多く必要となるが、大風量まで対応できることから大空間にも使用できる方式である。

例2 インテリア：空気方式（単一ダクトVAV方式）
ペリメータ：水方式（ファンコイル方式）

例2は、インテリアは空気方式（空調機による単一ダクト VAV 方式）、ペリメータは水方式（ファン

コイル方式）による場合である。ファンコイルを窓台に設置し、日射などによる急激な変動の大きい外皮熱負荷を処理する。ファンコイルを窓台に設置する場合、室内にスペースが必要となり、窓の大きさにも制約が出るが、特に冬場に窓面下部から温風を吹き上げることで、コールドドラフト（窓付近の温度が下がることにより、足下に冷たい下降気流が生じる現象）による不快感への対策とできる。

例3 インテリア：冷媒方式（パッケージエアコン）
ペリメータ：冷媒方式（パッケージエアコン）

例3は、インテリア、ペリメータともに冷媒方式（パッケージエアコン）による場合である。インテリア系統とペリメータ系統の室外機を分けることで個別調整（ONOFF/ 冷暖切替）が室内機ごとに可能になる。将来的な間仕切り変更として、窓際を小部屋に転用しやすい。

▶ 5 建物用途に対応した空調方式

空調方式にはさまざまあるが、空調計画の対象となる建物・部屋の用途、熱負荷特性を考慮し、計画の主旨に合致する方式が選択される。表 3.4.3 に主な建物用途別の空調方式を示す。

表 3.4.3 主な建物用途別の空調方式の例

| | オフィス | | 住宅 | ホール | 商業 | | ホテル | |
	小・中規模 （〜20,000m²程度）	大規模 （20,000m²〜）			店舗	共有部	客室	共有部
負荷特性・空調要件	小部屋対応	大部屋、小部屋それぞれに配慮が必要	住戸ごとに利用時間帯が異なる	利用状況により変動が大きい 天井高の高い大空間	店舗ごとの負荷に応じた計画が必要	営業時間の安定した稼働が必要	客室ごとに利用状況が異なり、個別制御が必要	長時間の安定稼働が必要
空調方式の例	マルチパッケージ方式	単一ダクトVAV方式	ルームエアコン	単一ダクトVAV方式	外調機＋ファンコイルユニット方式	単一ダクトVAV方式	ファンコイルユニット方式	単一ダクトVAV方式
備考	−	テナントビルの場合、計量に配慮	住戸ごとの利用電力の計量が必要	−	店舗ごとの計量が必要	−	−	24時間稼働も多い

(1) オフィス

オフィスでは大規模の場合、空調機による単一ダクト VAV 方式、小・中規模の場合パッケージ方式（ビル用マルチ方式）が採用されることが多い。単一ダクト VAV 方式は、建物全体で共有する熱源によりつくられた冷水・温水を、各所の空調機で利用し空調する方式（中央熱源方式）によるため、時間外などに一部の室のみで利用する場合も、全体の熱源を稼働させる必要がある。パッケージ方式は系統が分割されるため、機器の稼働が最低限で済む利点がある。

(2) 住宅

住宅では、住戸ごとに利用時間帯が異なることや、住戸ごとに利用電力の計量が必要なことから、ルームエアコンによるパッケージ方式が採用される。

(3) ホール

ホールでは、大空間であることに加え、来客の有無により熱負荷の変動が大きい。そのため、単一ダクト VAV 方式が採用される。

(4) 商業施設

商業施設については、店舗（テナント）の場合、店舗ごとの利用電力等の計量が必要となり、ファンコイル方式等が採用される。

(5) ホテル

ホテルは、客室部については部屋ごとに利用状況が異なり個別制御が必要になるため、ファンコイル方式が採用される。共用部は利用スケジュールが一定のため、単一ダクト VAV 方式による。24時間稼働する場合が多いため、パッケージ方式よりも、中央熱源方式であるファンコイルまたは単一ダクト方式が採用される場合が多い。

3-5 熱源・搬送系設備

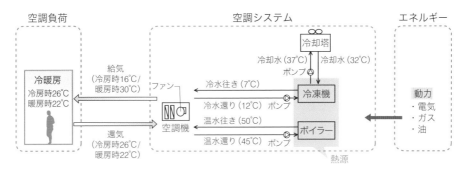

図 3.5.1　空調システムにおける熱源（図中の温度は一例）

▶ 1　熱源の種類

（1）熱源とは

　熱源とは、電気や油、ガスなどのエネルギーを利用し、必要な冷熱・温熱を生み出す機器である。

　空調設備においては、室内の冷房・暖房のために必要な冷熱（冷水）・温熱（温水）を、熱源により生成する。図 3.5.1 に示すように、熱源でつくられた冷水・温水は、ポンプによって建物各所に搬送され、空調機内で空気と熱交換され、冷風・温風として室内に供給される。冷房の場合、空調機で冷風をつくるために、空調機と熱源（冷凍機）の間で冷水が循環する。熱源からは、たとえば 7℃ の冷水（往き）が空調機に供給される。空調機で 7℃ の冷水と空気が熱交換され、冷水の温度はたとえば 12℃ に上がる。12℃ の冷水（還り）がポンプにより熱源（冷凍機）に戻る。熱源（冷凍機）は、この温度が上がった冷水 12℃ を 7℃ に冷却する働きがある。7℃ に冷却された冷水は、再び空調機へ供給される。

　図 3.5.2 に示すように、熱源の基本的な原理の 1 つに、電気ヒーターのように、抵抗に電流を流すことで、電気を熱に直接変換するものがある。

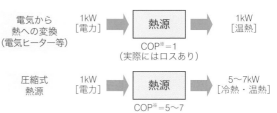

※COP：Coefficient Of Performance（成績係数）であり、熱源機器の効率を示す指標。
出力（冷熱・温熱）／入力（電力）で算出（p.121）

図 3.5.2　熱源の基本的な原理

　しかし、1kw の電力（入力）からは最大でも 1kW の熱（出力）しか取り出すことができず、次に説明する圧縮式熱源などの原理と比較すると非効率である。また、この方法では加熱は可能でも、冷却することはできない。

　一方で、ヒートポンプ（→ p.86、注1）のような圧縮式の熱源の場合は、1kW の熱量の投入により多くの熱を得ることができる。特に、ターボ冷凍機では 5 ～ 7kW の熱が得られ、効率が良い。

（2）圧縮式冷凍機と吸収式冷凍機

　熱源には、冷却を行う機器と加熱を行う機器があり、冷却を行う機器は、冷凍機と呼ばれる。冷凍機の内部には、熱交換を行うための冷媒（R407cや水な

ど）が循環している。冷媒のノンフロン化のため、自然冷媒であるアンモニアやCO_2が用いられる場合もある。冷媒の状態が変化すると、周囲の熱を吸熱、放熱する原理を冷却に利用している。これは採血する際にアルコール消毒をすると、アルコールが気化してすーっと腕がひんやりするのと同じ原理である。図3.5.3に冷やす原理のイメージ図を示す。現在の冷凍機には、主に圧縮式と吸収式が用いられる。表3.5.1に圧縮式・吸収式冷凍機の特徴を示す。

圧縮式は機械による仕事を活用するものである。冷媒の圧力を、機械による仕事により変化させる。冷媒を強制的に蒸発させ、その蒸発のための熱を周囲から奪うことで、冷却が行われる。その仕事を生み出すために、電力が用いられる。

吸収式は、化学的な状態変化を活用するものである。冷媒としての水が蒸発する際に周囲から熱を奪うことで、冷却が行われる。蒸発した水を液体に戻すため、吸収液（臭化リチウム）に一度吸収させ、加熱して水を分離する。加熱の際に、ガス、蒸気等を利用する。

（3）熱の原理

ここでは圧縮式の熱源で利用される基本的な熱の原理について示す。

a）圧力と沸点の関係

液体は気体になる（蒸発する）際に周囲の熱を奪う。液体の蒸発しやすさは液体の沸点で決まり、同じ液体でも周囲の圧力が高いと沸点も高い。たとえば圧力鍋は、この原理を活用し、圧力を高くして沸点を上げているため、調理をする際に、良く煮ることができる。逆に、周囲の圧力が低いと沸点は低くなる。

b）冷媒の沸点

水は、標準大気圧下で常温で液体で、沸点は100℃である。フロンガスの一種であるR407c等の冷媒は大気圧下、常温では気体であるが、圧力を高めると冷媒の沸点は上がるため、液体になる。

上記の原理を利用して、圧縮式冷凍機では冷媒の圧力を変化させて蒸発しやすさを調整している。

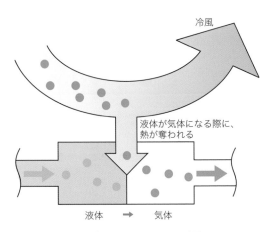

冷風

液体が気体になる際に、熱が奪われる

液体 → 気体

図3.5.3　冷やす原理のイメージ図

表3.5.1　圧縮式・吸収式冷凍機の特徴

種別	圧縮式	吸収式
原理	機械的（機械による仕事を利用）	化学的（状態変化を利用）
概要	・冷媒の圧力を、機械による仕事により調整する。 ・冷媒を強制的に蒸発させ、周囲から熱を奪うことで、冷却を行う。	・冷媒は水であり、水が蒸発する際に熱を奪うことで、冷却を行う。 ・蒸発した水を液体に戻すために、吸収液（臭化リチウム）に一度吸収させ、加熱して水を分離する。
エネルギー源	電気もしくは ガス（ガスエンジンヒートポンプ）	ガス／蒸気／排熱等
具体例	空冷ヒートポンプ ターボ冷凍機	吸収式冷温水発生機
冷媒	R407c など	水
騒音	大きい	小さい

（4）圧縮式の原理

圧縮式冷凍機は、**図3.5.4**、**表3.5.2**に示す冷凍サイクルの原理を活用して冷水をつくり出すものである。

冷凍サイクルは、1.圧縮過程→2.凝縮過程→3.膨張過程→4.蒸発過程を繰り返すことで成立している。これらの過程を実現するため、圧縮式冷凍機は、圧縮機、凝縮器、膨張弁、蒸発器によって構成されている。以降に具体的な冷凍サイクルのプロセスを示す。

1. 圧縮（A → B）

冷媒を圧縮機で断熱圧縮する過程である。冷媒（状態A）を、圧縮機に通すことで、高温高圧の気体（状態B）の状態にする。

圧縮機により仕事を行うために、電気エネルギーが必要となる。

2. 凝縮（B → C）

気体が液体に凝縮する際に、周囲に熱を放出する原理を利用するプロセスであり、凝縮器を利用する。凝縮器とは、冷凍機からの熱を冷却塔により冷やされた冷却水へ放出する部分である。たとえば、冷却水32℃がΔ5℃程度上がり37℃となる。

冷媒は、凝縮器により気体（状態B）から液体（状態C）になる。冷媒が凝縮することで、屋外の空気（あるいは冷却水）に熱を放出する。

3. 膨張（C → D）

高圧の液体（状態C）となっている冷媒を、膨張弁を通すことにより、膨張させて低圧の液体（状態D）とし、温度を下げる。

4. 蒸発（D → A）

圧力一定のまま、液体（状態D）の冷媒が蒸発（状態A）することで、室内の空気（あるいは冷水）から熱を吸収し、冷却を行うプロセスであり、蒸発器を利用する。

蒸発器とは、室内の熱を空調機で吸収して冷却を行う部分であり、配管内の冷水をたとえば12℃から7℃にΔ5℃冷やす。

冷媒による熱交換を継続して行うには、冷媒が、連続して循環する必要がある。圧縮機を設け、圧力を利用して冷媒を、密閉された回路内で循環させている。

圧縮式冷凍機の冷凍サイクルを説明する図として、**図3.5.5**に示すモリエル線図がある。モリエル線図は、冷凍サイクルにおける各プロセスでの冷媒の状態を把握するのに役立つ。**図3.5.5**においては、冷

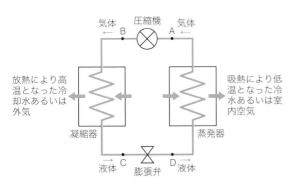

図 3.5.4　冷凍機における冷凍サイクルの構成

表 3.5.2　冷凍サイクルのプロセス

1. 圧縮 （A → B）	冷媒を圧縮機で断熱圧縮する過程である。冷媒（状態A）を、圧縮機に通すことで、高温高圧の気体（状態B）の状態にする。圧縮機により仕事を行うために、電気エネルギーが必要となる。
2. 凝縮 （B → C）	気体が液体に凝縮する際に、周囲に熱を放出する原理を利用する過程である。冷媒は、凝縮器により気体（状態B）から液体（状態C）になる。冷媒が凝縮することで、屋外の空気（あるいは冷却水）に熱を放出する。
3. 膨張 （C → D）	高圧の液体（状態C）となっている冷媒を、膨張弁を通すことにより、膨張させて低圧の液体（状態D）とし、温度を下げる。
4. 蒸発 （D → A）	圧力一定のまま、液体（状態D）の冷媒が蒸発器で蒸発（状態A）することで、室内の空気（あるいは冷水）から熱を吸収し、冷却を行う。

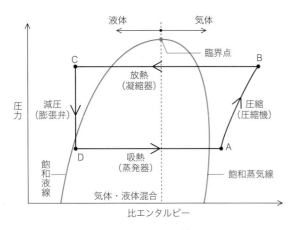

図 3.5.5　モリエル線図

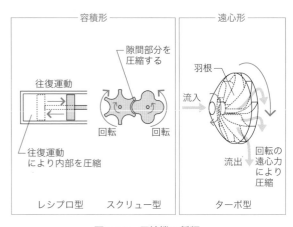

図 3.5.6　圧縮機の種類

房を行う場合のサイクルが示されている。

　モリエル線図は、横軸に冷媒の比エンタルピー、縦軸に冷媒の圧力が示される。比エンタルピーとは、冷媒の持つエネルギーを示す（→ p.92）。蒸発器で冷媒が熱を吸収すると、比エンタルピーが増加する（状態 D → A）。圧縮機を通過すると、仕事が加えられ、圧力が上がるとともに比エンタルピーがさらに増加する（状態 A → B）。逆にその後、凝縮器を通過して外気や冷却水に排熱することで、比エンタルピーが減少する（状態 B → C）。

a) 圧縮機の種類

　圧縮機には図 3.5.6 に示すように、レシプロ型（往復動圧縮機）やスクリュー型、ターボ型（遠心力式圧縮機）等がある。

　レシプロ型は、ピストンの往復運動により圧縮を行うものであり、振動・騒音が大きい。

　スクリュー型は、スクリューローターが回転することで、2 つのローターの隙間に入った冷媒が圧縮されるものである。振動が少なく、中型冷凍機に利用される。

　ターボ型は、羽根車が回転し、羽根どうしの間に入った冷媒が遠心力により圧縮されるものである。熱源容量が大容量の場合に適しており、大型冷凍機に利用される。

b) 空冷と水冷

　圧縮式の熱源には、空冷方式と水冷方式がある。いずれも凝縮器での外気との熱交換の方式の違いである。

・**空冷方式**：冷房・暖房を行った際に、凝縮器から出る排熱を、ファンにより大気中へ排出する方式である。空冷方式のうちの 1 つに空冷ヒートポンプがある（次項参照）。

・**水冷方式**：冷房を行った際に出る排熱を、冷却塔により大気へ水蒸気として排熱する方式である。排熱は凝縮器で冷却水と熱交換され、冷却水で回収された排熱は冷却塔により大気へ排出される。水冷方式のうちの 1 つにターボ冷凍機（次項参照）がある。凝縮器での熱交換が空気に比べ熱伝導率の大きい水との熱交換となるので、一般に空冷方式と比較して熱源の成績係数（COP）が高い。

（5）吸収式の原理

　吸収式冷凍機は、圧縮式冷凍機とは異なり、化学的原理で冷却を行う。吸収式冷凍機は、1. 蒸発→ 2. 吸収→ 3. 再生→ 4. 凝縮を繰り返すことで冷却を行う。そのために、蒸発器、吸収器、再生器、凝縮器により構成されている。

　吸収式冷凍機では、**図 3.5.7**、**表 3.5.3** に示すように、蒸発した水を気体から液体の状態に戻すために、

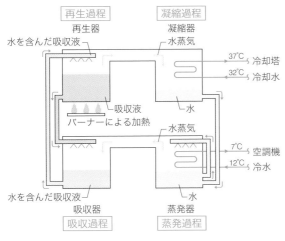

図 3.5.7　吸収式冷凍機の原理

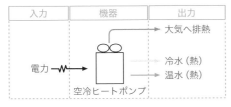

図 3.5.8　空冷ヒートポンプ概念図

表 3.5.3　吸収式冷凍機のプロセス

1. 蒸発 （蒸発器）	蒸発器内は真空であり、水を蒸発しやすくしてある。冷水配管内の冷水から熱を奪うことで、冷媒である水が蒸発する。
2. 吸収 （吸収器）	蒸発器で蒸発した水を吸収器側で、吸収液（臭化リチウム）に吸収させる。
3. 再生 （再生器）	吸収液を加熱することで、吸収液中の水を蒸発させて、吸収液から分離する。吸収液の加熱のためにエネルギーが投入される。
4. 凝縮 （凝縮器）	再生器で分離された水蒸気を、冷却塔から供給された冷却水で冷却することで、液体に戻し、蒸発器で再度利用する。

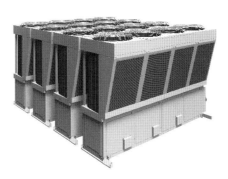

図 3.5.9　空冷ヒートポンプ [12]

再生器・吸収器側で溶液である吸収液（臭化リチウム）の吸収能力を利用する。再生過程での加熱にボイラーを利用するため、暖房時、機器内部の回路を切り替えることで、冷水だけでなく温水も供給することを可能としたのが、吸収式冷温水発生器である。

▶ 2　熱源機器

(1) 冷凍機の能力・効率

冷凍機容量の大きさ（冷凍能力）の表示方法はいくつかある。その1つにRT（冷凍トン）がある。RTには、アメリカ冷凍トン（1USRT = 3.517kW）と日本冷凍トン（1JRT = 3.861kW）がある。一般的にはUSRTが用いられる。冷凍能力、加熱能力ともkW（1時間あたりの熱量）で表すことができる。

また、冷凍機のエネルギー消費効率を表わす方法として、COPがある。COPはCoefficient Of Performance（成績係数）の略であり、出力（冷凍機能力）を入力（冷凍機に利用されるエネルギー）で除した

数値である。たとえば、電気ヒーターではCOP = 1程度であり、後述の空冷ヒートポンプでは、定格値（機器の製造者が保証する一定環境下での能力限度）でCOP = 3程度、ターボ冷凍機では定格値でCOP = 5〜7程度となる。

(2) 空冷（空気熱源）ヒートポンプ

圧縮式のうち、空冷ヒートポンプは大気から熱をヒートポンプに集めて、冷熱（冷水）、温熱（温水）を効率良く生み出す空冷方式の熱源機器である。図3.5.8に概念図を示している。機器内部で冷凍サイクルの回路を切り替え、逆のプロセスを行うことで温熱（温水）も生み出すことを可能としている。空冷ヒートポンプは、一般的に小型で30USRT 〜 100USRT 程度の能力である。

空冷ヒートポンプには、同じ能力の機器（モジュール）を複数台連結して利用するモジュール型のものもある。連結されるため、設置スペースが小さく

でき、空調熱負荷に対応し運転台数を制御するため、負荷が小さい時でも効率的な運転が可能である（図3.5.9）。

また、ヒートポンプにはガスを利用した、ガスエンジンヒートポンプもある。ガスを利用する機器のため、建物のピーク電力の低減が可能である。ガスエンジンからの廃熱も利用できるため寒冷地にも向く。

（3）ターボ冷凍機（遠心冷凍機）

ターボ冷凍機は、図3.5.10に示すように、圧縮式の冷凍サイクルの活用により、冷熱（冷水）を生み出す水冷方式の熱源機器である（暖房は不可）。ターボ型の圧縮機を用いるものであり、一般的に中型200USRT〜大型2,000USRT程度の能力である。

また、インバータ（電気の周波数の変換装置）を搭載したターボ冷凍機は負荷に応じて圧縮機の回転数が制御できるため、定格運転時と比較して、部分負荷（低負荷）運転時の方が、効率が高い特徴がある（図3.5.11）。

（4）吸収式冷温水発生器

蒸気、油、ガスなどのエネルギーを利用し、図3.5.12に示すように吸収式の原理により、冷水を取り出すことができる。排熱は冷却塔から大気に排出される。配管経路を切り替え、再生器のバーナーを利用して温水を加熱し、暖房することもできる。吸収式冷温水発生器は、一般的に小型50USRT〜大型2,000USRT程度と幅広い能力の機器がある（図3.5.13）。

（5）ボイラー

ボイラーは、図3.5.14に示すように、ガスまたは油を燃焼させることにより、温水あるいは蒸気を生み出すものである。やかんで水を沸かす原理と同じ

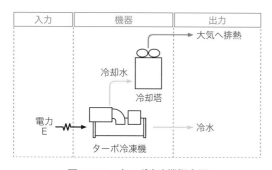

図3.5.10　ターボ冷凍機概念図

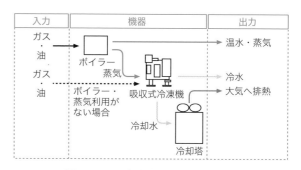

図3.5.12　吸収式冷温水発生器概念図

図3.5.11　ターボ冷凍機 [13]

図3.5.13　吸収式冷温水発生器 [14]

である（図3.5.15）。

ボイラーには、図3.5.16に示すように、その構成の違い炉筒煙管ボイラー、貫流ボイラー、セクショナルボイラー等のさまざまな種類がある。それぞれの特徴を表3.5.4に示す。

a）炉筒煙管ボイラー

炉筒煙管ボイラーは、丸ボイラーの一種であり、炉で加熱されたガスが通る煙管の周囲を水が循環することで、水自体が直接加熱される方式。伝熱面積が大きく強度が高い。

b）貫流ボイラー

貫流ボイラーは、水管ボイラーの一種である。加熱された炉の内部に水管が循環し、管の外部から水が加熱される方式である。

c）セクショナルボイラー（鋳鉄製ボイラー）

セクショナルボイラーは、鋳鉄製の角形セクションの組み合わせにより構成される。安価であり、取扱いが容易である。

上記a）〜c）の取扱いにはボイラーの取扱資格が必要である。

図3.5.14　ボイラー概念図

図3.5.15　ボイラー（貫流ボイラーの例）[15]

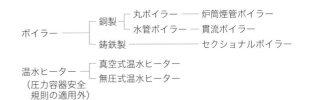

図3.5.16　ボイラーの分類

表3.5.4　一般的なボイラーの方式と構造

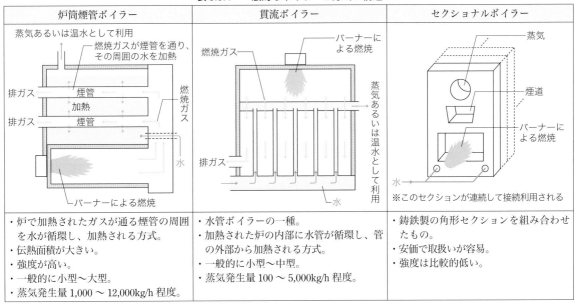

炉筒煙管ボイラー	貫流ボイラー	セクショナルボイラー
・炉で加熱されたガスが通る煙管の周囲を水が循環し、加熱される方式。 ・伝熱面積が大きい。 ・強度が高い。 ・一般的に小型〜大型。 ・蒸気発生量1,000〜12,000kg/h程度。	・水管ボイラーの一種。 ・加熱された炉の内部に水管が循環し、管の外部から加熱される方式。 ・一般的に小型〜中型。 ・蒸気発生量100〜5,000kg/h程度。	・鋳鉄製の角形セクションを組み合わせたもの。 ・安価で取扱いが容易。 ・強度は比較的低い。

d) 真空式温水器

真空式温水器は、内部の蒸気圧が大気圧以下の低圧であり、安全性が高い。そのためボイラーの取扱資格者でなくても扱うことができる。

▶ 3 冷却塔（クーリングタワー）

（1）冷却塔の役割

冷却塔とは、水が蒸発する際の熱（蒸発潜熱）により排熱を大気に放出する機器である。たとえば冷凍機から発生した排熱を回収した37℃の冷却水の温度を、冷却塔により32℃に下げて循環させるといった役割がある。

冷却塔の方式と構成を表3.5.5に示す。送風機と冷却水配管、充填材、散布部等から構成される。自然の滝が水自体の蒸発により周囲の温度を下げているのと同じように、開放式冷却塔の場合、冷却水自体が蒸発することで、残りの冷却水の温度を下げる。

また、電算室など内部発熱が大きく、中間期や冬季の外気が冷涼な時期にも冷房を行う建物用途の場合、冷却塔を熱源の代わりに冷房に活用できる。熱源を停止して冷却塔のみ稼働させ、大気により温度を下げた冷却水により、冷水を冷房に必要な温度まで下げる（フリークーリング）。熱源機器を利用せず

に、冷涼な外気を利用して冷房できるため、省エネルギーとなる。

冷却水は、冷却の際の蒸発、周囲への飛散、ブロー排水（冷却水は水分のみが蒸発していくため、不純物等が残り、徐々に濃縮していく。そのため適宜排水し、冷却水を入れ替える必要がある）を合計し、循環水量の1～3%程度ロスする。その分だけ、補給水が必要である。

表3.5.5に示すように、冷却塔は、開放式と密閉式に大別される。

（2）冷却塔の方式

a) 開放式

開放式は、上述のように冷却水自体を散水し、一部大気に蒸発させることで温度を下げる。すなわち、冷却水の循環経路が大気に開放される方式である。冷却水を直接冷却するため効率が良いが、冷却水が外気にさらされるため、不純物が混ざるなど水質に影響がある。大気と冷却水の接触時間を長くし、熱交換の効率を良くするため、充填材により形成した隙間に空気を流通させ、そこに散水する。

また、開放式には、直流式（クロスフロー）と向流式（カウンターフロー）がある。

表3.5.5　冷却塔の方式と構成

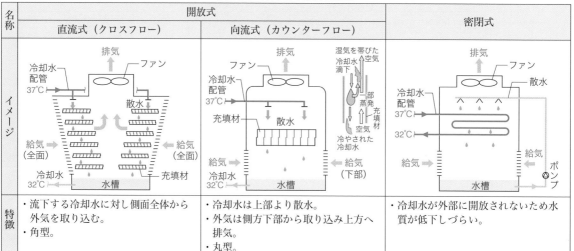

名称	開放式		密閉式
	直流式（クロスフロー）	向流式（カウンターフロー）	
イメージ			
特徴	・流下する冷却水に対し側面全体から外気を取り込む。 ・角型。	・冷却水は上部より散水。 ・外気は側方下部から取り込み上方へ排気。 ・丸型。	・冷却水が外部に開放されないため水質が低下しづらい。

b）密閉式

密閉式は、密閉された冷却水配管の外側から水を散布することで、間接的に配管内の冷却水の温度を下げる。冷却水の循環経路において大気に開放されない方式である。冷却水を間接的に冷却するため、開放式と比べて効率が低い。一方、冷却水が外気にさらされないため、水質への影響が少ない。

▶ 4　水搬送設備（ポンプ・配管）

熱源機器から空調機まで冷水・温水を運搬する必要がある。そのためには、図3.5.17に示すように、水搬送設備（ポンプ・配管）が必要となる。

（1）ポンプ

ポンプは、熱源設備でつくった冷水・温水を、配管を通して空調機へ送るための機器である。ポンプは、最も「揚程（抵抗）」が大きいところで、必要な「流量」を流すことができるものを選定する必要がある。そのため、ポンプを選定するためには、「流量」と「揚程」を求める必要がある。

a）流量

流量とは、冷水・温水等の流れる量［ℓ/min］のことである。

流量は空調熱負荷に比例し、冷水・温水の往還温度差に反比例する。往還温度差とは、熱源機器から空調機に向かう温度と、逆に戻っていく温度の差である[注1]。冷水・温水の往還温度差は、主に空調機の

コイル（p.131）の計画により決まる。コイルに対する冷水・温水の往還温度差を、標準 $\Delta t = 5℃$ から、$\Delta t = 8 \sim 10℃$ と大きくするようにコイルの熱交換効率を高めて計画（大温度差送水）することで、同じ熱量を搬送する場合でも、流量を減らすことができ、ポンプのエネルギー消費量を低減することができる。

また、流量の制御については、常に一定流量で運転する定流量方式（CWV方式）と、負荷に応じて流量を変化させる変流量方式（VWV方式）がある。変流量方式では、熱源機器から空調機へ送る冷水・温水の流量をポンプの台数制御やインバータ制御により調整することで、搬送動力を低減できる。

b）揚程

揚程とは、ポンプが液体を持ち上げうる高さを示すものであり、水頭［m］や、圧力［Pa］などの単位で表される。水頭10mは98.0665kPa（＝1kgf/cm²）の圧力に相当する。

熱源と空調機が離れた位置にあるほど配管が長くなり、必要なポンプの流量が同じでも、揚程の大きなポンプが必要となる。

揚程には、全揚程［m］と実揚程［m］がある。
全揚程
＝位置水頭(実揚程)＋損失水頭＋速度水頭

位置水頭（実揚程）とは、水柱を立てた時に、一番下で生じる水圧のことである。図3.5.18に示すように、配管経路内の最下部と最上部の高低差 $h_2 -$

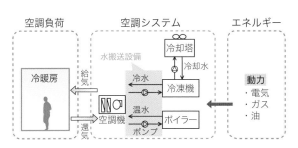

図3.5.17　空調システムにおける水搬送設備（ポンプ・配管）

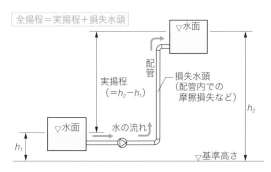

図3.5.18　全揚程の考え方

125

h_1［m］に等しくなる。

　損失水頭は、配管やバルブ等の抵抗による水圧の損失のことである。配管長が長く、配管の曲りやバルブが多いほど、損失水頭は大きくなる。

　速度水頭は、流体の運動エネルギーを揚程の単位で表現したものであり、$V^2/2g$（Vは流速、gは重力加速度）で表される。配管内の流速が大きいほど、大きくなる。

　位置水頭は、開放回路（開放式冷却塔への冷却水配管系統など）では考慮する必要があるが、密閉回路（冷水・温水配管の循環系統など）ではゼロであり、考慮する必要がない。

c）軸動力

　ポンプの仕様は、軸動力 K で表される。軸動力とは、ポンプに搭載されたモーターによるエネルギーの出力値を表す。軸動力は次式で算出される。

$$K = \frac{0.163 \times Q \times \gamma \times L}{ポンプ効率} \ [\text{kW}]$$

　　0.163：重力加速度 9.8［m/s²］/ 60［s］
　　Q：水量［m³/min］
　　γ：送る水の比重［kg/ℓ］
　　L：揚程［m］

　軸動力は流量、揚程に比例し、大きな流量、揚程が必要なほど、より大きな軸動力のポンプが必要となることを示している。一方、軸動力はポンプ効率に反比例し、高効率ポンプを利用すれば、軸動力は小さくなり省エネとなる。

d）ポンプの特性

　図 3.5.19 に示すような、ポンプごとにある特性曲線により、流量と揚程から、必要な軸動力を求めることができる。この特性曲線より、同じ軸動力 K のポンプの場合、揚程 P が大きくなると流量 Q が減り、逆に揚程 P が小さいと流量 Q が増えることがわかる。バルブ（弁）を閉鎖し抵抗を増やすと、流量が減るのはこのためである。また、この特性曲線では、ポンプの回転数を変えた場合（N_1、N_2）の流量、揚程、軸動力の変化も表現されている。

　ポンプには次式に示すような特徴がある。流量を1/2 にするために、回転数を 1/2 とすると、軸動力は 1/8（＝$(1/2)^3$）となる。

$$Q_2 = \frac{N_2}{N_1} \times Q_1$$

$$P_{S2} = \left(\frac{N_2}{N_1}\right)^2 \times P_{S1}$$

$$K_{W2} = \left(\frac{N_2}{N_1}\right)^3 \times K_{W1}$$

　　Q：流量［m³/h］
　　N：回転数［－］
　　P：揚程［Pa］
　　K：軸動力［kW］

　そのため、ポンプの回転数を制御できるようにする（インバータ化する）と、空調機の負荷が小さく必要な冷水・温水流量が小さい場合に、必要最低限のポンプの回転数で運転できる。それによりポンプの消費電力量を低減でき、大きな省エネルギーとなる（変流量制御）。

e）ポンプの種類

　ポンプの種類には、表 3.5.6 に示すように、ラインポンプ、渦巻ポンプ、多段ポンプ等があり、利用する流量や揚程によって使い分ける。

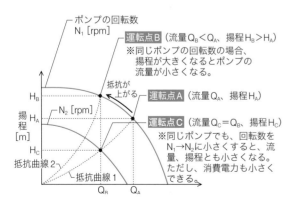

図 3.5.19　ポンプ特性曲線のイメージ

（2）配管・バルブ

a）配管材質

　空調設備の配管に用いられる配管には、鋼管、ステンレス管、銅管、塩ビ管などがある。

　鋼管（配管用炭素鋼鋼管（白管））は、鋼管の表面に腐食防止のために亜鉛めっきが施されたものであり、冷温水配管に用いられる。

　鋼管（配管用炭素鋼鋼管（黒管））は、亜鉛めっきが施されていない鋼管である。白管の亜鉛メッキは、蒸気のような高温では剥離し詰まりの原因となるため、蒸気配管には黒管が用いられる。

　ステンレス管は、耐腐食性を重要視する場合の配管に用いられる。

　銅管は、加工しやすく耐圧性に優れる特徴があり、主にパッケージ空調機の冷媒配管に用いられる。

　高質ポリ塩化ビニル管（VP等）は、腐食に強く、空調機からのドレン（結露水などの排液）排水用の配管等に用いられる。

b）配管付属品（バルブ類）

　バルブ（弁）は、配管内の流体の流量を制御するために用いられる。空調設備で用いられるバルブは、仕切弁（GV）、玉形弁、バタフライ弁、ボール弁（BV）などがあり、**表 3.5.7** に示す目的で用いられる。

c）膨張タンク

　暖房設備などにおける密閉回路の冷温水配管では、冷水から温水への温度変化にともなう配管内の水の体積膨張を吸収するために、膨張タンクが必要となる（p.41、**図 2.3.11** および **図 2.3.12**）。

表 3.5.6　ポンプの種類

名称	外観	特徴
ラインポンプ		吸込口と吐出口が一直線 （冷温水循環用などに利用） 小流量（20 〜 200 ℓ/min） 低い揚程にのみ対応（3 〜 20m）
渦巻ポンプ		大流量（100 〜 1 万 ℓ/min） 中程度の揚程に対応（10 〜 60m）
多段ポンプ		径の小さな羽根車を複数並ぶ構成 大流量（100 〜 4000 ℓ/min） 高揚程に対応（20 〜 200m）

表 3.5.7　バルブの種類と構造

名称	イメージ	特徴
仕切弁（ゲート弁）GV	液体 →　弁体が上下	弁体本体が上下して開閉する。全開、全閉の調整に用いられる。
玉形弁（ストップ弁またはグローブ弁）	液体　弁体が上下	弁体と台座の隙間の大きさを変化させ、流量調整する。
バタフライ弁	液体 →　円盤が回転	軸を中心に円盤が回転することにより、開閉する。小型であり、全開時の圧力損失が小さく、流量調整もしやすい。
ボール弁BV	液体 →　穴の開いた球が回転	穴の開いた球が回転することで、開閉する。水密性に優れる。

▶ 5　特種な熱源システム

(1) コージェネ

コージェネとは、コージェネレーションシステム (co-generation) の略であり、電気と熱を両方取り出す熱源機器である。ガス、油などの燃料によりタービンを回転させ、発電を行うとともに、発電のプロセスで発生した排熱を建物において別の用途で利用する方式であり、建物の電力ピーク需要（デマンド）を低減できる。また、停電時にもガス、油の備蓄があれば電気、熱を供給可能のため、災害時などの事業継続計画（BCP：Business Continuity Plan）に有効に機能する。

コージェネの効率は、発電量と排熱の利用熱量による総合効率にて評価される。火力発電所から建物への電力供給の効率は 40％程度である。一方、図 3.5.20 のように、発電と排熱利用を合計したコージェネの総合効率は、定格値で 70 〜 80％と高い。一方で排熱を実際に有効活用できるかによってこの総合効率は変動する。そのため、常時排熱を有効に活

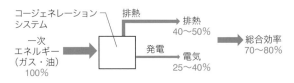

図 3.5.20　コージェネレーションシステムの効率

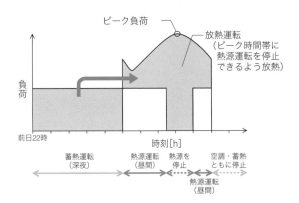

図 3.5.21　ピークカット

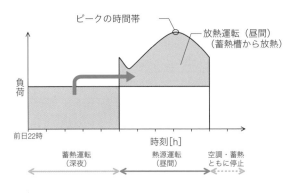

図 3.5.22　ピークシフト

用可能な建物用途（給湯負荷が年間を通じて大きい建物など）に向くシステムである。

（2）蓄熱システム

a）蓄熱とは

水や砕石などは一度暖まると冷めにくい性質がある。その原理を、建築設備における熱源システムで活用することができる。夜間に生成した熱を蓄熱槽に溜めておき、昼間に放熱して利用するシステムを蓄熱システムという。蓄熱システムは、電気熱源と蓄熱槽で構成され、主にピークの電力需要（デマンド）を下げることができるメリットがある。電力の基本料金は需要が高いほど高額となるため、需要を下げることで運用時の電気料金の省コスト化ができる技術である。一方で、蓄熱することによる熱のロスもある。

蓄熱の役割には、「ピークカット」と「ピークシフト」がある。

ピークカットとは、図 3.5.21 に示すように、ピーク負荷の時間帯に集中して蓄熱槽から放熱し、熱源を稼働させずに済ませる方式である。

ピークシフトとは、図 3.5.22 に示すように、熱源機器の稼働量をピーク負荷の時間帯から負荷の小さい時間帯に移行することである。空調熱負荷のピークの時間帯に蓄熱槽から放熱することで、ピーク時の熱源に対する負荷を減らす。

蓄熱により建物の熱負荷を平準化することができる。建物の冷房負荷は、日中にピーク負荷となる場合が多く、熱源機器の能力はピーク負荷を処理できる能力のものが選定される。一方でピーク負荷が発生する時間帯は年間においてわずかであり、他の時間帯については低負荷となる。低負荷時に能力の大きな熱源を運転し続けるのは、低負荷時の COP（成績係数）が低い熱源機器の場合、非効率である。

蓄熱方式には、水蓄熱と氷蓄熱などがある。

b）水蓄熱

水蓄熱は、水に蓄熱する方式である。したがって、水の温度（顕熱）を利用して蓄熱することになる。図 3.5.23 に水蓄熱のフローを示す。夜間蓄熱時には、熱源（冷凍機など）でつくった冷水（あるいは温水）を蓄熱槽へ送水する。昼間の放熱時には、蓄熱槽の冷水を空調機側へ送水する。

蓄熱槽では、水槽の形状を工夫して、水槽内の水に温度差（温度勾配）を設ける。これにより、冷水蓄熱槽の場合は、低温側から極力低温の冷水を取り出すことで、2 次側（空調機側）の設備へ安定した供給温度で送水できる。

c）氷蓄熱

氷蓄熱は、氷として蓄熱する方式である。したがって、温度による顕熱と、氷・水の状態変化による

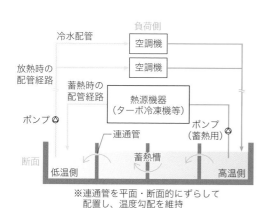

図 3.5.23　水蓄熱のフロー（連通管式の場合）

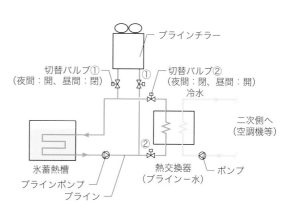

図 3.5.24　氷蓄熱方式の仕組み

潜熱を利用することになる。顕熱だけでなく潜熱も利用して蓄熱するため、水蓄熱と比較して蓄熱槽が小さくて済み、省スペースである。同じ大きさの蓄熱槽の場合、氷蓄熱は水蓄熱の場合と比較して、7倍程度の熱量を蓄熱することができる。

氷蓄熱は、通常の冷凍機と比べて0℃以下の低い冷水をつくり出す必要がある。そのため、**図3.5.24**に示すように、ブライン（不凍液）を媒体に、冷却を行うためのブライン冷凍機（チラー）、ブラインポンプ、氷蓄熱槽、冷水系統との熱交換器等から構成される。

(3) 地域冷暖房方式

地域冷暖房とは、**図3.5.25**に示すように、建物ごとに熱源システムを設置するのではなく、1か所の地域冷暖房プラントに熱源を設置し、複数の建物に熱を供給する方式である[注2]。

地域冷暖房は、DHC（District Heating & Cooling）とも呼ばれている。

地域冷暖房プラントに設けられた熱源により生成された冷水・温水・蒸気等を、配管により各建物へ熱搬送する。各建物に熱源機器を設置する必要がなくなるため、省スペースとなる。各建物では、地域冷暖房プラントからの冷水・温水を受け入れる、熱交換器が設けられる。地域冷暖房プラントと建物の事業者が異なる場合、各建物での使用熱量が計量され、使用熱量に応じてプラント側へ料金を支払う形が一般的である。

たとえば、地域冷暖房施設がゴミ焼却場施設からの排熱を利用できる場合は、地域の未利用資源を活用し、広域に冷水・温水が供給されることで、より省エネ化が図れることになる。

注
1 たとえば冷水は、熱源で7℃に冷却され、ポンプで空調機まで7℃で供給される。空調機側（2次側）へ向かう冷水（温水）の温度を「往き温度」と呼ぶ。空調機内部のコイルで冷水（温水）は空気と熱交換を行い、7℃→12℃に温度が上がり、熱源機器側（1次側）へまた12℃で戻っていく。熱源機器側へ戻っていく冷水（温水）の温度を「還り温度」と呼ぶ。また、往き温度と還り温度の往還温度差Δtは、ポンプの流量の決定の際に必要である。
2 東京都内では、「丸の内」「田町駅東口」「東京スカイツリー」などさまざまな地域において実施されている。2016年3月31日現在、東京都内では66件が都市計画決定されている（稼働・計画中）[16]。

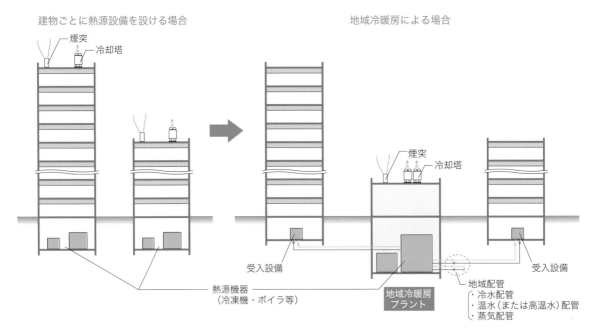

建物ごとに熱源設備を設ける場合　　　　地域冷暖房による場合

煙突
冷却塔

受入設備
熱源機器
（冷凍機・ボイラ等）

煙突　冷却塔

受入設備
地域配管
・冷水配管
・温水（または高温水）配管
・蒸気配管
地域冷暖房プラント

図3.5.25　地域冷暖房方式の仕組み

3-6 空調機

▶ 1 空調機の役割と種類

（1）空調機の役割

空気調和機（以降、空調機と呼ぶ）とは、空気調和された冷風や温風を室内に送り出す機器である。空調機は、**図3.6.1** に示すように、空気を送風する「ファン」、冷水・温水と空気を熱交換する「コイル」、空気の湿度を増す「加湿装置」、空気中の粉塵やほこりを除去する「フィルター」のほか、コイルや加湿装置から出る排水を下部で受ける「ドレンパン」等をすべて組み合わせた装置である。空調機は**図3.6.2** のように、空気を室内へ搬送する機器である。たとえば、30,000m³/h（床面積1,000m²、天井高さ3mの広めのオフィス程の室内用のサイズ、10回換気相当）の空調機は幅2,800mm ×長さ4,200mm ×高さ1,800mm 程度の大きさとなる。

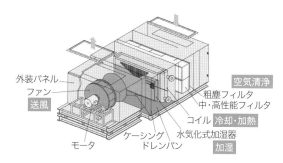

図 3.6.1　空調機の役割と構成 [17]

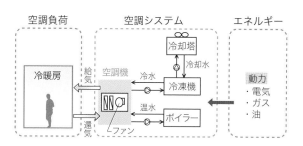

図 3.6.2　空調システムにおける空調機

（2）中央式空調機

a）エアハンドリングユニット：AHU

エアハンドリングユニット（**図3.6.3**）は、中央熱源方式の場合に用いられる空調機（中央式空調機）であり、設計者が指定した仕様（風量や加湿量など）に基づいて個別に設計製作される。

図3.6.3 に示すように、エアフィルタ、冷却・加熱コイル、加湿器、ファンと、それらを覆うケーシングにより構成されている。ユニットはダクトに接続され、各室に送風される。

・フィルター

フィルターの役割は、空気中の粉塵を捕集することである。集塵する対象の粒子の径により、プレフィルター、中性能フィルター、高性能フィルター（HEPAフィルター）などさまざまな種類がある。た

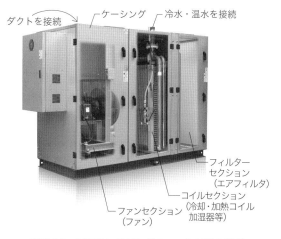

図3.6.3　エアハンドリングユニット外観の例 [18]

とえば精密機械等を扱うクリーンルームなど、空気清浄度を高くする必要がある空間向けには、HEPAフィルターが用いられる。

フィルターには、ろ材を枠内に納めるユニット型、

ろ材を自動的に巻き上げることで交換するロール型、微粒子に電荷を与えることで、集塵極に引き寄せ捕集する電気集塵型がある。

・冷却・加熱コイル

コイルの役割は、図3.6.4に示すように、冷却コイルでは内部に冷水、加熱コイルでは内部に温水・蒸気を通し、コイルの外側を通過する空気と熱交換することである。

コイルには、伝熱面積を増やすためにひだ状のフィンがついている。それにより、熱交換効率を高めている。

コイルの熱交換能力を効率良く発揮させるために、コイルの面風速（送風量／通過する面の面積）が重要となる。同じ送風量の空調機でも、コイルの面風速が速い方が、空調機の大きさが小さくなる。ただし、面風速が速すぎると、コイルで十分な熱交換ができず、空調機内の振動なども大きくなるため、適切な面風速で空調機を設計する必要がある。一般的な空調機では、面風速は2.5m/s以下である。たとえ

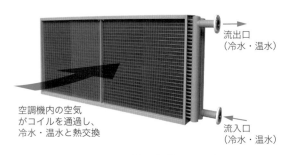

図3.6.4　冷却・加熱コイル[19]

ば、30,000m³/hの空調機のケーシングの断面積は、5m²程度になる。これは、空調機内部の空気の流路において、面風速を2.5m/s以下に抑えた寸法のコイルを、空調機内に納める必要があるためである。

・加湿器

加湿器は、乾燥した空気に水分を含ませ、湿度を上げるための機器である。

加湿器は、図3.6.5に示すようにさまざまな種類がある。加湿器の原理には、気化式、水噴霧式、蒸気式がある。気化式は、加湿素子を水で濡らして空気と接触させ、水が気化することで空気が加湿される方式である。気化する際に、空気から熱を奪うため、空気の温度が下がる。水噴霧式は、微細な水滴を空気中に直接噴霧する方式である。蒸気式は、蒸気の状態で空気中に噴霧し加湿を行う方式である。直接蒸気を配管に設けられたノズルから噴霧するノズル型や、水を電気ヒーターで加熱蒸発させる強制蒸発型などがある。

b) ファンコイルユニット

ファンコイルユニットとは、エアハンドリングユニットと同様に、中央熱源方式の場合に用いられる機器である。1台あたりの風量が小さい機器が主流のため、機器台数は増えるが、小部屋等に設置しやすく個別制御性に優れる。

ファンコイルは図3.6.6のような機器の内部に、ファンとコイル、フィルターを搭載している。また、設置方法により、天井隠蔽型、天井吊型、床置き型

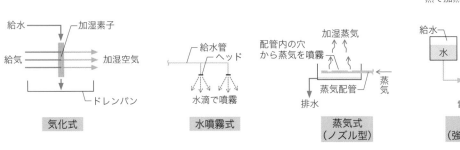

図3.6.5　加湿方式

等に分類される。

エアハンドリングユニットの場合は、必要な風量や能力などに応じて、空調機の外形や内部構成を都度設計するのに対し、ファンコイルは標準的な形式（風量・能力等）が決まっており、その中から必要な形式のファンコイルを選択することが多い。

（3）個別分散型空調機

個別熱源方式の場合に用いられる空調機として、小規模ビル、住宅等向けのパッケージ空調機や、ビル用マルチ空調機がある。これらは室外機と室内機により構成されている。

室内機は、ファン、フィルターのほか、冷媒と空気を熱交換する蒸発器等により構成されている。室内機は、設置方法により、**図3.6.7**のように天井カセット型・天井吊り型・床置き型等があり、必要な形式を選択して用いられる。

室外機は、圧縮機やファン等により構成されており、室内機で吸収した室内の熱を、屋外に排出する

図3.6.6　ファンコイルユニット（カセット型）[20]

機能がある。

（4）除湿の方式

a）冷却除湿

冷却コイルの場合、温度を下げるだけではなく、過冷却を行うことで空気中の水蒸気を凝縮させ、それを排出することで湿度も下げることができる。これを冷却除湿という。

ただし、室内の顕熱負荷が小さい場合は、過冷却をして絶対湿度を下げた空気の温度が低すぎると、加熱（再熱）が必要とされる場合がある。

b）デシカント空調による除湿

除湿を効率良く行う方式として、デシカント空調がある。デシカントローターに、空気中の水分を吸着させて除湿を行う。ローターを再生させるために、ローターに吸着した水分は、加熱された空気で乾燥させる。空気中の潜熱のみを効率良く除湿できる方式であるが、加熱のための温水が必要となる。

▶ 2　熱搬送設備（ファン、ダクト）

（1）ファン（送風機）

a）ファンの種類

空調におけるファンの役割は、空気を、ダクトを通じて室内まで強制的に送ることである。

ファンには、遠心式と軸流式がある。

遠心式は、羽根車の回転軸と垂直方向に空気が流れる方式であり、**図3.6.8**に示すように、羽根車、ケ

天井カセット型

天井吊り型

床置き型

図3.6.7　個別分散型空調機における室内機の種類[21]

ーシング、電動機（モーター）、回転軸等から構成される。

遠心式にはベルト型とプラグ型がある。ベルト型はベルトにより回転軸と羽根車をつなぐことで、回転させる方式である。プラグ型は、回転軸と羽根車が直結された方式であり、ファン効率が良い。

遠心式のファンは、**図3.6.9**に示すように、ファン内部で羽根車の回転運動により生じた遠心力により送風する。

軸流式は、羽根車の回転軸と並行に空気が流れる方式である（**図3.6.10**）。遠心式のファンは静圧が大きく、ダクトを通じて遠方まで空気を供給する場合等に向く。軸流式のファンは、静圧が小さいため、ダクトを通じて遠方まで供給することには不向きであり、ファン自体を対象室内に設置できる場合に向く。換気扇やトンネル内換気、冷却塔用ファンなどに用いられる。

b）ファンの特性

ファンの特性は、流量（風量）、圧力、軸動力で表される。

・風量

ファンにより送風される空気の量を表し、[m³/h（＝ CMH（Cubic Meter per Hour）とも表現する）]の単位で表現される。大きな風量を送るほど、大きな断面積のダクトが必要となる。

・静圧（圧力）

ファンから対象の室まで、ダクトを経由して風を送る際に、ダクトには抵抗（圧力）がかかる。ダクト内部の圧力は**静圧**、**動圧**、**全圧**により表され、単位は[Pa]である。
（パスカル）

静圧とは、**図3.6.11**に示すように、ダクトの側面に直角に開口して計測することができる、大気圧との圧力差のことである。

動圧は、風の方向に対向するように開口して計測することができ、風速により生じるダクト側面側との圧力差である。

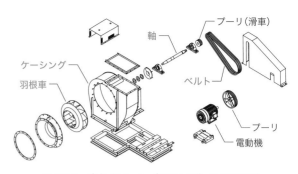

図3.6.8　遠心式ファン（ベルト型）の分解図[22]

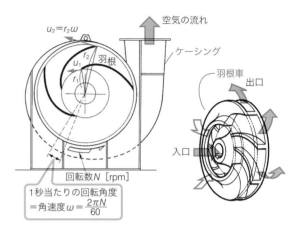

図3.6.9　遠心式ファン内の風の流れ[23]

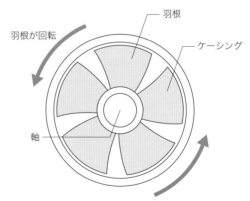

※回転する面と直交方向に空気を送り出す

図3.6.10　軸流式送風機のイメージ

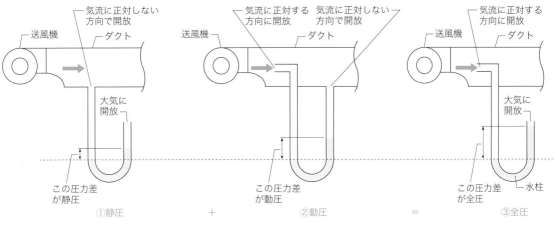

図 3.6.11 ダクト内の静圧・動圧・全圧

Column

測定器とその原理⑨ 風量計

　工事完了後などに、ダクト内部や末端部にて設計通りの量の空気が流れていることを確認するのに、風量計が必要になる。風量の単位は、[m³/h] や [m³/s] が使われる。風量測定には、①ダクトの中間点で通過風量を測定する場合と、②吹出し口や吸込み口のような末端で測定する場合がある。ここでは、①のダクト通過風量測定を解説する。

　ダクト内を流れる空気の量は、管内の平均風速に断面積をかけることで求められる。管内でも場所により風速が違うため、断面を 16 以上に分割して測定し、平均値を求める。ダクトが拡大・縮小する部分や曲がる部分では管内風速のばらつきが大きくなるため、直管部分で測定する。

　風速測定には、熱線式風速計や管内の圧力差から風速を求める差圧式流量計が使われる。

　差圧式流量計には、オリフィス式とピトー管式がある。オリフィス式は、管内の流れを絞るオリフィス板前後の圧力差から風速を求める。ピトー管式は、二重の管内の動圧と静圧から風速を求める。

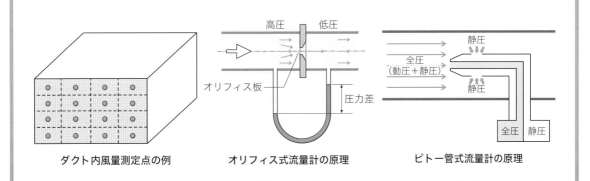

ダクト内風量測定点の例　　　オリフィス式流量計の原理　　　ピトー管式流量計の原理

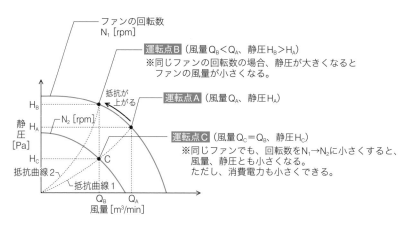

図 3.6.12　ファンの特性曲線

また、全圧とは、静圧と動圧の合計である。ポンプの揚程とダクトの全圧の違いは、全圧には高低差による位置水頭を考慮しない点である。

・軸動力

ファンの軸動力 K は [kW] の単位で表される。軸動力とは、ファンに搭載されたモーターによるエネルギーの出力値を表す。

ファンの軸動力は、次式で計算できる。

$$K = \frac{Q \times L}{60 \times \text{ファン効率}} \times 100 \quad [\text{kW}]$$

　Q：風量 [m³/min]

　L：静圧 [kPa]

・ファンの特性

ファンもポンプと同様の特性がある。**図 3.6.12** に示すような、特性曲線により、風量と全圧から、必要な軸動力を求めることができる。

(2) ダクト

ダクトは、空調機で調整された空気を、対象とする室の吹出し口まで送るための経路として用いられる。ダクトの材質は、亜鉛めっき鋼板、ステンレス鋼板、グラスウール等である。

一般的な空調ダクト内の風速は、ダクトの振動などを抑えるため、8m/s 以下程度とする必要がある。そのため、送風量が大きいほど、大きな断面積のダクトが必要となる。

ダクトの形状は、**角ダクト**と**丸ダクト**がある。角ダクトにおける長辺と短辺の長さの比を**アスペクト比**といい、4 以下（大きくても 8 以下）とする必要がある。アスペクト比が小さい（断面が正方形に近い）ほど、摩擦損失が少なくなり搬送エネルギーを低減できる。丸ダクトは、主に直径 350mm くらいまでの風量が少ない場合に用いられることが多い。

▶ 3　吹出し口・吸込み口・ダンパー

(1) 吹出し口・吸込み口

吹出し口、吸込み口は、空調のための空気を室内に吹き出したり、逆に室内から吸い込んだりする際に必要な器具である。

吹出し口にはさまざまな種類があり、空間の特徴に合った吹出し口を利用する必要がある。吹出し口の種類により気流性状が異なり、快適性に直結するため重要である。室内側に露出するため、デザインとしての工夫も求められる。

表 3.6.1 に吹出し口、吸込み口の種類とその特徴を示す。**アネモスタット型**は、気流の拡散性能に優れ、ドラフトによる不快さを感じづらい。**ユニバーサル型**は、多数の羽根がついており、羽根の角度を調整できる。各所の吹出し口、吸込み口ともに用いられる。**ノズル型**は、気流を高速で吹き出すため、

遠方まで気流を到達させる必要がある大空間に多く用いられる。ライン型は、線状の吹出し口であり、窓面に沿ってペリメータに配置することが多い。アネモスタット型と比較して気流の拡散性能に劣るため、ドラフトを感じさせないよう、配置には留意が必要である。床置き型は、床吹出し空調を行う場合に用いられる。

(2) ダンパー

ダクトの途中には、図3.4.5に示すように、空気の流れを調整するダンパーが挿入される。ダンパーには、目的によりさまざまな種類がある。

風量調整ダンパー（VD）は、手動による風量調整等に用いられる。モーターダンパー（MD）は、風量の自動調整等に用いられる。チャッキダンパー（CD）は、逆流を防止する箇所に用いられる。防火ダンパー（FD）は、火災の際にダクトを通して伝わった熱により、ダンパー内のヒューズが熱で溶けることでダンパーが閉鎖し、防火区画を形成するものである。

例題⑥ 軸動力

ファンの風量 100m³/h を回転数を調整して 50 m³/h とした場合、回転数、軸動力は何倍になるか示すこと。

解答

ファンもポンプと同様に風量と回転数、軸動力に関係性がある（p.126、d)ポンプの特性の項参照）。したがって、風量が 1/2 となると、回転数は 1/2 倍 、軸動力は 1/8 倍 となる。

表 3.6.1　吹出し口・吸込み口の種類と特徴 [24]

種類	特徴
アネモスタット型 	コーンにより拡散させて吹き出す。ドラフトによる不快感を感じづらい。
ユニバーサル型 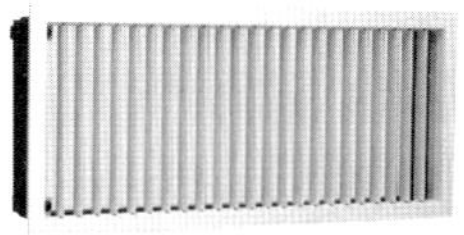	羽根の角度を調整できる。各所の吹出し口、吸込み口に用いられる。
ノズル型 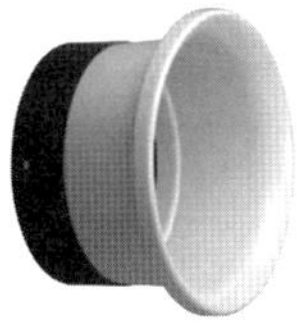	気流を高速で吹き出すため、遠方まで気流を到達させる必要がある大空間に多く用いられる。
ライン型 	線状の吹出し口であり、窓面に沿ってペリメータに配置することが多い。
床置き型 	床吹出し空調を行う場合に用いられる。

測定器とその原理⑩　風向・風速計

　屋外やダクト内のように空気の移動速度が大きい場合は風速、室内のように穏やかな場合は気流速度という。風速の単位は[m/s]、風向の単位は[°]が使われる。風速測定の原理には、主に3種類ある。①回転体の速度、②冷却効果、③超音波である。①の代表的な測定器に、プロペラ式風速計、三杯式風速計がある。プロペラや120°ずつずらして固定された3つのカップが回転する速度から風速を求める。低風速では回転しないため、主に屋外風速測定に使われる。ベーン式風速計、ビラム式風速計は小径のプロペラを用いており、屋外用よりも低風速で回る。しかし、常に風に向いていないと正確な値が測れないため、ダクト内や吹出し口など風向きのわかっている場所で使われる。

　②の代表的な測定器に、熱線式風速計がある。センサーをヒーター（熱線）で一定温度に温め、その時の消費電力を記録する。風でセンサーが冷却されると消費電力が増えるため、風速が求められる。センサーがぬれると水分の蒸発に熱が使われ、正確な値が得られない。そのため、熱線式風速計は主に室内の気流測定に使われる。

　風向測定は風見鶏と同じ原理である。矢羽根の「羽根」が風に押されて風下側に流され、風と同じ向きになったときに羽根を押す両面からの力が釣り合う。そのため、「矢」の向いた方向が風上となり、その角度が風向となる。より高精度な風向風速測定には、③の超音波式風速計が使われる。音速は空気の流れに乗ると速くなり、逆流だと遅くなる。そのため、2点間の超音波の到達時間を測定することで流速がわかる。直交する2軸(x、y方向)や3軸(x、y、z方向)の風速を同時に測定することで、風向も求めることができる。

プロペラ式風向風速計（屋外用）[25]

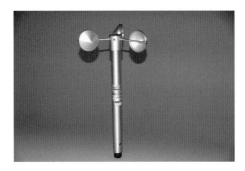

三杯式風速計（屋外用）[26]

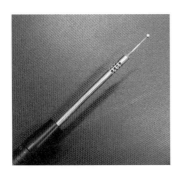

熱線式風速センサー

2次元超音波式風向風速計
（向かい合う2つ1組のセンサーで1軸を測定）

3-7　換気・排煙設備

▶ 1　換気設備の役割

　室内では、表3.7.1に示すように、人から発生する二酸化炭素や皮膚片、衣服から発生するほこりなどにより、空気が汚染される。

　換気設備の役割は、図3.7.1に示すように、屋外の新鮮な空気を室内に導入し、室内の汚染された空気を外部へ排出することで、室内の空気質環境を整えることである。

　換気設備が不十分だと、たとえば、建材や内装材に含まれる化学物質が人に健康被害をもたらすシックハウス症候群などの危険も高まる。また、室内の人員が多く換気量が不足する場合、人の健康や生産性に悪影響を与える恐れもある。そのため、適切な換気を行うことは重要である。

▶ 2　換気方式

（1）自然換気

　自然換気方式は、ファンを使わずに、自然の力を利用して換気する方法である。自然換気による換気量は、開口部の面積に比例するため、必要換気量を確保できる分の開口部を適切に設ける必要がある。

　特に、冷房負荷を減らすことによる省エネルギーを目的に、外気が冷涼な中間期にのみ窓を開放して自然換気を利用する場合もある（p.85、図3.1.4事例参照）。

　自然換気の原理としては重力換気と風力換気がある。重力換気は、空気の温度差を利用するもので、給気口と排気口の設置位置の高低差が大きいほど、換気量が増加する。たとえば、建物内に吹抜け空間を設けて、各階で取り入れた外気を、吹抜けを経由

表 3.7.1　室内で発生する汚染物質の例

部位		汚染物質
建物		揮発性有機化合物（VOC）： 　ホルムアルデヒド、接着剤、アスベスト、 　ガラス繊維
人	呼吸	CO_2、水蒸気、臭気
	皮膚	皮膚片、ふけ、臭気
	衣類	繊維、粉じん、細菌、かび、臭気
	喫煙	粉じん、タール、ニコチン、ホルムアルデヒド
OA機器		アンモニア、オゾン
燃焼器具		CO_2、CO、NO、NO_2、NO_x、SO_2、臭気

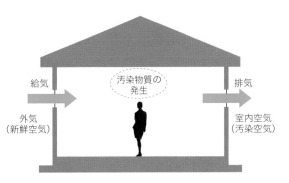

図 3.7.1　換気の概念図

してトップライト頂部から排気する方法などがある。風力換気は、外部風を利用して通風を行うものであり、外部風速が大きいほど、換気量が増加する。

（2）機械換気

　機械換気方式は、ファンを使って機械的に換気する方法である。表3.7.2に示すように、第1種、第2種、第3種換気に分類される。

▶ 3　換気量の算出

　換気設備の計画においては、室に必要な換気量を算出した上で、室用途に合った、適切な換気方式を

表 3.7.2 機械換気方式

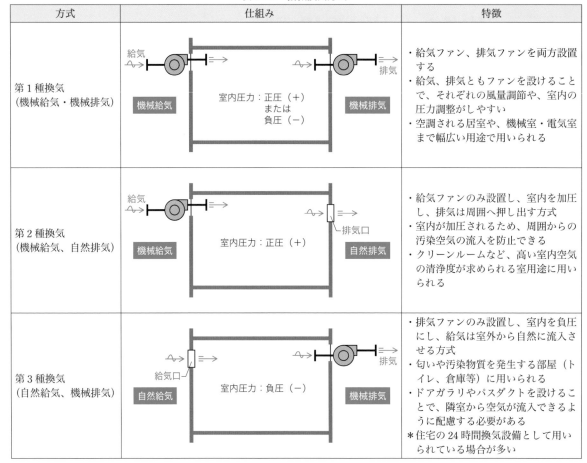

方式	仕組み	特徴
第1種換気 (機械給気・機械排気)	給気 排気 機械給気　室内圧力：正圧（+）または負圧（−）　機械排気	・給気ファン、排気ファンを両方設置する ・給気、排気ともファンを設けることで、それぞれの風量調節や、室内の圧力調整がしやすい ・空調される居室や、機械室・電気室まで幅広い用途で用いられる
第2種換気 (機械給気、自然排気)	給気　排気口 機械給気　室内圧力：正圧（+）　自然排気	・給気ファンのみ設置し、室内を加圧し、排気は周囲へ押し出す方式 ・室内が加圧されるため、周囲からの汚染空気の流入を防止できる ・クリーンルームなど、高い室内空気の清浄度が求められる室用途に用いられる
第3種換気 (自然給気、機械排気)	給気口　排気 自然給気　室内圧力：負圧（−）　機械排気	・排気ファンのみ設置し、室内を負圧にし、給気は室外から自然に流入させる方式 ・匂いや汚染物質を発生する部屋（トイレ、倉庫等）に用いられる ・ドアガラリやパスダクトを設けることで、隣室から空気が流入できるように配慮する必要がある ＊住宅の24時間換気設備として用いられている場合が多い

選択する。その際、制気口（吹出し口・吸込み口）やダクト経路を計画の上、必要換気量と静圧から、換気ファンを選定する。選定方法は、空調機のファンと同様である。

　室の必要換気量を計算する方法として、(1) 換気回数をもとにした計算、(2) 基準濃度をもとにした計算、(3) 建築基準法をもとにした計算がある。それぞれの方法で必要換気量を算出し、最も換気量が多い結果を、室の必要換気量として適用する。

(1) 換気回数をもとにした計算

　「換気回数」とは、1時間あたり空気が何回入れ替わるかを表す、換気量を示すための単位であり、[回/h] で表される。(1) の設計基準濃度による計算

を行うために必要な、汚染物質発生量が明確でない場合には、換気回数により必要換気量の概算を行う。

　表 3.7.3 に示すように、室用途別におおむねの換気回数の目安がある。たとえばトイレの換気回数は5〜15回/h、倉庫などは5回/h程度である。

　換気回数 n から必要換気量 Q を算出する場合、次式のように、換気回数 n に室容積 V を掛ければ良い。

$$Q = n \cdot V \ [\text{m}^3/\text{h}]$$

　n：換気回数 [回/h]

　V：室容積 [m³]

(2) 基準濃度をもとにした計算

　室内の汚染物質の基準濃度 C [mg/m³] を設定し、その許容値以下の濃度となる必要換気量 Q [m³/h]

表 3.7.3　室用途別の換気回数

室名	換気回数［回/h］
便所・洗面所	10 〜 15
倉庫	5 〜 10
書庫	5
熱源機械室	5 〜[※1]
駐車場	10 [※2]
電気室	5 〜 10 [※1]
発電機室	5 [※3]

※ 1：許容温度、発熱量、法規制などを確認の上、決定する。
※ 2：各種法規制による。
※ 3：発電機非稼働時の一般換気分のみを示し、燃焼ガスが必要な場合、別途考慮する。

表 3.7.4　居室の必要換気量

室名	在室密度［m²/人］	1 人当たり必要換気量［m³/h・人］	必要換気量※［m³/(h・m²)］
事務所	5.0	20 〜 30（※外部のCO_2濃度も加味して決定）	6.0
店舗	1.5 〜 2.0		15.0 〜 20.0
ホール	1.0		30.0
ホテル（客室）	10.0		3.0
食堂	1.0		30.0

※ 30m³/h・人の場合

を算出する方法である。たとえば、ビル管法（→ p.87）による基準値では、居室のCO_2濃度は 1,000［ppm］[注1]以下とする必要がある。

具体的には、必要換気量 Q、外気の汚染物質濃度 C_o、室内の汚染物質発生量 M、室内の基準濃度 C に下式が成り立ち、必要換気量を算出することができる。

$$Q \cdot C_o + M = Q \cdot C$$

$$Q = \frac{M}{C - C_o} \ [\mathrm{m^3/h}]$$

　Q：必要換気量［m³/h］

　M：室内の汚染物質発生量［mg/h］

　C：室内の基準濃度［mg/m³］

　C_o：外気の汚染物質濃度［mg/m³］

表 3.7.4 に、この計算方法による居室の必要換気量の目安を示す。

(3) 建築基準法をもとにした計算

以下の a）〜 c）のうち、最大のものを適用する。

a）人員数による計算

建築基準法では、居室において人員 1 人あたり 20m³/h 以上の外気導入が必要であるとされている。具体的には、次式にて必要換気量 Q を算出できる。

$$Q = \frac{20A_f}{N} \ （= 20 \times 居住人員）［\mathrm{m^3/h}］$$

　A_f：床面積［m²］

　N：1 人あたり占有面積［m²/人］

b）排ガス量による計算

調理室や浴室等で、コンロやその他火を使用する室の必要換気量 Q については、次式のように算出できる。

なお、開放式燃焼器具には排気フードが用いられる。排気フードの形状により必要な換気量が異なる。また、火源から排気フードの下端までの高さは 1m 以下とする必要がある。

$$Q = 定数 \cdot K \cdot q \ [\mathrm{m^3/h}]$$

　定数：20 〜 40（排気フード形状による）

　K：燃焼量あたりの理論排ガス量
　　　［m³/kW・h または m³/kg］

　q：発熱量［kW］または燃料消費量［kg/h］

c）シックハウス対策の計算

室内の内装、家具からの有害物質の発散は、シックハウス症候群のような人体への影響をもたらす。その除去のため、機械換気設備の設置が義務付けられている。住宅であれば 0.5 回/h 以上、住宅以外の居室であれば 0.3 回/h 以上の換気回数が必要とされている。

▶ 4　排煙設備

火災が起こると、有毒な煙が発生する。その煙を排出することによって、建物内の人が外部へ避難す

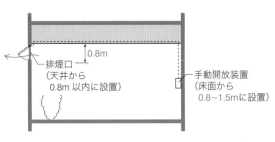

図 3.7.2 自然排煙

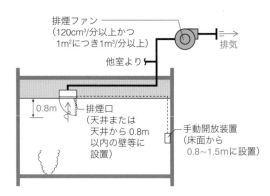

図 3.7.3 機械排煙

ることを補助するのが排煙設備である。

　排煙設備には、建築基準法上で必要とされるものと、消防法上必要とされるものがあり、それぞれ建物の用途や規模により、その要否が定められている。

　排煙設備は、自然排煙と機械排煙に分類される。

a）自然排煙

　自然排煙は、ファンを利用せず、自然に煙を外部へ排出する方法である。**図 3.7.2** に示すように、排煙窓と手動開放装置から構成される。火災時に手動開放装置を操作することにより、排煙窓が開き、煙が外部へ排出される。排煙ファンやダクトが不要とできるが、外壁に排煙口を確保する必要がある。

b）機械排煙

　機械排煙は、ファンを利用して煙を外部へ排出する方法である。**図 3.7.3** に示すように、排煙口（もしくは排煙ダンパー）と手動開放装置、排煙ダクトと排煙ファンが必要である。

　火災時には手動開放装置を操作し、排煙口を開放することで、連動して排煙ファンが運転する。

　排煙ダクトには高速ダクト（ダクト内風速が15m/s 以上）が用いられ、ダクトの静圧が3Pa/m 程度となるように計画される。

注
1　ppm は parts per million の略であり、100 万分の 1 を表す単位。

例題⑦	換気量と換気回数

1) 換気回数をもとにした必要換気量の計算

　床面積が 100m^2、天井高さ 2.7m の居室を換気回数 3 回 /h とするのに必要な換気量を示せ。

2) 設計基準濃度をもとにした必要換気量の計算

　居室内の CO_2 濃度を 1,000ppm に維持するのに必要となる居住者 1 人当たりの換気量を示すこと。外気の CO_2 濃度は 350ppm、1 人当たりの CO_2 発生量は 0.013 m^3/h とする。

解答

1) 必要換気量：$Q = (100 \times 2.7) \times 3 = \boxed{810\text{m}^3/\text{h}}$

2) 必要換気量：

　$Q = 0.013/((1{,}000-350) \times 10^{-6}) = \boxed{20\text{m}^3/\text{h}}$

3-8 自動制御・中央監視設備

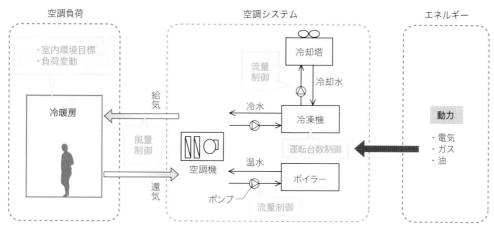

図 3.8.1　空調システムにおける自動制御イメージ

▶ 1　自動制御設備とは

設備は、適切に運転されて初めてその効果を発揮する。そのためには機器単体の機能の他に、さまざまな設備を1つのシステムとしてコントロールする機能が必要となる。たとえば、**図 3.8.1** に示すような空調システムは空調機やファン、ポンプ、熱源機器などさまざまな機器により構成されており、これらを連動して制御することが必要である。

コントロールの方法として、手動制御と自動制御がある。

手動制御とは、人が直接操作を行うことである。手動制御では、継続して精度よく設備を調整することは難しく、ヒューマンエラーの元ともなる。

自動制御とは、タイマーや電磁弁などを用いて、自動的に操作を行うことである。

自動制御設備は、**図3.8.2** のように検出部、調節部、操作部から構成されている。人の体に例えると、人は、5感（検出部）を通じて認識した情報を、神経

自動制御設備	検出部	調節部	操作部
空調（例）	温度センサー	コントローラー	ダンパ・バルブ
人	5感（視覚、触覚等）	頭脳	身体（手、足）

図 3.8.2　自動制御設備の構成

を通じて頭脳（調節部）に送り、判断をして指令を出すことで身体（操作部）が動く。

空調機の場合でも同様であり、温度センサー（検出部）により得た室内温度の情報を、制御用配線を通じてコントローラーなどの機器（調節部）に送り、空調機やダンパー（操作部）に指令を出している。

そのため、自動制御設備の計画においては、検出部、調節部、操作部等の機器をどのように動かす必要があるかを明確にした上で、それに応じた計画を行うことが重要である。

143

▶ 2 　自動制御の例

(1) シーケンス制御

シーケンス制御とは、定められた順序に従って、各制御を順次進めていく制御のことである。

たとえば、水の利用により減水した高架水槽の水位を検知し、自動的に揚水ポンプを起動させ、高架水槽に水を補給する制御がある。高架水槽内の水位が設定した水位まで上昇すると、自動的に揚水ポンプを停止する。

(2) フィードバック制御

フィードバック制御とは、出力値と目標値を比較して、目標値に近付くように補正する制御である。

フィードバック制御の代表的な例として、PID（Proportional Integral Differential：比例・積分・微分）制御がある。

PID制御のうち、P（比例制御）とは、目標値との差に比例した制御を行うことである。I（積分制御）とは、目標とする出力との差を抑える制御を行うことである。D（微分制御）とは、状態が変化した際に、変化量の少ないうちに修正することで、制御結果が大きく変動することを防ぐ制御である。

これらはたとえば**図3.8.3**に示すような、空調の

温度制御等に用いられている。

▶ 3 　BEMSとは

施設管理者が設備を管理する上で、各設備の情報を集約する機能が必要である。

図3.8.4に示すように、その機能は中央監視設備（BAS：Building Automation System）、エネルギー環境管理システム（EMS：Energy Management System）、ビル設備管理支援システム（BMS：Building Management System）、施設運用支援システム（FMS：Facility Management System）等に分類される。

これらをすべて含むのがBEMS（Building Energy Management System）（建物エネルギー管理システム）である。

a) 中央監視設備

中央監視設備とは、**図3.8.5**に示すように、建物内の設備に関するさまざまな情報を集積し、建物管理や運用に役立てるための設備である。

具体的な機能としては、設備機器の状態監視や、故障時の警報の表示、発停（ON-OFF）操作などがあり、主に施設管理者により利用される。

b) エネルギー環境管理システム

エネルギーや室内環境に関するデータを蓄積する機能の他、蓄積されたデータをわかりやすく画面上

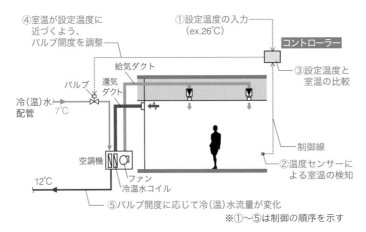

図3.8.3　フィードバック制御の例（室温制御）

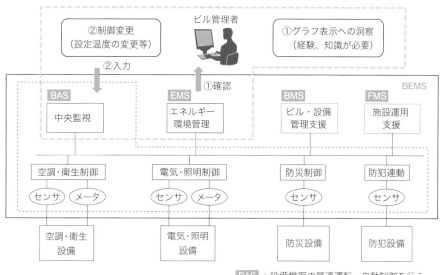

BAS：設備機器の最適運転、自動制御を行う
EMS：グラフ表示（温度・熱量など）

図 3.8.4　BEMS の基本構成

に表示する機能もある。各設備の運用状況を把握できるため、設備運転状況の監視・改善による省エネ活動（コミッショニング）等に役立てることができる。

c）ビル設備管理支援システム

各設備や備品の台帳管理、保全計画や履歴の管理を行う機能である。

d）施設運用支援システム

施設の図面や運営維持管理に関する情報管理を行い、施設の運用を支援する機能である。

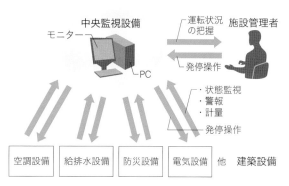

図 3.8.5　中央監視設備のイメージ

問題 3・1

空気調和設備に関する次の記述のうち、**最も不適当なもの**はどれか。

1. 空気調和設備の目的は、温度、湿度、気流、空気清浄度を整えることにより、室内の空気質環境、温熱環境を快適な状態に維持することである。

2. シックハウス症候群は、室内の空気質が悪化することにより起こる健康被害である。

3. 省エネルギーのためには、ヒートポンプの成績係数（COP）の値を低く抑えることが重要である。

4. 建物を省エネルギー化するためには、設備システムの高効率化のみではなく、高断熱化や日射遮蔽性能の向上などの建築的な措置も重要である。

5. ナイトパージとは、夏季などに、夜間の冷涼な外気を換気窓やファンによって室内へ導入することで、室内や躯体を冷やし、冷房負荷を低減する技術である。

問題 3・2

室内環境に関する次の記述のうち、**最も不適当なもの**はどれか。

1. 顕熱比 *SHF* とは、全熱変化に対する顕熱変化の比率のことである。

2. 会議室やホールなど人員密度が高い空間の場合、潜熱負荷の割合が大きく、顕熱負荷の割合は小さくなる。

3. 加湿の目的は、空気に含まれる水蒸気量を増やし、室内空気を適切な湿度にすることである。

4. 冷房時に温度のみでなく湿度も下げる必要がある場合は、空気を冷却し、飽和空気の状態に達してもなお冷却を続けることで除湿する、過冷却除湿が行われる。

5. 建築物における衛生的環境の確保に関する法律（ビル管法）によると、室内の CO_2 濃度の基準値は 100ppm 以下とされている。

問題 3・3

空調負荷に関する次の記述のうち、**最も不適当なもの**はどれか。

1. 照明による消費電力を減らすと、照明発熱が減るため、空調負荷も減らすことができる。

2. 全熱交換器は、外気による冷暖房負荷を低減することができる。

3. 暖房時の日射熱取得は有利に働くため、暖房負荷計算時は、日射はないものとして計算する。

4. 地中の温度は、地域や地表面からの深さによって異なる。

5. エアフローウィンドウとは、二重ガラスの間に設けられたブラインドで日射を遮蔽し、ガラス間の熱を、ファンを利用せず、自然排出するものである。

問題 3·4

空気調和方式に関する次の記述のうち、**最も不適当なもの**はどれか。

1. マルチパッケージ空調機では、冷水を供給することにより冷房を行う。
2. 変風量単一ダクト方式では、空調熱負荷に応じて送風量を変化させるため、省エネルギーとなる。
3. ファンコイル方式は、機器が小型のため、ホテルなどの個室での利用の際、部屋ごとに ON/OFF を切り替えできる利点がある。
4. 定風量単一ダクト方式では、機械室に空調機を設置し、ダクトにより室内へ接続して空調を行うため、室内での漏水のリスクがない。
5. 窓際付近のペリメータ部は、外部からの日射や熱貫流の影響を受けやすく、ペリメータとインテリアは空調系統を分けることが望ましい。

問題 3·5

熱源設備に関する次の記述のうち、**最も不適当なもの**はどれか。

1. 空冷ヒートポンプは、機器内部で冷凍サイクルの回路を切り替え、逆のプロセスを行うことで冷熱（冷水）だけでなく温熱（温水）も生み出すことを可能としている。
2. ガスを利用したガスエンジンヒートポンプは、建物のピーク電力の低減が可能である。
3. 密閉式冷却塔は、冷却水が直接外気にさらされないため、水質への影響が少ない。
4. 冷水・温水の往還温度差を小さくするように計画することで、ポンプ流量を減らし、エネルギー消費量を低減することができる。
5. ボイラーには、その構成の違いからセクショナルボイラー、炉筒煙管ボイラー、貫流ボイラー等、さまざまな種類がある。

問題 3·6

空調機に関する次の記述のうち、**最も不適当なもの**はどれか。

1. 空調機のコイルの役割は、冷却コイルでは内部に冷水、加熱コイルでは内部に温水・蒸気を通し、コイルの外側を通過する空気と熱交換することである。
2. ファンの選定には、風量と静圧の両方を算出する必要がある。
3. アネモスタット型の空調吹出し口は、気流の拡散性能に優れ、ドラフトによる不快を感じづらい。
4. 空気調和機（エアハンドリングユニット）は、フィルター、冷却・加熱コイル、加湿器、ファンと、それらを覆うケーシングにより構成されている。
5. 空調風量が大きくなっても、空調機内のコイルの面積は変わらない。

　換気設備に関する次の記述のうち、**最も不適当なもの**はどれか。

1. 第2種換気は、排気ファンのみを設置して負圧にすることで外部への空気の流出を防止できるため、トイレや倉庫等、匂いの発生する場所に用いられる。

2. 建築物における衛生的環境の確保に関する法律（ビル管法）によると、居室内の CO_2 濃度は1000ppm以下とする必要がある。

3. 換気回数とは、1時間あたり何回空気が入れ替わるかを示す、換気量を表す単位であり、トイレの換気回数はおおむね5〜15回/h程度である。

4. シックハウス対策のため、住宅であれば0.5回/h以上、住宅以外の居室であれば0.3回/h以上の機械換気設備が必要である。

5. 居室において人員1人あたり20m³/h以上の外気導入が必要である。

問題 3・8

　自動制御設備に関する次の記述のうち、**最も不適当なもの**はどれか。

1. 手動制御とは、人が直接操作を行うことであり、継続して精度よく設備を調整することは難しい。

2. シーケンス制御とは、定められた順序に従って、各制御を順次進めていく制御のことである。

3. フィードバック制御とは、出力値と目標値を比較して、目標値に近づくように補正する制御である。

4. 適切な設備の運用のためには、特に各設備の運転情報を集約するような機能を持つ必要はない。

5. 設備は、運用段階で適切に運転されて初めてその効果を発揮する。

4章

電気設備

高圧の電気を受電するキュービクル

　電気設備とは単に電気を供給するだけでなく、電気を光、音、情報といったさまざまな形態に変えて活用する設備である。現代社会において電気設備の重要性は高まる一方で、建物が機能する上で必要不可欠な設備となっている。また、近年の情報通信技術の発展は目覚ましく、利便性、安全性に寄与する数多くの設備が存在する。

　このように電気設備については理解すべきことが非常に多いが、まずはどのような設備があるのか、またその役割について理解していこう。

4-1 電気設備の概要と歴史

▶ 1 電気設備の歴史

紀元前600年頃、古代ギリシャの哲学者タレスやプラトンの著作で「琥珀と布をこすり合わせるとチリが吸い寄せられる」という不思議な現象として"静電気"についての記述があった。琥珀のギリシャ語elektron は電気を表す electricity の語源になったと言われている。

静電気は「不思議」な現象のまま、2000年近く経過し、ようやく1600年代に実験・研究が始まった。ゲーリッケの回転摩擦球などに代表される静電気をつくる・貯める・持ち運ぶ・測るなどの実験・研究である。

その後、1700年代後半にボルタの「ボルタ電堆」で"動電気"(静電気が連続的に動いて流れている電気)が得られるようになり、安定・連続して電気をつくることが可能になった。1800年代には、ファラデー、フレミングの電気と磁界の研究により電気から"仕事"をつくり出すことに成功した。静電気の研究が始まってから約200年で電気から仕事を生み出せるようになったのである。

その後、発電機・電気モーターが発明された。1800年代後半に、交流電源によるシステムの普及を主張するテスラと、直流を推進するエジソンによる「電流戦争」の結果、交流電源が主流となった。また、同じ頃、エジソンにより改良された白熱電球の点灯時間が2,450時間を超えた。このように現代の電気設備でも用いられている電気モーターや交流発電機、白熱電球はこの時期までに基礎的な技術が確立された。

▶ 2 電気設備の役割と分類

建築設備が機能するためには電気が不可欠である。電気設備はこれら設備を動かすための電気エネルギーの供給だけでなく、電気エネルギーを光、熱、力などに変換して活用し、電気的な信号を利用することで、建物内の快適性の向上、利便性の向上、安全性の確保に寄与している。

図4.1.1に一般建物での電気設備の構成を、表4.1.1に電気設備の分類を示す。

図4.1.1のように、建物内の設備機器に供給される電気は、一般的に電力会社の変電所より送られてくる電気を敷地境界付近に設置された高圧キャビネット・引込柱を経由して受変電設備で受けて、適切な電圧に変圧されて各所に供給される。電気が供給される設備としては、空調機やポンプ等を動かすために必要な動力設備や、照明や電気用品に電気を供給するための照明・コンセント設備等がある。これらの設備には受変電設備からケーブル、バスダクト等の幹線設備によって電気が送られている。また、災害や事故によって停電した際にも電力供給を行うための自家発電設備、蓄電池設備等がある。

電気の供給という目的以外に使用される電気設備としては表4.1.1に示すように、建物内の利便性を向上させるための、LAN設備、電話設備に代表される情報・通信設備がある。

その他に建物の安全性を確保するための自動火災報知設備、防犯設備、避雷設備等の防災・防犯設備がある。

3 電気設備に関する法規

建築における電気設備には守るべき関連法規が数多く、規制される事項はおおむね以下の通りである。

①機能・性能に関わること
②工事に関わること
③運用・メンテナンスに関わること

電気設備独自の法規としては、電気を供給するための設備（電気工作物）の工事、維持、運用に関わる規程を定める電気事業法、電気用品による危険および障害の発生を防止することを目的とした電気用品安全法、電気工事の欠陥による災害を防止することを目的に定められた電気工事士法等がある。

また、建築基準法にも電気設備については、上記の規程に従うと同時に、建築物の安全および防火のために定める工法で施設しなければならないと規定されている。

他にも自動火災報知設備、非常警報設備、誘導灯

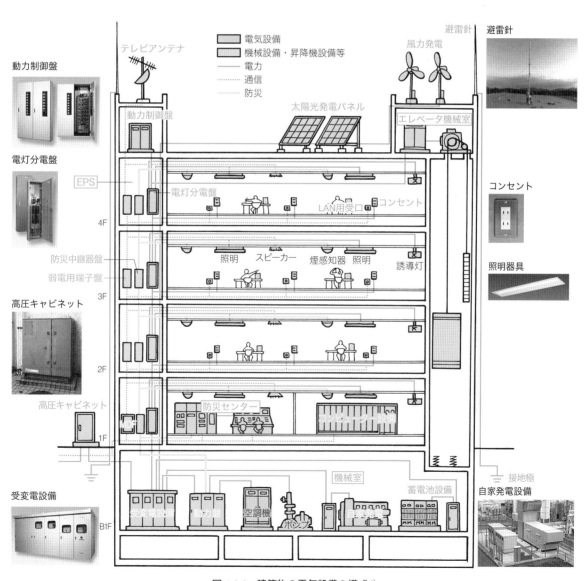

図 4.1.1　建築物の電気設備の構成 [1]

表 4.1.1　電気設備項目の分類

分類		主な対象機器
電力設備	受変電設備	受電盤、配電盤、変圧器等の機器
	発電設備	ディーゼル式発電機、ガスタービン式発電機、コージェネレーション設備、太陽光発電、風力発電、燃料電池等の発電装置
	蓄電池設備	直流電源装置、無停電電源装置等の機器
	幹線設備	配電盤から電灯分電盤・動力制御盤等への配管・配線（ケーブル、バスダクト等）
	動力設備	動力制御盤、開閉器盤等の盤類、動力用コンセント等の配線器具
	照明・コンセント設備	電灯分電盤等の盤類、照明器具、コンセント等の配線器具
情報通信設備	LAN 設備	リピータハブ、ルータ等の通信ネットワークを構成する機器
	電話設備	構内交換機、主配線盤、端子盤等の機器
	インターホン設備	保守用インターホン、ドアホン等の機器
	放送設備	増幅器、スピーカー、マイクロホン等の機器
	テレビ共同受信設備	テレビ共同受信用のアンテナ、増幅器、分配器、テレビ端子等の機器
	防犯設備	マグネットセンサ等の侵入検知機器、テンキー、カードリーダー等の入退室管理機器
	監視カメラ設備	カメラ、モニター、レコーダー等の機器
防災設備	自動火災報知設備	受信機、発信器、感知器等の機器
	防災照明	非常照明、誘導灯等の機器
	避雷設備	受雷部、引き下げ導線、接地極等

等、建築電気設備に関係する消防用設備の法規として消防法がある。

▶ 4　電流・電圧・電力と電力量

電気設備を学ぶ上で電気に関する基本的な事項を理解する必要がある。

(1) 電流

電気の流れには直流と交流がある。図4.1.2のように直流は方向と大きさが一定な電流、電圧のことである。乾電池や蓄電池から供給される電気は直流である。一方、交流は時間の経過とともに周期的に電流、電圧の方向と大きさが変化する。一般的な家庭のコンセントに供給される電気は交流である。交流におけるプラス・マイナスの入れ替わりのサイクルが1秒間に繰り返される回数を周波数［単位:Hz］と呼ぶ。わが国の電源の周波数は富士川などを境にして、おおむね東日本で50Hz、西日本で60Hzが使用されている（図4.1.3）。

(2) 電圧

電圧はその大きさによって表4.1.2のように低圧、高圧、特別高圧に区分される。

(3) 電力

電気エネルギーの単位時間あたりの仕事量を電力［単位: W］と呼ぶ。電力は、電圧と電流の積で求めることができる。

直流の場合、電力 P_{DC} は次式で表される。

$$P_{DC} = V \cdot I \ [\text{W}]$$
$$V:電圧 \ [\text{V}]$$
$$I:電流 \ [\text{A}]$$

交流についても電圧と電流の積で計算されるが、図4.1.4のように電圧と電流の波形に位相差（波のずれ）が生じることで、電力として有効に働かない部分が生じる場合がある。この電力のことを無効電力と呼ぶ。電力として実際に使われている電力を有効電力、電圧と電流の実効値の積（無効電力を含む全体の電力）を皮相電力と呼ぶとき、皮相電力は

$$皮相電力 = \sqrt{有効電力^2 + 無効電力^2} \ [\text{W}]$$

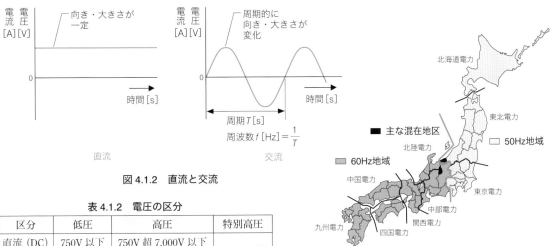

図 4.1.2　直流と交流

表 4.1.2　電圧の区分

区分	低圧	高圧	特別高圧
直流 (DC)	750V 以下	750V 超 7,000V 以下	7,000V 超
交流 (AC)	600V 以下	600V 超 7,000V 以下	

図 4.1.3　周波数の分布[2]

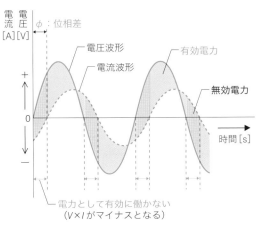

図 4.1.4　電流と電圧の位相差

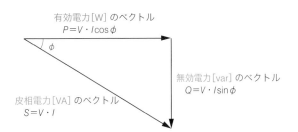

図 4.1.5　皮相電力、有効電力、無効電力の関係（遅れ位相）

となり、

　それぞれの関係は**図 4.1.5**のようなベクトル図で表すことができる。

　これらより交流の場合の有効電力 P_{AC} は次式のように表される。

$P_{AC} = V \cdot I \cos\phi$ ［W］

　この時、ϕ は電圧と電流の位相差、$\cos\phi$ は力率という。力率は皮相電力に対する有効電力の割合で、1 に近いほど、有効に電気を供給できていることを示す。一般にヒーターや白熱電球の力率は 1 であり、モーターなどでは 0.8 程度となる。

　たとえば、定格消費電力 2.0kW、力率 0.8 のファンがあった場合、このファンの皮相電力は、

　2.0kW ÷ 0.8 ＝ 2.5kVA

となる。

（4）電力量

　電力量とは、ある時間内に消費した電力の総量を示すものである。電力と使用した時間の積によって電力量を求めることができる。電力量の単位には、［ Wh ］（ワットアワー）または［ kWh ］（キロワットアワー）が使用されている。

受変電設備

受変電設備とは電力会社等の変電所から電気を受け取り、電圧を変え、建物内に電気を配る設備である。電力会社から送電される電力は**図 4.2.1** のように需要家（電力の消費者）が使用する電力・規模に応じて高い電圧（6.6kV 以上）で供給される。

高い電圧のままでは照明、コンセント、動力といった設備機器には使用できないため、それぞれの負荷設備に適した低い電圧に変える必要がある。**図 4.2.2** に受変電設備の概念を示す。

▶ 1 受電電圧

電力会社より電気の供給を受ける電圧（受電電圧）は需要家の規模・用途に応じたものとなる。中小のビル・工場では 6.6kV が通常であるが、大規模なビル等、電力需要の大きな需要家では 22kV や 66kV といったより高い電圧で供給を受ける。

このように受電電圧は電力需要の大きさ、つまり契約電力によって決まる。契約電力は 1 年間で最も

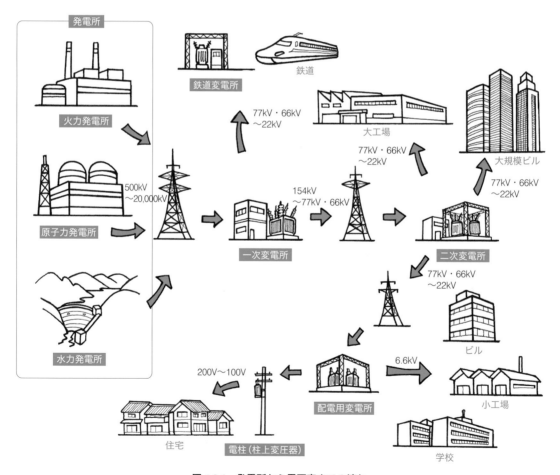

図 4.2.1　発電所から需要家までの流れ

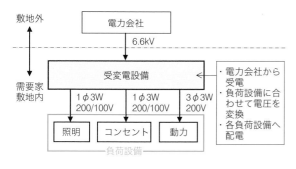

図 4.2.2　受変電設備の概念 [3]

表 4.2.1　各電気事業者別配電電圧 [4]

契約最大電力／電気事業者	50kW 以上2,000kW 未満	2,000kW 以上10,000kW 未満	10,000kW 以上
北海道電力	6kV	30kV	60kV
東北電力	6kV	30kV	60kV
東京電力	6kV	20kV	60kV
中部電力	6kV	20kV または30kV	70kV
北陸電力	6kV	20kV または30kV	60kV または70kV
関西電力	6kV	20kV または30kV	70kV
中国電力	6kV	20kV	60kV
四国電力	6kV	20kV	60kV
九州電力	6kV	20kV	60kV
沖縄電力	6kV	20kV	60kV

表 4.2.2　受電電圧別の受電方式 [5]

受電電圧／受電方式	6kV	22kV または33kV	66kV または77kV
1 回線受電	○	○	○
平行 2 回線方式	○	○	○
本線・予備線受電	○	○	○
ループ受電	—	○	○
スポットネットワーク受電	—	○	—

高い電力が発生する瞬間（30 分平均の電力）の電力（最大需用電力）に基づいている。

　契約電力と受電電圧の関係は表 4.2.1 に示すように、電気事業者（電力会社）により異なる。設計の段階では正確に契約電力を決めることができないため、建物の用途、規模、負荷内容から想定した上で電気事業者と協議する必要がある。

▶ 2　受電方式

　電力会社から電気の供給を受けるには 1 系統のケーブルで受ける方式（1 回線受電方式）や、2 系統以上のケーブルで受ける方式（本線・予備線方式、スポットネットワーク受電方式等）がある。このような電力会社からの電気の受け方を受電方式と呼ぶ。

　受電方式は需要家の受電電圧、規模、施設に求められる重要度によって選択される。たとえば防災拠点は建物が機能する必要性、重要度が高い。表 4.2.2 に受電電圧別の受電方式、図 4.2.3 に各受電方式の概要を示す

（1）1 回線受電方式

　電気事業者の配電線から 1 回線引き込む方式である。受電部を構成する機器が非常にシンプルであるため経済性に優れている。ただし、配電線故障の場合は停電は避けられない。

（2）2 回線受電方式

　配電線から 2 回線引き込む方式で、平行 2 回線方式、本線・予備線方式、ループ方式などがある。いずれの方式でも一方の停電時には他方の回線で受電できるので、供給信頼性が高くなる。

（3）スポットネットワーク受電方式

　電気事業者より 2 回線以上（通常 3 回線）で引き込み、回線ごとにネットワーク変圧器を設ける方式で、常時 3 回線で受電するため最も信頼性の高い方式である。

▶ 3　受変電設備の構成

　受変電設備は図 4.2.4 のように、区分開閉器、断路器、遮断器（ブレーカー）、変圧器、進相コンデンサ、

1回線受電方式

2回線受電方式
・平行2回線方式

・本線・予備線方式

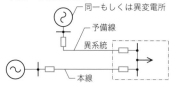

・ループ方式

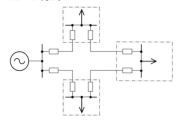

スポットネットワーク受電方式

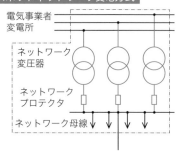

図 4.2.3　受電方式 [6]

制御装置、計測保護装置等で構成されている。これらの機器の構成を簡素化して金属製の箱に収納した受変電設備を一般的にキュービクルと呼ぶ。以下に主要機器について説明する。

（1）区分開閉器

　区分開閉器とは保安点検の際に電力会社側と需要家側の電路（電気の通り道）を区分するための開閉装置（スイッチ）をいう（図中①）。そのため、区分開閉器は電力会社と需要家のそれぞれの電路の責任区分を分ける場所（保安上の責任分界点）に設ける必要がある。保安上の責任分界点は電力会社との協議により決定する。

（2）主遮断装置

　主遮断装置とは、需要家内の電路に過電流や短絡電流等の異常電流が生じたときに自動的に電路を遮断する装置のことである（図中②）。主遮断装置は保安上の責任分界点の近くの需要家側電路に設ける必要がある。

（3）変圧器

　変圧器は電力会社から受電した高い電圧を照明・コンセント等で使用できるような低い電圧に変圧するための機器である（図中③）。

　変圧器の構造を**図 4.2.5** に示す。受電側と送電側にはそれぞれ環状の鉄心にコイルが巻いてあり、それぞれの巻数が異なっている。この巻数の違い（巻数比 a の違い）により電圧を変えることができる。

　変圧器は照明・コンセント負荷等に供給する単相変圧器、電動機等の動力設備に供給する三相変圧器などの用途に応じた種類がある。また、変圧器内の巻線同士や巻線と鉄心等の間を電気的に絶縁する必要があり、絶縁物の種類により油入変圧器、モールド変圧器、ガス絶縁変圧器の３種類に大別される。

　変圧器は電源供給されている設備機器が稼働して

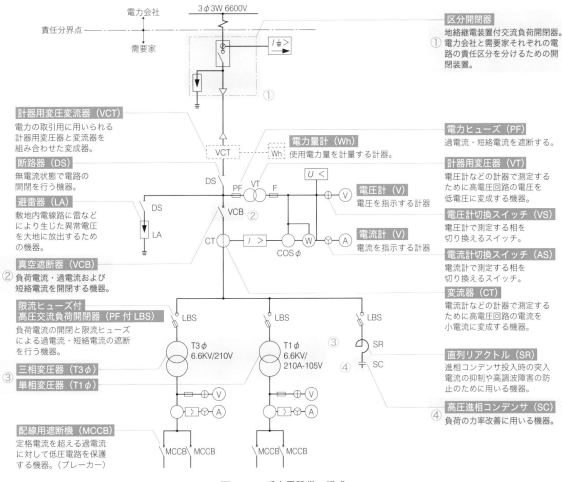

図 4.2.4　受変電設備の構成

区分開閉器
地絡継電装置付交流負荷開閉器。
① 電力会社と需要家それぞれの電路の責任区分を分けるための開閉装置。

計器用変圧変流器（VCT）
電力の取引用に用いられる計器用変圧器と変流器を組み合わせた変成器。

断路器（DS）
無電流状態で電路の開閉を行う機器。

避雷器（LA）
敷地内電線路に雷などにより生じた異常電圧を大地に放出するための機器。

真空遮断器（VCB）
② 負荷電流・過電流および短絡電流を開閉する機器。

限流ヒューズ付
高圧交流負荷開閉器（PF付 LBS）
負荷電流の開閉と限流ヒューズによる過電流・短絡電流の遮断を行う機器。

三相変圧器（T3φ）
③ 単相変圧器（T1φ）

配線用遮断機（MCCB）
定格電流を超える過電流に対して低圧電路を保護する機器。（ブレーカー）

電力ヒューズ（PF）
過電流・短絡電流を遮断する。

電力量計（Wh）
使用電力量を計量する計器。

計器用変圧器（VT）
電圧計などの計器で測定するために高電圧回路の電圧を低電圧に変成する機器。

電圧計切換スイッチ（VS）
電圧計で測定する相を切り換えるスイッチ。

電流計切換スイッチ（AS）
電流計で測定する相を切り換えるスイッチ。

変流器（CT）
電流計などの計器で測定するために高電圧回路の電流を小電流に変成する機器。

直列リアクトル（SR）
進相コンデンサ投入時の突入電流の抑制や高調波障害の防止のために用いる機器。

高圧進相コンデンサ（SC）
④ 負荷の力率改善に用いる機器。

電圧計（V）
電圧を指示する計器

電流計（V）
電流を指示する計器

いなくても一定の電力を消費するという特徴を持っているため、電力損失が生じる。この電力損失を少なくし、省エネルギーを図る方法として、変圧器の台数制御などが挙げられる。台数制御は昼間のみ使用する設備など限られた時間しか通電しない機器をまとめて、使用しない時間帯にはその変圧器を系統から切り離す方式である。

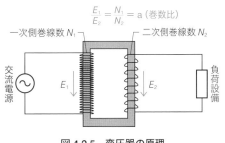

図 4.2.5　変圧器の原理

（4）進相コンデンサ

　送風機やポンプなどに使われているモーター（誘導電動機）などの負荷に流れ込んで消費される電力はすべてが有効な電力として仕事をするのではなく、仕事をしないで帰ってしまう無効電力がある。無効電力が大きくなると交流電力の効率を示す力率が低くなる（遅れ力率となる）。

　進相コンデンサは力率改善を目的として、無効電力を低減する（力率を進める）ものである（図中④）。

4-3 発電・蓄電池設備

▶ 1 発電設備

発電設備とは自ら電気をつくり出す設備である。

発電設備によって電力以外のエネルギーを電力に変換している。**図4.3.1**のように発電に必要なエネルギーとしては運動エネルギー、光エネルギー、化学エネルギー等がある。

以下、代表的な発電設備として、自家発電設備、太陽光発電設備、風力発電設備、燃料電池について説明する。

(1) 自家発電設備

自家発電設備とは燃料を燃焼させた際のエネルギーを使い、発電機を回して電気を発生させる設備である。

自家発電設備の発電の仕組みは以下のようになる。

① 重油や灯油などの燃料を原動機（エンジン）で燃焼させ、その際に発生した高温の燃焼ガスを動力（運動エネルギー）に変換する。

② 原動機から得た動力を、発電機を回す力として

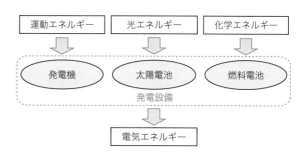

図4.3.1 発電設備の概念

表4.3.1 各内燃機関の原動機比較 [7]

原動機 項目	回転運動内燃機関	往復運動内燃機関	
	ガスタービンエンジン	ディーゼル機関エンジン	ガス機関エンジン
イメージ図	圧縮機 燃料 燃焼機 タービン 吸気 出力軸 排気	吸気 圧縮 燃焼 排気 出力軸	シリンダ ピストン
作動原理	連続燃焼している燃焼ガスの熱エネルギーを直接タービンで回転運動に変換(回転運動)	断続燃料する燃焼ガスの熱エネルギーをいったんピストン往復運動に変換し、それをクランク軸で回転運動に変換(往復運動→回転運動)	
燃焼用空気量	ディーゼル機関に比べ2.5～4倍	1倍	ディーゼル機関に比べ理論燃焼0.4～0.7倍、希釈燃焼1倍
起動時間	20～40秒	5～30秒	10～40秒
体積・重量	構成部品点数が少なく、寸法、重量とも小さく軽い。	部品点数が多く、重量が重い。	部品点数が多いが、寸法・重量はやや小さい。
据付	据付面積が小さい。吸気・排気の消音装置が大きくなる。	据付面積が大きい。(補機類を含む)吸気・排気の消音装置が小さい。	
出力範囲	200～10,000kW	10～8,000kW	10～7,500kW
熱効率	20～34%	33～49%	25～49%

使い、発電機の回転により交流電力を発生させることができる。

自家発電設備の原動機は内燃機関の方式により回転運動内燃機関（ガスタービンエンジン）と往復運動内燃機関（ディーゼルエンジン、ガスエンジン）に分類できる。

表 4.3.1 に各内燃機関の比較を示す。

また、自家発電設備は用途により図 4.3.2 のように分類される。

常用発電設備は需要家内の必要な設備へ常時電力を供給するための発電設備である。常用発電設備の例としては電力と熱を同時に利用できるコージェネレーションシステム（熱併給発電システム、p.129）がある。これは発電と同時に発生する排熱を冷暖房や給湯などに有効利用するシステムである。

非常用発電設備は停電等の非常時に必要な設備に電力を供給するための発電設備である。通常時は電力会社からの電力のみで電源が供給されているが、停電時は電力会社からの系統を非常用発電設備からの系統に切り替えて供給を行っている。非常用発電設備は停電時に供給を行う設備によって、防災用と保安用に分類することができる。

(2) 太陽光発電設備（システム）

太陽光発電設備は太陽電池により太陽光のエネルギーを直接電気エネルギーに変換する装置である。

太陽光発電設備は次のような特徴を持っている。

・環境負荷の少ない発電

・クリーンで無尽蔵なエネルギー源

・規模に関係なく発電効率が一定

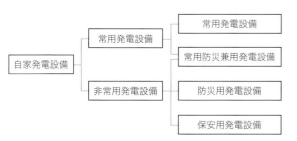

図 4.3.2　自家発電設備の用途による分類

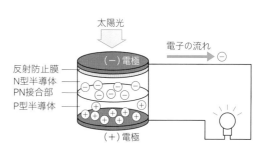

図 4.3.3　太陽電池の原理

表 4.3.2　太陽電池の種類と特徴

種類			特徴	変換効率※
シリコン系	結晶系	単結晶	・シリコン原子が規則正しく並ぶ単結晶を基板に用いたもの。 ・実用化されている太陽光の中で最も変換効率が高く、耐久性、信頼性に優れている。	〜 20%
		多結晶	・比較的小さな結晶が不規則に並んだ多結晶を基板に用いたもの。 ・単結晶と比較して効率は落ちるが安価で製造が容易なためよく普及している。	〜 15%
	薄膜系		・原子の配列が不規則なアモルファス（非晶質）状態のシリコン薄膜を基板上に形成したもの。 ・結晶系と比べて発電効率が落ちるが、薄膜のためシリコンの使用量が削減でき、安価で大量製造できる。 ・高い温度下でも変換効率が落ちにくい。	〜 9%
化合物系	CIS 系		・シリコンの代わりに銅（Cu）、インジウム（In）、セレン（Se）等からなる化合物半導体を使用した太陽電池。 ・薄膜型太陽電池としては高い変換効率が得られ、製造コストを削減することが出来るが、インジウム等の希少金属を使用しているため資源量が課題である。	〜 14%
	CdTe 系		・カドミウム（Cd）、テルル（Te）を原料とした薄膜型太陽電池で、低コストで高効率なものとして期待されている。	〜 13%

※モジュール変換効率、ただし一部は研究段階におけるセル変換効率

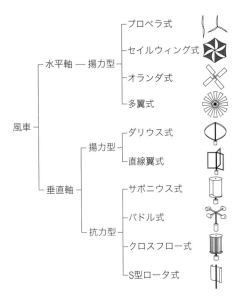

図 4.3.4　風車の種類[8]

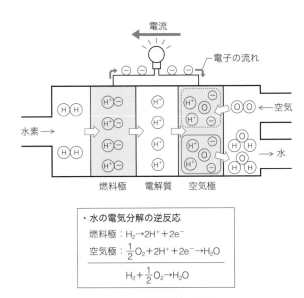

・水の電気分解の逆反応

燃料極：$H_2 \rightarrow 2H^+ + 2e^-$

空気極：$\frac{1}{2}O_2 + 2H^+ + 2e^- \rightarrow H_2O$

$H_2 + \frac{1}{2}O_2 \rightarrow H_2O$

図 4.3.5　燃料電池の原理

　太陽電池は半導体の一種である。**図4.3.3**のように半導体が光を受けると内部の電子にエネルギーが与えられ、電流が流れるという性質を利用したものである。そのため、光をより多く受けるほど発電量が多くなる。したがって、一般的にわが国で発電量を最大化するには、太陽電池パネルを真南に向け、傾斜角度を30度程度とするのがよいとされている。

　太陽電池の種類と特徴を**表4.3.2**に示す。半導体の材料の種類によってシリコン系と化合物系に大別される。

　太陽電池で発電した電気は直流である。そのままでは使えないため、直流を交流に変換するインバータが必要となる。また、発電した電気を建物内の電力系統に接続（連系）して運用する場合は太陽光発電の電圧や周波数等の変動に対して安定した運転をさせるための系統連系装置が必要となる。このようなインバータや系統連系装置等を組み込んだ装置のことをパワーコンディショナーと呼ぶ。

（3）風力発電設備

　風力発電は風エネルギーを電気エネルギーに変換するものである。

　風力発電の原理としては、風のエネルギーを風車の羽に受け、そのときに発生する運動エネルギー（回転エネルギー）で発電機を動かすことにより電気エネルギーを得ている。

　風車には各種型式があり、回転軸の方向と作動原理により**図4.3.4**のように分類される。

　回転軸による分類として、水平軸風車は回転軸が地面に対して水平なもので、垂直軸風車は回転軸が地面に対して垂直なものである。

　また、作動原理として揚力型風車は気流により生じる上下の圧力差によって生じる力（揚力）を利用したものである。抗力型風車は気流の進行方向に当たる力（抗力）を利用した風車である。

（4）燃料電池

　燃料電池とは水の電気分解（$2H_2O \rightarrow 2H_2 + O_2$）の逆反応を利用して化学エネルギーを電気エネルギーに変換する発電装置である（**図4.3.5**）。

　燃料極に水素を、空気極に酸素を供給すると、燃料極で水素イオンと電子に分解される。電子は電池外部の電気回路を通って燃料極から空気極に移動することで電流となり、発電する。一方、水素イオン

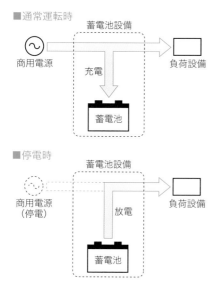

■通常運転時

商用電源　蓄電池設備　負荷設備
充電
蓄電池

■停電時

商用電源
（停電）　蓄電池設備　負荷設備
放電
蓄電池

図 4.3.6　蓄電池設備の概念

は電解質を通り酸素および電子と結合して水になる。また、この化学反応にともない熱を発生させることができる。

　燃料電池の燃料として使用されるのは水素と酸素のみであるため、化石燃料を燃焼して発電する内燃力発電設備などと比較してクリーンな発電設備である。水素の供給については都市ガスから水素を取り出す仕組みが一般的である。身近な例としては家庭用の燃料電池コージェネレーションシステムがある。

▶ 2　蓄電池設備

　蓄電池設備は電気エネルギーを化学エネルギーに変換して蓄え、建物の停電時等に電気エネルギーを取り出し電源を供給するための設備である（図4.3.6）。

　蓄電池の特徴は充電、放電が繰り返し行えることである。電池の充放電は直流で行われる。

（1）直流電源装置

　直流電源装置は主に停電時の非常照明の電源や受変電設備の制御電源（遮断器や制御・保護装置を動かす電源）を供給する蓄電池設備である。これらの電源は直流で稼働するため、電池から放電された電流を直流のまま使用することになる。直流電源装置の充電は直流で行う必要があるため、充電の際には交流入力電源を直流に変換する整流器が必要となる。

（2）交流無停電電源装置（UPS）

　交流無停電電源装置（UPS）は停電時にサーバーなどの重要な機器に使用される交流電源を瞬時に供給するための蓄電池設備である。蓄電池からの直流電源を交流にする必要があるためインバータが内蔵されている。

4-4 幹線設備

　電力会社の配電線から需要家敷地内の受変電設備までの配線や、受変電設備から各分電盤や動力制御盤までの配線等のことを幹線設備という。幹線設備は主要な場所にまとめて電力を配電するのが目的で、電力供給を行うための動脈のような役割を果たす。

　図4.4.1に建物内の電力系統における主な幹線の系統を示す。

　幹線は使用目的や電圧等によって分類される。図4.4.2に幹線の主な分類を示す。

▶ 1 電気方式

(1) 単相と三相

　照明、コンセント等の電灯設備と空調機、ファン、ポンプ等の動力設備ではそれぞれ供給する電源の種別が異なる。

　電灯設備には単相交流電源が用いられる。単相交流とは2本の電線で図4.4.3（左図）のような単一の交流電源を送る方式である。

　一方、三相交流は3本の電線で図4.4.3（右図）のように120°（2π/3）ずつ位相のずれた3種類の単相交流電源を組み合わせて送るものである。三相交流は電磁誘導によって回転させる力を取り出しやすい特性を持っているため、モーターで動くファンやポンプ等の動力機器の電源として用いられる。代表的なモーターに、かご形三相誘導電動機がある。また、3本の電線で3種類の単相交流を送ることができるため、効率よく電力を送ることができる。

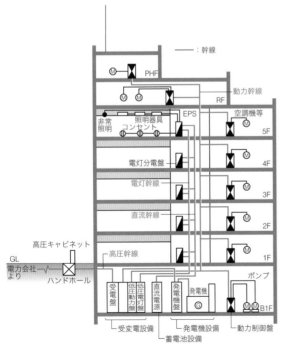

図4.4.1　建物内の電力系統

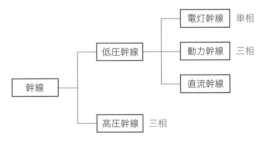

図4.4.2　幹線の分類

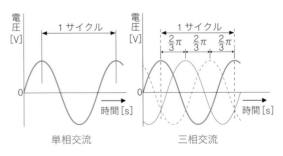

図4.4.3　単相と三相

(2) 電気方式

幹線は前述のような電源の種別ごとに分ける必要がある。幹線が送る電源は**表 4.4.1** のような電気方式によって分類できる。

表 4.4.1　電気方式[9]

電気方式		対地電圧	イメージ図	主な用途・特徴
電灯系統	単相2線式 100V	100V		・住宅等の電灯、コンセント等の回路の配線に用いられる方式。
	単相2線式 200V			・電灯、コンセント、単相電動機を使用した設備機器等の回路の配線に用いられる方式。
	単相3線式 100/200V	100V		・住宅・ビル・工場等の電灯・コンセント用幹線および一部のコンセント回路に用いられる方式。 ・1つの幹線（電線3本）から100Vと200Vを取り出すことができる。 ・中性線（接地している線）を含む2線により単相100Vを、中性線以外の2線により単相200Vが得られる。
動力系統	三相3線式 200V	200V		・ビル・工場等の動力幹線および三相電動機回路に用いられる方式。
	三相4線式 230/400V	230V		・大型ビル・工場等の電灯・動力併用の幹線に用いられる方式。 ・1つの幹線（電線4本）から230Vの単相電源、400Vの三相電源を取り出すことができる。

⟶：電流の向きを表す。　　　　　　　　　Ⓛ：照明器具（100Vまたは200V）

◂—▸：対地電圧または線間電圧の値を表す。　Ⓛ：コンセント（100Vまたは200V）

Ⓜ：電動機　1φ：単相電動機

3φ：三相電動機

▶ 2 配線方式

(1) 配線方式の種類

　一般的な幹線の配線方式としては①ケーブルラックを用いたケーブル配線方式、②金属管等の電線管による絶縁電線方式、③バスダクト方式等がある。**表 4.4.2** にそれぞれの外観・形状、各配線方式の特徴を示す。

　バスダクトとは銅やアルミニウムの帯状導体を絶縁物で被覆・支持し、鉄やアルミニウム製のケースに納めた電力幹線システムである。幹線の特徴として、同一電圧では供給する電気容量が大きいほど（電流が大きいほど）、また配線の距離が遠いほど

（抵抗が大きいほど）電力損失が大きくなるが、導体の断面積を大きくすれば抵抗を小さくできるので、電力損失も小さくすることができる。そのためケーブル類と比較して導体の断面積を大きくすることができるバスダクトは大容量幹線に適している。

　また、電気容量、配線の距離、導体の太さが同一であれば、配電電圧を高くするほど配電線路に流れる電流が小さくなるため、電力損失が小さくなる。そのため効率の良い幹線の配電電圧の選定も必要となる。

(2) 幹線方式

　受変電設備から分電盤、動力制御盤等への幹線の

表 4.4.2　配線方式の特徴 [10]

方式	外観・形状	長所	短所
ケーブル配線方式	ケーブルラック	・配管に納めるよりも熱を逃がしやすく、許容電流が大きい。 ・後からケーブルを敷設しやすいため、幹線の増設に比較的対応しやすい。 ・幹線ケーブルを多数敷設するのに適している。	・配管などで保護されていないので損傷を受けやすい。
絶縁電線方式	金属管等の電線管	・電線管により保護されているため、損傷を受けにくい。	・増設工事の対応に劣る。 ・電線管に多数の電線を収容すると熱が逃げにくいため、許容電流が減少する。
バスダクト方式	難燃性の絶縁支持物　金属製ダクト　導体（銅またはアルミ）　バスダクト	・導体の断面積を大きくできるため、大容量幹線に適している。 ・負荷の増設に対応しやすい。 ・電圧降下が小さい。	・ケーブルよりも高価。 ・複雑な施工が困難。

164

配線方法については**図 4.4.4** のような幹線方式がある。

単独配線方式は盤ごとに専用の幹線で供給する方式である。比較的負荷の大きな盤の幹線に用いられることが多く、各盤へ単独で配線するため、1 つの幹線の事故による影響を小さくすることができる。一方、幹線の本数が多くなるのでスペース効率が悪い。

分岐配線方式は複数の盤へ供給する幹線をまとめる方式である。幹線本数を減らすことができるが、複数の盤が 1 つの幹線から供給されているので幹線の事故による影響範囲が大きい。

バスダクトを用いた大容量幹線に採用される方式は、幹線ルートのスペースの低減を図ることができる。しかし、幹線の事故による影響が広範囲の設備にわたるため、幹線自体の信頼度を上げる必要がある。

上記の特性を踏まえて幹線方式は盤の負荷容量や配線の距離、建物の規模、用途および施工性、信頼性、経済性等を考慮して決定する必要がある。

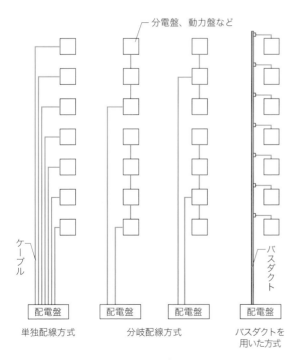

図 4.4.4　幹線方式

（3）幹線の配線サイズの選定

幹線の配線サイズは導体の許容電流や電路の電圧降下などから決定する必要がある。

許容電流とは、規格上電線などに流すことのできる最大の電流である。電線などの導体には小さいながらも抵抗があり、電流を流すと発熱する。その発熱によって絶縁被覆が溶けないように、導体の許容電流は絶縁被覆の許容温度を基準として定められている。そのため、絶縁体の種類、電線の敷設方法、周囲温度によって許容電流は変化する。たとえば金属管に収める電線の本数が多くなると、許容電流は小さくなる。一般的に導体の断面積が大きいほど許容電流は大きくなるので、電線に流れる電流が敷設条件によって決まる許容電流値を超えないように幹線の電線サイズを選定する必要がある。

一方、電圧降下とは、導体の持つ抵抗に電流が流れると、電源と電気機器等の負荷の間に生じる電位差のことで、電圧降下が大きいと電気機器の安定動作の妨げになる。一般的に導体の断面積が大きいほど電圧降下は小さくなるため、電圧降下が許容電圧降下率以内となるように幹線の電線サイズを選定する必要がある。

▶ **3　接地**

接地とは「アース」とも呼び、さまざまな電気・通信機器をアース線でつなぎ、金属製のアース棒等の接地極を埋め込んで大地と電気的に接続することである（**図 4.4.5**）。接地には漏電による感電や火災を防止するための電力保安用接地、落雷による電流を大地に安全に逃がすための雷保護用接地、電子・通信機器の安定動作やノイズによる誤動作防止のための機能用接地などがある。ここでは主に電力保安用接地について説明する。

電気設備に接地を施す場合は、電流が安全かつ確実に大地に通ずることができるようにしなければならないと規定されている。機器の用途や使用電圧な

どによって接地工事の種類は以下の4種類に分類されている。また、それぞれについて接地抵抗値や接地線の太さなどの基準がある。

a) A種接地工事

高圧用または特別高圧用機器の鉄台の接地など、高電圧の侵入のおそれがあり、かつ、危険度が大きい場合に行われる。

b) B種接地工事

高圧または特別高圧が低圧と混触[注1]するおそれのある場合に低圧電路の保護のために行われる。

c) C種接地工事

300Vを超える低圧用機器の鉄台の接地など、漏電による感電などの危険度が大きい場合に行われる。

d) D種接地工事

300V以下の低圧用機器の鉄台の接地など、漏電の際に感電などの危険度を減少させるために行われる。

注
1 変圧器等で高圧（または特別高圧）側の結線と低圧側の結線が接触した状態になること。

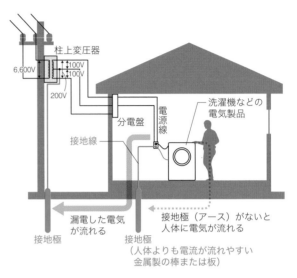

図 4.4.5　接地の仕組み（電力保安用接地）

測定器とその原理⑪　電力計

　電圧［V］と電流［A］の積から電力［W］が求まる。1kWの電力を5時間使用すると5kWhの電力量になる。電力計（パワーメーター）を分電盤の端子に直接接続する方法は、不用意な接触により感電するおそれがある。クランプ式は電線を輪の中にはさみこみ、電磁誘導の原理で電線の周囲に発生する磁界を利用して電圧や電流を測定する方法である。電線の外側から設置することができるため、比較的安全であり、よく用いられる。

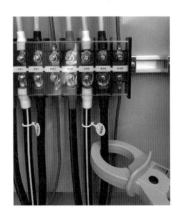

クランプ式電力計

4-5 動力設備

▶ 1 動力設備の構成

動力とはモーター等の機械を動かすために必要な力（エネルギー）のことである。概念を**図 4.5.1** に示す。

動力機器はその力を得るために電気エネルギーを機械エネルギーに変換するもので、電動機（モーター）を用いたファンやポンプ等がある。動力設備はこれらの動力機器やその付属機器、制御装置、保護装置、配線等で構成される。電気設備では、このうち一般的に動力制御盤および電動機等の動力機器（動力負荷）への配線について設計を行う。

（1）動力負荷の分類

動力設備の負荷はその用途によって**表 4.5.1** のように分類することができる。

（2）動力制御盤

動力制御盤は、**図 4.5.2** で示すように電動機等の動力機器への電源の供給・停止を行う電源回路、機器の運転制御を行う制御回路、機器の焼損を防ぐための保護装置で構成されている。

動力制御盤は**図 4.5.3** に示すように筐体内に電源回路や制御回路等が組み込まれたものであり、設置方法により壁掛型動力制御盤と、自立型動力制御盤

表 4.5.1 電気設備の動力負荷[11]

用途別分類	動力機器（負荷）の種類
空調用動力	冷凍機、冷却水ポンプ、冷温水ポンプ、クリーングタワー、空調機、給排気ファンなど
給排水衛生用動力	揚水ポンプ、汚水ポンプなど
搬送用動力	エレベータ、エスカレータなど
防災用動力	消火ポンプ、排煙ファン、非常用エレベータなど

電力（電気エネルギー）
[W]　　　　動力機器（モーター類）　　　動力（機械エネルギー）
[W]

図 4.5.1 動力の概念

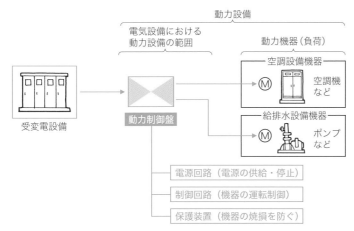

動力設備

電気設備における動力設備の範囲

動力機器（負荷）

受変電設備 → 動力制御盤

空調設備機器
Ⓜ 空調機など

給排水設備機器
Ⓜ ポンプなど

電源回路（電源の供給・停止）
制御回路（機器の運転制御）
保護装置（機器の焼損を防ぐ）

図 4.5.2 動力設備の構成

図 4.5.3 動力制御盤（屋内自立型）[12]

表 4.5.2　始動方式 [13]

	結線図	特徴
全電圧始動		・始動操作が容易で大きな始動トルクが得られる。 ・電源の電圧周波数が直接モータに加わるため、始動時にはモータの同期速度と実際の回転速度が大きく異なり、モータの定格電流の6〜8倍という大きな始動電流が流れる。
スター 人—△ デルタ 始動		・結線を人 結線（スター）と △ 結線（デルタ）とで切り替えられるモータを使用し、始動時には人 結線で始動し、その後△結線に切り替える方法。 ・始動トルクも 1/3 となるので始動時に軽負荷特性を持つ用途に適している。 ・比較的小容量の電源設備に適しており、主に 5.5kW 以上のモータにて使用される。
インバータ始動		・電圧、周波数を無段階に可変できるという特徴を生かし、商用電源より低い周波数、電圧からモータを始動することにより始動電流を抑える。 ・必要な始動トルクがモータの定格トルクである場合は、始動電流も定格電流とほぼ等しくなる。 ・始動後は周波数、電圧を徐々に大きくすることによりモータの回転速度を変化させる。 ・加速時間を調整したり、任意の周波数でモータを駆動することもできる。

に分類される。いずれも屋内用、屋外用がある。

▶ 2　始動方式

　動力設備の制御においては、電動機を始動するための始動方式と電動機の発停や連動等の運転方法を決める運転制御方式の検討が必要である。ここでは始動方式について説明する。

　電動機の始動時には大きな電流が流れるため、その始動電流を抑えるための始動方式を選ぶ必要がある。

　電動機の始動方式としては電源を単純に投入する全電圧始動（直入れ始動）が最も一般的な方式である。しかし全電圧始動の場合、始動電流が大きく、定格電流（規格で定められた、設計上安定して使用できる電流値）の6〜8倍にもなる。このような始動電流を抑える方式としてスターデルタ始動やインバータ始動などの始動方式が使用される。各始動方式とその特徴を表 4.5.2 に示す。

4-6 照明・コンセント設備

▶ 1　照明設備

照明設備とは電気エネルギーを光エネルギーに変換する設備である（図4.6.1）。

（1）照明の用語と単位

照明の性質をとらえる上では以下のような用語と単位が用いられる。

a）光束［単位：lm（ルーメン）］

照明設備における光束は照明から発せられる光の量を表す。光とは電波やX線などと同様、電磁波の一種であるが、人の視覚には光を感じることができる波長の範囲がある（たとえば紫外線や赤外線などは人の目では感じることができない）。人の目で感じることができる波長の範囲は380nm〜780nmで、この範囲を可視光域、可視光域の電磁波を光もしくは可視光線と呼ぶ。

また可視光線は同じ放射エネルギーでも波長によって人の目で感じる明るさが異なる。明るい空間では555nmの波長の光が最も明るく感じやすく、555nmから380nm、または780nmに近付くにつれて明るさを感じにくくなる。このように波長ごとのエネルギーに対する明るさを感じる度合いを視感度と呼ぶ。

図4.6.2に明るい空間の標準的な視感度の分布（標準視感度曲線）とある光源の放射束（電磁波の量）の分布を示す。この標準視感度によって電磁波の可視光域の放射束を重みづけした $(V(\lambda) \times P(\lambda))$ 波長

図4.6.1　照明設備の概念

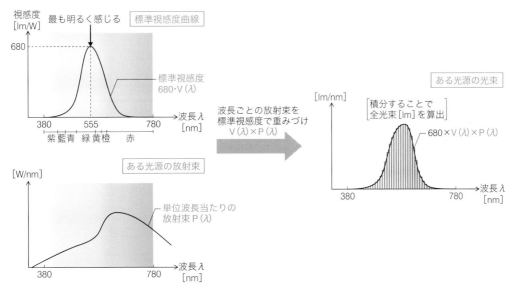

図4.6.2　光束の定義

ごとのエネルギー量の合計が光束となる。

なお、照明器具における全光束とは光源全体を囲う面を通過する光束のことである。

b) 光度 [単位: cd（カンデラ）]

光度とは光源からある方向へ放射される光の強さのことである。光度は単位立体角[注1]あたりの光束（**図4.6.3**）で表される（cd = lm/sr）。

c) 照度 [単位: lx（ルクス）]

照度は単位面積あたりに入射する光束のことである。つまり、照度は光を受ける面の明るさを表す（lx = lm/m²）。

照明を設計する上で基本となるもので、作業場所や作業種別ごとに**表4.6.1**のような照度基準がJIS Z 9110により規定されている。たとえば一般的にオフィスビルの事務室の照度は750lx程度が、住宅の居間で読書をするときの照度は500lx程度が良い

とされている。

d) 輝度 [単位: cd/m²（カンデラ毎平方メートル）]

輝度は単位面積あたりのある方向への光度である。光源をある方向から見たときの明るさを示す量である。

図4.6.4のように照度は単位面積あたりにどれだけの光が到達しているのかを表している。それに対して輝度はその結果ある方向から光源を見たときどれだけ明るく見えるかを表している。

e) グレア

不快感やものの見えづらさを生じさせるような「まぶしさ」のことをグレアという。視野内に極端に輝度の高いものや、強すぎる輝度対比（視対象と背景の輝度の違い）があるとグレアを生ずる。照明を設計する際に極力グレアが生じないような照明の配置や、拡散パネル、ルーバーを取りつけるなどの器具側での対策が必要である。

表4.6.1 照度基準 [14)]

照度[lx]	事務所	工場	学校	保健医療施設	宿泊施設	住宅
2,000						
1,500		極めて細かい視作業				
1,000		精密実験、精密工作		処置室、手術室		手芸・裁縫
750	事務室、役員室	細かい視作業			フロント	勉強、読書（書斎、子供室）
500	会議室、応接室、調理室	普通の視作業	実験実習室、図書閲覧室、放送室	診察室、一般検査室、霊安室、調剤室、中央材料室	調理室	読書（居間）
300	受付、食堂、エレベータホール、化粧室	倉庫内の事務	教室、教職員室、体育館	X線室、聴力検査室	食堂、車寄せ	食卓、台所（調理台）、化粧
200	便所、更衣室、書庫、電気室、空調機械室	粗な視作業	講堂、集会室	病棟、外来の廊下、面会室	ロビー、宴会場	団らん（居間）、遊び（子供室）
150	階段	荷積み、荷降ろし				
100	廊下、倉庫、休憩室、玄関車寄せ	ごく粗な視作業倉庫		病室	客室全般、娯楽室、浴室、廊下	書斎全般、玄関全般
75				眼科暗室		便所
50	屋内非常階段					居間全般
30						
20						寝室全般
10						
5				深夜の病室、廊下		

※ JIS照度基準では、作業内容や空間用途に応じた「推奨照度」を定めている。

f）演色性

物体の色の見え方は光源によって変わってくる。たとえば自然光で照らされたものと室内で電球に照らされたものでは同じ物体でも色が違って見えてくる。このように物体の色の見え方に影響を及ぼす光源の性質のことを演色性という。

照明設計では基準となる光源（基準光源）を当て

た場合と比較してどの程度忠実に色が再現できるかを平均演色評価数（Ra）を使って表すのが一般的である。Raが100に近い光源ほど基準光源の条件に似た色の見え方となる。そのような光源を演色性の良い光源という。

g）色温度［単位：K（ケルビン）］

色温度とは光源の色である光色を物理的な数値で

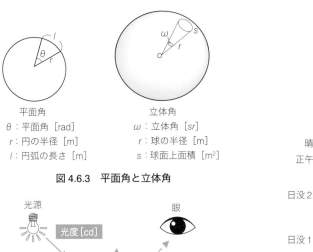

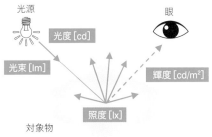

図 4.6.3　平面角と立体角

平面角
θ：平面角［rad］
r：円の半径［m］
l：円弧の長さ［m］

立体角
ω：立体角［sr］
r：球の半径［m］
s：球面上面積［m²］

図 4.6.4　光束、光度、照度、輝度の関係

光源　光度［cd］
光束［lm］
眼
輝度［cd/m²］
照度［lx］
対象物

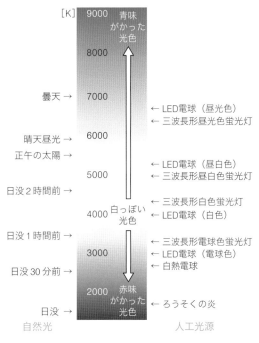

図 4.6.5　色温度

［K］
9000　青味がかった光色
8000
曇天 → 7000　← LED電球（昼光色）　← 三波長形昼光色蛍光灯
6000
晴天昼光 →
正午の太陽 → 5000　← LED電球（昼白色）　← 三波長形昼白色蛍光灯
日没2時間前 → 　← 三波長形白色蛍光灯　← LED電球（白色）
4000　白っぽい光色
日没1時間前 → 3000　← 三波長形電球色蛍光灯　← LED電球（電球色）　← 白熱電球
日没30分前 →
2000　赤味がかった光色　← ろうそくの炎
日没 →
自然光　　人工光源

Column

測定器とその原理⑫　照度計

シリコンフォトダイオードは、光が当たると電流や電圧を発生する電子部品である。これを使用し、光の量を電流に換算することで計測する。人の目の感度は光の波長によって変わるため、波長ごとの光の感度（比視感度）で補正して照度に変換する。受光部が影になると正確な測定ができないため、センサーと本体が分離できるタイプもある。

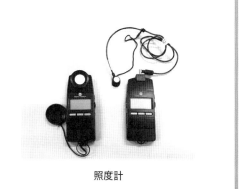

照度計

表したものである。物体が高温に熱せられると光を放射し、温度に応じてその光の色は変化する。色温度は、黒体と呼ばれる理想的な黒い物質が温度に応じてそれぞれの光の色を放つときの絶対温度 [K] を基準に表される。

図 4.6.5 に示すとおり色温度が低いほど赤みがかった（温かみのある）光色になり、色温度が高いほど青みがかった（涼しげな）光色となる。そのため空間に合わせた適切な色温度の選定が必要となる。

h) 昼光率

照明設計において、人工照明による明るさだけでなく、昼光による明るさも重要な要素の1つである。昼光による室内の明るさを表す指標として昼光率 D がある。昼光率は次式で表される。

$$D = \frac{E}{E_s} \times 100 \ [\%]$$

E：室内のある点における昼光による水平面照度 [lx]

E_s：全天空照度（障害物がなく、全天を望める水平面における天空光による照度）[lx]

ただし、E、E_s ともに直射日光による照度は除く。

i) 照明消費電力 [単位：W（ワット）]

照明設備を点灯させるための電気エネルギーを表すものである。照明設備の使用するエネルギーの割合は全設備の電気使用量の20%程度（オフィスビルの場合）であり、大きな割合を占めている。よって、建物全体の省エネルギーを検討する上で照明消費電力を抑えることは有効な手段である。照明設備の省エネルギー手法としては以下の方法がある。

・効率の良い照明器具を選定する

照明器具には器具ごとに発光効率 [lm/W] がある。発光効率とは消費電力に対して発する光束の割合である。より発光効率の良い照明器具を選定することで、同じ明るさでも消費電力を抑えることができる。

・適切な照度に設定する（必要以上につけない）

照明設備を設計する際は、設計照度に基づいて照明器具の選定と配置を検討する。不必要に光束の大きな器具を選定してしまうと、目標の照度を満たすことはできるが、その分電力の消費が大きくなってしまう。適切な器具選定と数量配置が必要である。

・照明制御手法を用いる

状況に応じて照明の調光や消灯をする照明制御を用いて省エネルギー化を図ることができる。一般的な照明制御手法としては①時刻によって点灯・消灯を制御するタイムスケジュール制御、②人の在・不在を検知して点灯・消灯する人感センサー制御、③窓から入る自然光の明るさを照度センサーで検知し、それに応じて照明を調光する昼光利用制御などが挙げられる。

（2）照明器具

a) 光源

照明器具の光源は、その発光原理から図 4.6.6 のように①温度放射光源、②放電発光光源、③電界発光光源に大別される。

以下に代表的な光源とその発光原理について説明する。また各光源の特徴を表 4.6.2 に示す。

・白熱電球

図 4.6.7 に白熱電球の発光原理を示す。白熱電球はガラス管の中に封入したフィラメント（熱線）に電流を流すことで、フィラメントが高温になり熱放射とともに発光する（温度放射の原理）。

フィラメントには金属の一種であるタングステンを使用している。加熱したフィラメントからはタングステンが蒸発するが、蒸発したタングステンがガラスに付着すると黒化する。それにより電球の透過する光束が低下してしまう。このような黒化現象を防ぐために不活性ガスが封入されている。

白熱電球は、暖かみのある光を発し、演色性に優れているという特性がある。一方、電力の大半が熱に変わってしまうため効率は悪い。

表 4.6.2　光源の特徴 [16]

項目＼光源の種類	白熱電球	蛍光ランプ	LED	有機 EL
発光原理	温度放射	放電発光	電界発光	
効率［1m/W］	15	80 〜 100	60 〜 200	30 〜 90
寿命［h］	1,000 〜 2,000	3,000 〜 10,000	40,000 〜 60,000	10,000 〜 50,000
光源の特徴	点光源 高輝度	線光源 低輝度	点光源 指向性が強い 高輝度	面光源 拡散光 低輝度
長所	演色性が良い	熱放射が少ない	小型化が容易 発光効率が高い	放熱しやすい 薄くて軽い
短所	熱放射が多い	繰り返し点滅に弱い 水銀を使用している	放熱しにくい	他の照明器具より高価
主な照明器具・用途	ダウンライト スポットライト ペンダント　　　等	ベースライト シーリングライト ダウンライト　　　等	ベースライト シーリングライト ダウンライト スポットライト ペンダント　　　等	装飾用、展示用等

・蛍光ランプ

蛍光ランプは放電発光（ルミネセンス）という発光原理を利用している。図 4.6.8 に蛍光ランプの発光原理を示す。蛍光ランプの構造は蛍光体を塗布したガラス管とその両端にあるフィラメントの電極、ガラス管内に封入された水銀蒸気からなっている。

フィラメントに電流が流れることで電極が熱せられ電子が放出される。その電子が気体となった水銀原子と衝突することで紫外線が放出される。さらに紫外線がガラス管内に塗布された蛍光体に当たることで可視光に変換されて光るという原理になっている。

蛍光ランプの特徴としては白熱電球と比較して高効率、低輝度、長寿命である。

・LED（発光ダイオード）

LED は電気を流すと発光する半導体の一種である。発光原理として電界発光（エレクトロルミネセンス）という原理を用いている。

図 4.6.9 に LED の発光原理を示す。図のようにプラスの電気（正孔）を持った p 型半導体とマイナスの電気（電子）を持った n 型半導体で構成された半導体（pn 結合という）がある。この半導体に電圧をかけると電子と正孔が移動し結合する。その時のエ

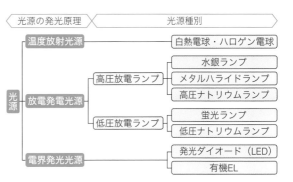

図 4.6.6　発光原理による光源の分類例 [15]

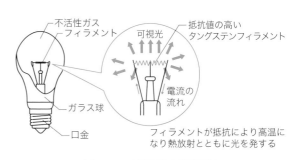

図 4.6.7　白熱電球の発光原理

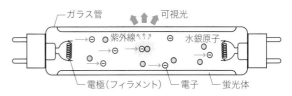

図 4.6.8　蛍光ランプの発光原理

173

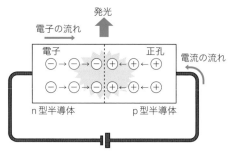

図 4.6.9　LED の発光原理

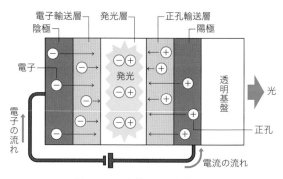

図 4.6.10　有機 EL の発光原理

ネルギーの多くが光のエネルギーに変換されて発光する。

これを電界発光といい、白熱電球のように熱を光に変えるような原理ではなく、電気を直接光に変えることができる。

LED の特徴としては高効率、長寿命、強い指向性（光の強度）等が挙げられる。光自体には熱を持たず、周囲への熱放射が少ないが電源回路などに熱を持つため、熱を逃がすための構造に工夫が必要である。

・有機 EL

有機 EL とは 2 枚の電極で挟んだ有機化合物の膜に電気を流すと発光する原理を利用したものである。

有機 EL の発光の原理は LED と同様、電界発光である。図 4.6.10 に有機 EL の発光原理を示す。

有機物である電子輸送層、発光層、正孔輸送層を陰極と透明な陽極ではさむ構造となっている。この電極に電圧をかけると電子と正孔が移動し発光層で結合して発光するという仕組みである。

有機 EL は LED と違って点でなく面で発光するのが特徴である。また薄型で低輝度、放熱しやすいといった特徴もある。

b）取付け方式

照明器具は取付け形状によって図 4.6.11 のようにベースライト形、ダウンライト形、シーリングライト形、ペンダント形、スポットライト形、ブラケット形などに分類される。

（3）さまざまな照明方式

上記で挙げた光源や取付け方式の組み合わせによって器具の配置を検討するが、照明の目的に応じて、以下のような照明方式がある。

a）全般照明

室内全般を一様に照明する照明方式である。

照明器具を均等に配置し均一な照度分布を確保するのに適している。

b）局部照明

照明が必要な局部または小範囲ごとに器具を設ける照明方式である。美術館の展示物のような照明する対象が明確なときに効果的な手法である。

c）タスク・アンビエント照明

図 4.6.12 のように作業領域（タスク）には専用の局部照明を設け、周辺空間（アンビエント）は通常の全般照明と比較して照度を低く照明する方式である。全般照明分の照明器具の台数が減らせるので省エネルギーが期待できる。

d）建築化照明

壁や天井などと一体化させた照明方式である。コーニス照明、バランス照明、コーブ照明、コファ照明、光天井、ルーバー天井などがある。表 4.6.3 に各建築化照明の特徴を示す。

（4）照度計算

照度計算法としては一般的に光束法が用いられる。光束法は光源から放出された全光束が作業面に到達

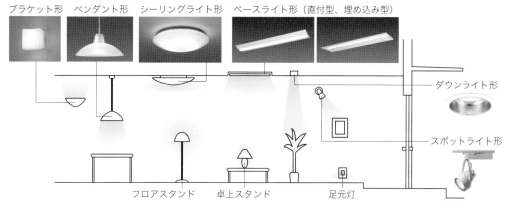

図 4.6.11　照明取付け方式 [17]

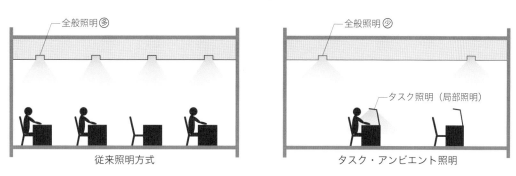

図 4.6.12　従来照明方式とタスク・アンビエント照明

表 4.6.3　建築化照明

種類	イメージ	特徴	種類	イメージ	特徴
コーニス照明	ランプ　天井／壁	照明器具を壁面上部に取り付け、壁面全体を照らす方式である。	コファ照明	天井／壁　壁	天井の掘り込み内に照明器具を取り付けて、掘り込み面で反射した拡散光源によって照らす手法である。
バランス照明		壁面に取り付けた照明器具を壁と平行な遮光帯で隠して、下方の光は壁面を照らし、上方の光は天井面を照らす方式である。	光天井	天井／乳白パネル／壁　壁	天井面を乳白パネル等の拡散板で覆って、その内部に照明器具を仕込んで照明する手法である。
コーブ照明		照明器具の光をすべて天井面に向けて照らす方式である。	ルーバー天井	ルーバー	天井面のルーバーによって、上部の照明器具からの光を拡散させる手法である。

する割合、すなわち照明率により平均照度を求める方法である。

事務所のような広い室に照度分布が一様になるように器具を配置する場合に用いる手法である。

計算は次式により行う。

$$E = \frac{F \cdot N \cdot U \cdot M}{A} \ [\text{lx}]$$

E：平均照度または所要照度 $[\text{lx}]$

A：床面積 $[\text{m}^2]$ ＝間口 $[\text{m}]$×奥行 $[\text{m}]$

F：光源光束 $[\text{lm}]$

N：光源個数

　（2灯用器具の場合は、器具台数×2が光源個数）

U：照明率 $[-]$

M：各照明器具の保守率 $[-]$

a）設計照度 E [lx]

視作業面での水平面照度を示す。一般に JIS Z 9110 により照度基準が規定されている。

なお、作業面とは、一般に机、作業台を含む水平面をいう。一般事務室では床上 0.8m、廊下では 0m（床面）等と定められている。

b）照明率 U

図 4.6.13 のように光源から出た光は作業面に直接到達したり、壁や天井からの反射を繰り返して到達したりする。一方、反射の過程で吸収される光や室外に出る光は作業面の明るさには影響しない。このように光源から発散された光束が作業面に到達する割合を照明率と呼ぶ。

照明率は照明器具の形状、部屋の形状（室指数）、仕上げ材による室内反射率によって決まる。

上記の項目を元に表 4.6.4 のような照明率表から照明率を求める。

室指数は次式により求める。

$$\text{室指数} = \frac{\text{間口} \times \text{奥行}}{(\text{間口} + \text{奥行}) \times Hm} \ [-]$$

Hm：作業面から光源(照明器具)までの高さ$[\text{m}]$

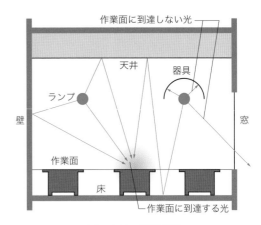

図 4.6.13　照明率 [18]

c）保守率 M

時間経過による照度低下の補正係数である。照明器具は長時間使用すると、光源自体の光束低下や、器具や光源の汚れにより器具から発散される光束が徐々に低下していく。それでも、寿命末期まで必要な照度を確保できるように、あらかじめ余裕を見込むための係数である。

表4.6.5のように器具の種類、点灯継続時間、周囲環境によって保守率が異なる。

d）均斉度

照度計算によって求められる照度はその室全体の平均照度であり、室内が均一の照度となっていることを示しているわけではない。照明の配置によっては照度分布が不均一となる場合がある。室内の照度分布を表す指標として均斉度がある。

均斉度はその室の平均照度（もしくは最大照度）に対する最小照度の比で表される。1 に近いほど照度のムラが少なく、一般的にオフィス空間では均斉度を 0.6 以上確保することが望ましいとされている。

▶ 2　コンセント設備

コンセント設備とは各機器のプラグを差し込むことで電源供給ができる設備である。

コンセントは表 4.6.6 に示すように各電圧（単相 100V、200V、三相 200V）、各電流値ごとに規格化さ

表 4.6.4　照明率表の例 [19]

反射率 天井	80%						70%						50%						30%					
壁	50%		30%		10%		50%		30%		10%		50%		30%		10%		50%		30%		10%	
床面	30%	10%	30%	10%	30%	10%	30%	10%	30%	10%	30%	10%	30%	10%	30%	10%	30%	10%	30%	10%	30%	10%	30%	10%
室指数	照明率																							
0.60	.37	.35	.30	.29	.25	.25	.36	.35	.29	.29	.25	.24	.35	.34	.29	.28	.25	.24	.34	.33	.25	.28	.24	.24
0.80	.46	.44	.30	.37	.33	.33	.46	.43	.38	.37	.33	.32	.44	.42	.37	.36	.33	.32	.42	.41	.37	.36	.32	.32
1.00	.53	.49	.45	.42	.39	.38	.51	.45	.44	.42	.39	.39	.49	.47	.43	.41	.36	.37	.47	.46	.42	.41	.38	.37
1.25	.59	.54	.52	.46	.46	.44	.58	.54	.51	.48	.45	.43	.55	.52	.49	.47	.44	.43	.53	.51	.48	.46	.43	.43
1.50	.64	.58	.57	.53	.51	.48	.63	.58	.56	.52	.50	.48	.60	.56	.54	.51	.49	.47	.57	.54	.52	.50	.48	.47
2.00	.72	.65	.65	.60	.60	.55	.71	.64	.64	.59	.59	.55	.67	.62	.62	.58	.57	.54	.64	.61	.59	.57	.55	.54
2.50	.77	.68	.71	.64	.65	.60	.75	.68	.69	.63	.64	.60	.71	.66	.66	.62	.62	.59	.66	.64	.64	.61	.60	.58
3.00	.81	.71	.75	.67	.70	.64	.79	.70	.74	.67	.69	.63	.75	.69	.70	.65	.66	.62	.71	.67	.67	.64	.64	.62
4.00	.87	.75	.82	.72	.77	.69	.84	.74	.79	.71	.75	.68	.79	.72	.75	.72	.67	.67	.75	.71	.71	.66	.69	.66
5.00	.90	.77	.86	.74	.82	.72	.87	.75	.83	.74	.80	.71	.82	.74	.79	.76	.70	.70	.77	.73	.75	.71	.72	.69
10.00	.97	.82	.95	.81	.92	.79	.94	.81	.92	.80	.89	.78	.86	.79	.86	.84	.77	.77	.82	.77	.81	.76	.80	.76

表 4.6.5　LED 照明器具の保守率 [20]

照明器具の種類	点灯経過時間／周囲環境		10,000 時間			20,000 時間			40,000 時間			60,000 時間		
			良い	普通	悪い	良い	普通	悪い	良い	普通	悪い	良い	普通	悪い
露出形	LED光源分離型	LED光源一体型	0.93	0.90	0.86	0.88	0.86	0.81	0.78	0.76	0.72	0.69	0.67	0.63
下面開放形（下面粗いルーバー）	LED光源分離型	LED光源一体型 ルーバー	0.90	0.86	0.76	0.86	0.81	0.72	0.76	0.72	0.64	0.67	0.63	0.56
簡易密閉形（下面カバー付）	LED光源分離型	LED光源一体型 下面カバー	0.86	0.81	0.76	0.81	0.77	0.72	0.72	0.68	0.64	0.63	0.60	0.56
完全密閉形（パッキン付）	LED光源分離型	LED光源一体型 下面カバー（パッキン付）	0.93	0.90	0.86	0.88	0.86	0.81	0.78	0.76	0.72	0.69	0.67	0.63

※ LED 光源の光束維持特性を $L_{70} = 60000$ 時間とした場合の LED 照明器具の保守率 M （清掃間隔1年）

表 4.6.6　コンセントの標準選定例

単相 100V		単相 200V		三相 200V	
接地極なし	接地極付き	接地極なし	接地極付き	接地極なし	接地極付き
125V 15A	125V 15A	250V 15A	250V 15A	250V 15A	250V 15A
125V 20A	125V 20A	125V 20A	125V 20A	125V 20A	125V 20A
125V 15A（引掛型）	125V 15A（引掛型）	250V 20A（引掛型）	250V 20A（引掛型）	250V 20A（引掛型）	250V 20A（引掛型）

れていて、それぞれ接地極付型、抜止型、引掛型などがある。コンセント形状の例を**図4.6.14**に例示する。

▶3　配線工事の種類

　照明・コンセント設備や動力設備等の低圧配線については、施設場所や使用電圧によって**表4.6.7**に示すように施設可能な配線方法が規定されている。また、いずれの配線方法であっても電線が損傷するおそれがないように施設する必要がある。

　一般的な使用場所においては、金属管配線、金属製可とう電線管配線、合成樹脂管配線およびケーブル配線はすべての場所で認められている。すなわち、

絶縁電線を建物内に敷設するためには、金属管、金属製可とう電線管、合成樹脂管に納める必要がある。合成樹脂管のうち、可とう性（折り曲げることが可能な性質）のあるものを合成樹脂可とう電線管と呼び、耐熱性（自己消火性）のあるPF管と耐熱性のない（自己消火性のない）CD管がある。

注
1　ある点から見た空間の見かけ上の広がりのこと。図4.6.3のように平面上の角度の概念として平面角がある。平面角は半径rの円上の、その角度で切り取られる円弧の長さを1とすると$\theta = 1/r$［rad（ラジアン）］で表される。それに対し立体角は半径rの球面上のその立体角で切り取られる部分の面積をSとすると$\omega = S/r^2$［sr（ステラジアン）］で表すことができる。たとえば球面全体の立体角は球の表面積が$4\pi r^2$となるので4π［sr］となる。

埋込コンセント
露出コンセント
床コンセント（アップ型）
防雨型コンセント
OAタップ

図4.6.14　コンセント形状

表4.6.7　施設場所ごとの可能な配線方法[21]

配線方法＼施設場所	屋内			屋外・屋側
	乾燥した場所		湿気の多い場所または水気のある場所	
	露出場所、隠ぺい場所（点検可能）	隠ぺい場所（点検不可）		
金属管配線	○	○	○※2	○※2
金属製可とう電線管配線	○	○	○	○
合成樹脂管配線（硬質ビニル管）	○	○	○	○
合成樹脂管配線（PF管）	○	○	○	○
合成樹脂管配線（CD管）	○※3	○※3	○※3	○※3
キャブタイヤケーブル以外のケーブル配線	○	○	○	○
バスダクト配線	○	×	○※4	○※1

※1　屋外・屋側のバスダクト配線には、屋外用バスダクトを使用する。ただし、300V超過の場合は、防まつ形のバスダクトを使用する（点検できない隠ぺい場所は除く）。
※2　湿気の多い場所または水気のある場所での露出配管および屋外部分の配線には、ねじなし電線管は使用しない。
※3　直接コンクリートに埋め込んで施設する場合を除き、専用の不燃性または自消性のある難燃性の管またはダクトに収めた場合に限る。
※4　屋外用バスダクトを使用し、露出場所で300V以下の場合に限る。

4-7 情報・通信設備

情報・通信設備とは電気的な信号を利用して情報のやり取りを行う設備である。たとえば電話設備のように音声のやり取りを行う設備や監視カメラ設備のように映像を伝える設備等がある。この他にも情報の種類、伝達手段に応じてさまざまな種類の設備が存在する。

一般的に照明や動力など高い電圧の電気を取り扱う設備を強電設備と呼ぶのに対して、情報・通信設備は主に比較的低い電圧の電気を取り扱うことから弱電設備と呼ばれることもある。

情報技術の進歩はめまぐるしく、それにともない情報・通信設備も変化している。これまでは情報の伝達には変化が連続的であるアナログ信号が使われてきた。近年ではそれがデジタル信号に置き換わりつつある。デジタル信号を利用するメリットには、劣化しない点が挙げられる。また、デジタル化によって設備の統合化が図られるようになってきている。

以下に代表的な情報・通信設備について説明する。

▶ 1 LAN 設備

LAN 設備とは建物内の通信ネットワークを構築するための設備である。LAN とは Local Area Network の略であり、構内情報通信網とも呼ばれている。

デジタル信号により、さまざまな情報をデジタル化されたデータとして伝達することができる。これによりコンピュータ等の端末が外部のネットワークに接続できたり、端末同士で通信ができたりするようになる。

（1）LAN 設備の構成

図 4.7.1 のように LAN 設備はリピータハブ、スイ

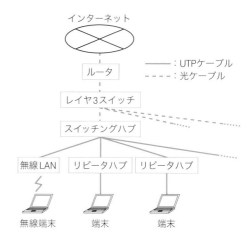

図 4.7.1　LAN の構成

表 4.7.1　LAN 設備の各機器の役割

機器	役割
リピータハブ	伝送信号の中継や端末の集線（集約）を行う装置
スイッチングハブ	端末の集線の他に指定したポートにデータを送信（スイッチング機能）するための装置
ルータ	外部ネットワーク、異なるネットワーク同士をつなぐための装置
レイヤ3スイッチ	スイッチングハブにルーティング機能を付加した装置

ッチングハブ、ルータ、レイヤ3スイッチ等で構成されている。

表 4.7.1 に各機器の役割を示す。

リピータハブは伝送信号の中継（通信距離を延ばすために減衰した信号を増幅させること）や端末からの配線を集約するための装置である。基本的にリピータハブに送られてきたデータは接続されたすべての端末に送信される。

一方、スイッチングハブ（レイヤ2スイッチ）は端末機器を束ねる点ではリピータハブと同じである

表 4.7.2　執務エリアの配線方式

フリーアクセス方式	フロアダクト方式	アンダーカーペット方式
	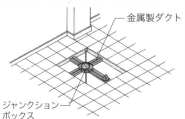	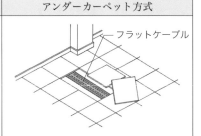
・スラブの上に支柱とパネルによって構成される二重床を組み立て、パネルとスラブの間を配線路とする方式。	・スラブ内に金属製ダクトを埋め込み、一定間隔で配置されたジャンクションボックスより配線を取り出す方式。	・薄い導体を絶縁フィルムで覆ったフラットケーブルを、タイルカーペットの下に敷設する配線方式。
・一般的に二重床の高さは 50 〜 150 mm である。 ・配線路を広くとれるので、大量の配線を収容できる。	・金属製ダクトを埋設するため、スラブが厚くなる。 ・増設が困難。	・スラブとカーペットの間で施工ができるため、既設建築物に適している。

が、伝送されてきたデータ信号中に格納されている宛先を読み取り、その端末が接続しているポートを選択してデータを送信するスイッチング機能を持っている。

ルータは外部ネットワークや異なるネットワーク間の接続を行うための機器である。異なるネットワークへデータを送信するルーティング機能を持っている。

レイヤ 3 スイッチはルータと同様なルーティング機能を持ったスイッチングハブである。

(2) LAN 設備の配線

LAN 設備の機器同士は UTP ケーブルや光ファイバーケーブルなどの配線で接続されている。UTP ケーブルはツイストペアケーブルとも呼ばれ、LAN 設備で使用される一般的なケーブルである。安価だが信号が距離によって減衰するため送信できる距離に制限がある（100m 以内）。光ファイバーケーブルは電気信号ではなく、レーザーなどの光により通信を行うケーブルである。高価だが UTP ケーブルと比べて光の信号は距離による減衰が極めて小さく、長距離・大容量の伝送が可能である。そのため、通信経路の幹線部分を光ファイバーケーブルを用いて、

末端のケーブルを UTP ケーブルで配線するのが一般的である。

これ以外に端末との通信のやり取りを有線で行わず電波等の無線で行う無線 LAN がある。

なお、事務所等の執務エリアにおける UTP ケーブルのような情報通信線や、電源配線の配線方式として、**表 4.7.2** のようなものが挙げられる。

▶ **2　電話設備**

電話設備とは音声通話のやり取りを行う設備のことである。一般的に住宅では 1 つの電話回線（局線）に対して 1 つの電話機が接続される。一方、事務所ビルのような規模が大きな建物においては 1 人に 1 回線が割り当てられるわけではなく、同じ回線を複数の電話機で使用することが一般的である。建物内では外部との電話のやり取りや内線電話での通話を行うための構内電話交換機が必要となる。

(1) 電話設備の構成

電話設備は**図 4.7.2** のように PBX（構内電話交換機）、主配線盤（MDF）、端子盤（IDF）、電話機等で構成されている。

建物外部から引き込まれた局線は MDF を経由し

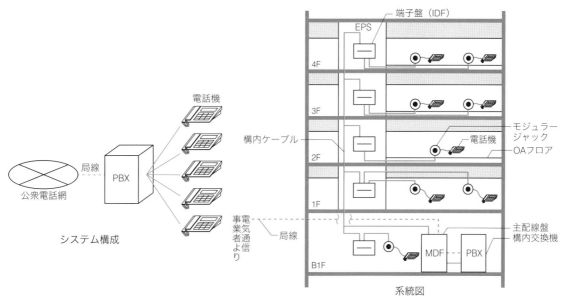

図 4.7.2　電話設備の構成

表 4.7.3　電話幹線の配線方式

項目 ＼ 形式	単独式	複式	低減式
配線形式	IDF □─50P □─50P MDF □─50P 200P □─50P	IDF □─200P □─200P MDF □─200P 200P □─200P	IDF □─50P □─100P MDF □─200P 200P □─50P
特徴	・MDF から各端子盤へ必要対数分直接ケーブルを配線する。 ・各階ごとに必要な回線数が多い場合に適している。	・MDF の対数と同じ対数のケーブルを各端子盤へ送り配線する。 ・配線の変更が頻繁に行われる大規模な建物に適している。	・MDF から各端子盤へ送り配線し、端子盤の必要対数分順次減らして配線する。 ・配線ルートの省スペース化が図れる。

て交換機へと接続され、各所にある電話機へ MDF、端子盤を経由して接続される。

PBX は局線を多数の内線で効率的に使用するための機器である。この他にも内線同士の通話や転送などの機能を持っている。

MDF は外部から引き込まれた局線や、PBX から各電話端末への通信線等の集線を行う盤である。

IDF は MDF 以降の各階、エリアに電話端末への通信線を振り分けるための盤である。

（2）配線方式

MDF から各 IDF への電話幹線の配線方式には、規模や用途等に応じて表 4.7.3 のような方式を選定する必要がある。

（3）IP 電話

IP とはインターネットプロトコルの略で IP 電話は通信ネットワークを利用した電話のことである。従来の電話機では PBX を介しての通話だったが IP

親機 子機

親子式
通話網

親子式
多局通話網

相互式
通話網

複合式
通話網

図 4.7.3 インターホンの通話網方式

ダイナミックマイクロホン　　コンデンサーマイクロホン

図 4.7.5　マイクロホン [22]

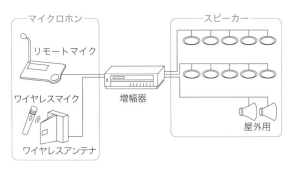

図 4.7.4　放送設備の構成

天井埋込形　　　　　　天井露出形

壁掛形　　　　両面形　　　　ホーン形

図 4.7.6　スピーカーの分類例 [23]

電話はLANの1端末としてネットワーク上で使用されるため直接デジタル信号で音声を送受信できる。

▶ 3　インターホン設備

インターホン設備は建物内の特定の場所との通話を目的とした設備である。通話を目的とした設備としては電話設備と似ているが、交換機のような複雑な機器のないシンプルな構成となっている。

(1) インターホン設備の構成

インターホン設備は**図4.7.3**のように基本的に親機と子機で構成されているが、通話網の方式により、親子式、相互式、複合式がある。

親子式は1台の親機に対して1台以上の子機が接続される方式で、親機と子機との相互間の呼び出し通話を行う。子機同士の通話は基本的に行わない。

相互式は親機同士が相互に接続された方式である。任意の親機を自由に呼び出して通話することができる。

複合式は親子式と相互式の組み合わせによる通話網である。

(2) 通話方式

インターホンの通話方式には交互通話式と同時通話式の2種類がある。交互通話式は通話者間で交互に送受しながら通話できるものである。同時通話式は通話者間で同時に通話ができるものである。

▶ 4　放送設備

放送設備とは音声を電気信号にしてスピーカー等の拡声装置に伝え、放送を行う設備である。

(1) 放送設備の構成

放送設備は**図4.7.4**のように基本的にマイクロホン、増幅器、スピーカーにより構成されている。

マイクロホンは音声を電気信号に変換する機器である。マイクロホンは**図4.7.5**のように形状や構造によって分類される。また、有線式と無線式があり、使い勝手によって選定する必要がある。

増幅器は入力された音声信号を増幅してスピーカー等に出力する装置である。

スピーカーは増幅した電気信号を音に変換する機

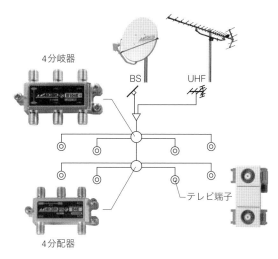

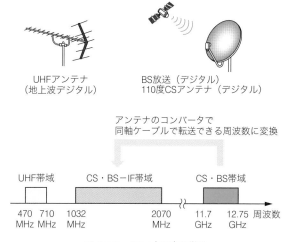

図 4.7.7　テレビ共同受信設備の構成[24]

図 4.7.8　テレビ電波の帯域

器である。スピーカーは設置場所や使用目的により天井埋め込み形、天井露出形、壁掛け型、両面型、ホーンスピーカー等がある（**図 4.7.6**）。

（2）業務放送と非常放送

　放送設備には伝達、呼び出し、講演、会議、BGM等、通常の放送を目的とした業務放送設備と、火災などの非常時に避難誘導を目的として使用する、消防法で規定された非常放送設備がある。非常放送設備は防災設備における非常警報設備の一種であり、火災時に緊急放送が流せるように自動火災報知設備と連携している。

▶ 5　テレビ共同受信設備

　テレビ共同受信設備とは放送アンテナから送信されるテレビ電波を受信アンテナで受信し、建物内のテレビ受信機に伝送、分配する設備である。

（1）テレビ共同受信設備の構成

　テレビ共同受信設備は**図 4.7.7** のように電波を受信するアンテナ、異なる電波をまとめるための混合器、伝送により低下した信号を増幅するための増幅器、受信した電波を各所に分配するための分岐器や

分配器、および室内のテレビ機器に接続するためのテレビ端子により構成されている。また、これらの機器は同軸ケーブルと呼ばれる電波を伝送するためのケーブルで接続されている。同軸ケーブルの特徴として周波数が大きいほど、伝送距離が長いほど信号が減衰する。

（2）受信方式

　テレビ電波の周波数には、地上局から発せられるUHF 帯（470 〜 710MHz）と放送衛星から発せられるCS・BS 帯域（11.7 〜 12.75GHz）がある。

　図 4.7.8 のようにそれぞれの帯域にあわせたアンテナを設ける必要がある。

　また衛星放送の電波は周波数が大きくそのままでは利用できないため、同軸ケーブルで利用可能な周波数に変換した CS・BS-IF 帯域（1032 〜 2070MHz）がある。

（3）4K・8K 放送

　2012 年 3 月末に地上放送のデジタル化が完了し、テレビ放送が完全にデジタル化された。

　現在のテレビ放送はハイビジョン（2K）放送が一般的であるが、現行のハイビジョン放送を超える画

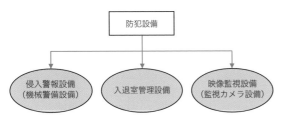

図 4.7.9　防犯設備の分類

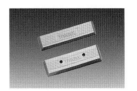

パッシブセンサ　　　　　　マグネットセンサ

図 4.7.11　パッシブセンサとマグネットセンサ[26]

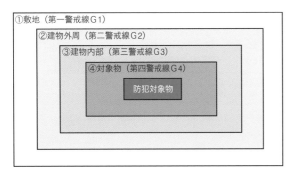

図 4.7.10　警戒線の考え方[25]

テンキー　　　カードリーダー　　生体認証（静脈）

図 4.7.12　認証装置の例

質の規格として 4K・8K 放送がある。4K は現行ハイビジョンの 4 倍、8K は同じく 16 倍の画素数としており、高精細で立体感、臨場感のある映像が実現できる。

▶ 6　防犯設備

　防犯設備は敷地内や施設内および特定の居室内への不法侵入を阻止し、侵入者を発見するための設備である。図 4.7.9 のように防犯の用途によって大きく①侵入警報設備（機械警備設備）、②入退室管理設備、③映像監視設備（監視カメラ設備）に分類できる。
　以下では主に侵入防止のための①、②について説明する。

（1）警戒エリアの考え方

　防犯設備を設計する上で重要なこととして、警戒エリアをどのように考えるかがある。警戒エリアの考え方として図 4.7.10 のように防犯対象物に対して警戒線で区切られたいくつかのエリアを設定するものがある。

それぞれのエリアの境界に対してどのような防犯設備を設けるかが重要である。

（2）機械警備設備

　機械警備設備は特定のエリア内（施設内、居室内等）への侵入を検知し、防災センター等の管理室や外部の警備会社に警報を発する設備である。設置場所の特性や検知対象物（人、車両等）によって検知器の種別を変える必要がある。
　検知器には物体が発する赤外線の変化により人体を検知するパッシブセンサや、扉や窓に設置して開閉を検知するマグネットセンサ等がある（図4.7.11）。

（3）入退室管理設備

　入退室管理設備は特定の人以外の入室を制限する設備である。さまざまな扉やゲートに対してカードリーダーや生体認証のような認証装置により、許可された人物かの判別を行う。
　認証装置の代表的な例を図4.7.12 に示す。

表 4.7.4　監視カメラの例[27]

種類	箱型（一般型）カメラ	ドーム型カメラ	コンビネーションカメラ
外観	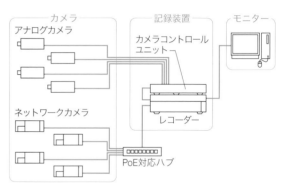		
特徴	一般的な箱型の形状のカメラ。レンズが先端に取りついており、監視方向が見えるので犯罪の抑止効果もある。また監視対象にあわせてレンズ交換も可能である。	ドーム型のカバーで覆われた形状のカメラ。箱型カメラと比較して心理的な威圧感が少ない。	パン（水平旋回）、チルト（垂直方向の首振り）、ズーム（拡大・縮小）機能が一体となったカメラ。1台で広範囲をカバーできる。

図 4.7.13　監視カメラの構成

▶ 7　監視カメラ設備

監視カメラ設備は防犯設備のうち、映像監視を行うための設備である。

（1）監視カメラ設備の構成

監視カメラ設備はエリアを監視するためのカメラ、撮影した映像を記録する記録装置、映像を監視したり、記録した映像を確認したりするためのモニターおよびそれらをつなぐ配線で構成される。**図 4.7.13** に監視カメラ設備の構成を示す。

（2）カメラの分類

表 4.7.4 に代表的な監視カメラを示す。カメラは設置場所、監視目的によって最適な機器を選定する必要がある。

（3）カメラの伝送方式

カメラの映像を記録装置に伝送するための配線として従来は同軸ケーブルが使用されてきた。しかし、

近年のデジタル化にともない、伝送を LAN ケーブルで行うネットワークカメラ方式が主流となっている。ネットワークカメラは双方向での通信・制御が可能で、インターネットや LAN 環境上での画像共有を行うことができる。

4-8 防災設備

　防災設備は建物における火災に対して、警報、避難補助、消火、防火などを行う設備である。建築基準法、消防法などの法律により各防災設備の設置規定が定められている。電気設備で取り扱う防災設備を**表 4.8.1** に示す。

　以下では、代表的な防災設備として自動火災報知設備、非常警報設備、防災照明（誘導灯設備、非常用照明設備）、避雷設備について説明する。

▶ 1 自動火災報知設備

　自動火災報知設備とは、建物内の火災を感知し発報する設備である。消防法により、火災の早期発見と防止、人命救助のため、建物の用途および規模によって自動火災報知設備の設置が義務付けられている。

（1）自動火災報知設備の構成

　図 4.8.1 に自動火災報知設備の構成を示す。

　自動火災報知設備は大きく、①火災により発生す

る熱、煙、炎を感知する感知器、②火災を発見した人が手動で発報するための発信機、③感知・発報した火災の信号を受信し、火災発生場所を表示する受信機で構成されている。

（2）受信機

　受信機は、感知器、発信機からの信号を受信し、火災表示を行うとともに地区音響装置を鳴動させる。

　受信機には P 型受信機と、R 型受信機がある。P

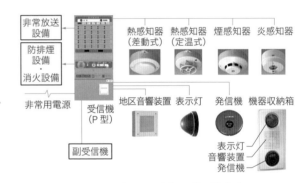

図 4.8.1　自動火災報知設備の構成[28]

表 4.8.1　電気設備で取り扱う防災設備一覧

関連法規	防災設備の種類	内容
消防法	自動火災報知設備	早期に火災を発見する設備
	ガス漏れ火災警報設備	ガス漏れを検知するための設備
	非常警報器具・非常警報設備	火災を建物内の人員に報せる設備
	漏電火災警報器	漏洩電流による火災を未然に防止するための設備
	消防機関へ通報する火災報知設備	消防機関に建物の火災を通報する設備
	誘導灯及び誘導標識	建物内から屋外まで誘導するための表示灯
	非常用コンセント設備	消防隊が消防活動上使用するコンセント設備
	無線通信補助設備	消防隊が消防活動時に無線連絡を行うための設備
建築基準法	非常用の照明装置	停電時の避難経路に最低限の明るさを確保するための設備
	避雷設備	落雷から建物及び人命を守るための設備
	自動閉鎖設備	火災の延焼を防ぐため、火災感知と連動して防火戸等を閉鎖する設備
	ガス漏れ警報設備	ガス漏れを検知するための設備（3 階以上の共同住宅）
航空法	航空障害灯設備	夜間に飛行する航空機に超高層建築物等の存在を示すための設備

型はまとまった警戒区域ごとに監視する方式であり、中・小規模の建築物に適している。一方、R型は感知器ごとに監視することが可能で、主に大・中規模建築物に採用される。

受信機は守衛室など常時人がいる場所に設置しなければならない。

（3）発信機

発信機は火災の発生を手動で受信機に発報するものである。設置場所としては、多数の目に触れやすく、操作が容易に行える廊下、階段付近等の共用部に設ける。

（4）感知器

火災を感知するための感知器は、感知する対象により図4.8.2のように熱感知器、煙感知器、炎感知器などに分類される。

熱感知器は火災による周囲温度の上昇を感知して発報するものである。熱感知器には周囲温度の急激な上昇を感知する差動式と、感知器設置部分の温度が一定以上になったときに作動する定温式がある。

煙感知器は火災による煙の濃度を感知して発報するものである。煙感知器のうち、光電式は感知器内部に発光部と受光部があり、内部に煙が侵入することで発光部から出た光が乱反射し、受光部に当たることで発報するものである。

炎感知器は火災の炎から発せられる放射エネルギーを感知して発報するものである。感知する放射エネルギーの波長により、赤外線式と紫外線式がある。

▶ 2　非常警報設備

非常警報設備とは、火災の発生を建物内の人々に知らせるための設備で、多数の従業者や居住者がいる建物に設置が義務付けられている。非常警報設備には非常ベル、自動式サイレン、放送設備などがあり、それぞれ起動装置、音響装置（もしくはスピー

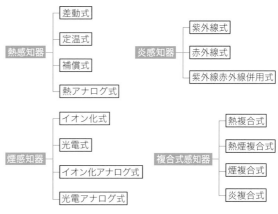

図 4.8.2　感知器の種類

カー）、表示灯などによって構成されている。

音響装置・スピーカーについては、建物内にいる人々に警報音が確実に聞き取れるように、以下のように音圧が規定されている。

・非常ベルおよび自動サイレンの音響装置：音響装置の中心から1m離れた位置で90dB以上

・放送設備のスピーカー：スピーカーの取付け位置から1m離れた場所で次の値を満たす音圧

1）L級：92dB以上

2）M級：87dB以上92dB未満

3）S級：84dB以上87dB未満

（L、M、S級はスピーカーの性能を表す）

▶ 3　防災照明設備

防災照明設備は災害時の避難に必要な照明設備である。防災照明設備には避難時の通路の明るさを確保するための非常用照明設備と、避難口および避難方向を明示するための誘導灯設備がある。

（1）非常用照明設備

非常用照明設備は地震や火災などの災害による停電時に避難を安全に行うため、避難通路を照らす照明である。建築基準法により一定規模以上の建築物の居室や避難経路等に設置が義務付けられている。非常用照明設備は床面において水平面照度を1lx（蛍

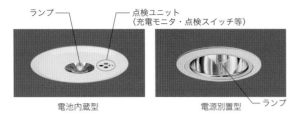

図 4.8.3　非常用照明器具 [29]

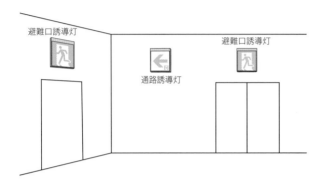
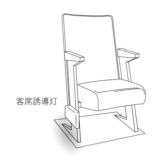

図 4.8.4　誘導灯

光灯・LED の場合は 2lx）以上確保し、停電時でも30 分以上継続して点灯する必要がある。

　非常用照明は停電が起きた際に点灯する仕組みを持っている。したがって停電時も起動できるように蓄電池が必要となる。蓄電池の設置場所によって**図4.8.3** のように器具本体に蓄電池を内蔵している電池内蔵型と、別の場所にまとめて設置された蓄電池から電源が供給される電源別置型がある。

(2) 誘導灯設備

　誘導灯設備は火災等の災害時に、建物内の人を安全に屋外に避難誘導するための表示灯である。消防法により建物の用途と規模に応じて設置が義務付けられている。

　誘導灯設備は設置場所に応じて、**図4.8.4** のように避難口誘導灯、通路誘導灯、客席誘導灯に分けることができる。

　避難口誘導灯は直接地上に通じる出入口に設ける他、避難階段の出入口や居室の出入口等に設けられる。

　通路誘導灯は避難口への方向を明示するもので、室内や廊下、階段内等に設置される。避難口および通路誘導灯は距離に応じた視認できる大きさのものを選定する必要がある。

　客席誘導灯は劇場などの客席の通路部分に設けるもので、通路の中心線上の水平面照度を 0.2lx 以上確保し、停電時でも蓄電池等で20分以上継続して点灯する必要がある。

▶ 4　予備電源・非常電源

　建築基準法、消防法等によって規定された各防災設備については、火災などが発生し、電力会社からの電源供給が途絶えた際も動作できるように非常用の電源が必要である。

　この非常用の電源は規定される法律によって、予備電源（建築基準法上の呼び名）、非常電源（消防法上の呼び名）などと呼ばれている。

　予備電源および非常電源には防災設備ごとに使用できる電源の種類と必要な稼働時間が定められてい

る。使用できる電源はそれぞれ以下のものである。

予備電源：①自家発電設備

②蓄電池設備

非常電源：①非常電源専用受電設備

②自家発電設備

③蓄電池設備

④燃料電池設備

▶ 5　避雷設備

避雷設備とは落雷から建築物や人身を保護することを目的に、建築物に落雷した雷電流を安全に大地に流す設備である。建築基準法により、高さが20mを超える建築物に対して設置が義務付けられている。

図4.8.5に避雷設備の概念図を示す。

避雷設備は雷撃を受ける受雷部、受雷部で受けた雷電流を大地まで流す経路である引き下げ導線、雷電流を大地に効果的に放流する接地極で構成されている。

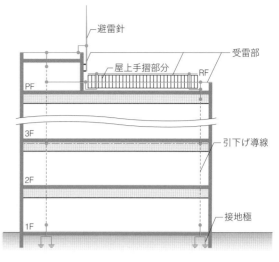

図4.8.5　避雷設備の概念

4-9 搬送設備

搬送設備として、建築物には主にエレベータ、エスカレータなどの設置がある。人や物などの重量物を搬送するため電気設備としては動力設備が必要となる。

▶ 1 エレベータ

人や物を載せて垂直、斜め、または水平に移動させる装置である。昇降機とも呼ばれる。

公共施設や駅などのエレベータの最も一般的な定員・容量は11人・750kgである。構造としては、ロープ式と油圧式に大別される。ロープ式は、エレベータ機械室内の巻上機により、ロープを巻き上げることによりエレベータを駆動させる（図4.9.1）。油圧式は、電動ポンプで油圧ジャッキを働かせて駆動させる。この油圧式は、積載力が大きく重量物に適しているため、工場や倉庫などで採用されている。

建物高さが31mを超える場合は、建築基準法第34条第二項により非常用エレベータ（非常用の昇降機）の設置が義務付けられている。これは建物内の利用者の避難ではなく、消防隊の消火活動などへの使用を主目的としたものである。

▶ 2 エスカレータ

人が建物の各階を移動するために設置される階段状の装置である（図4.9.2）。エレベータと比べて、搬送能力が高い。種類は、欄干有効幅によって800型（幅800mm）と1200型（幅1,200mm）がある。搬送能力は、800型で6,000人/時間、1200型で9,000人/時間である。

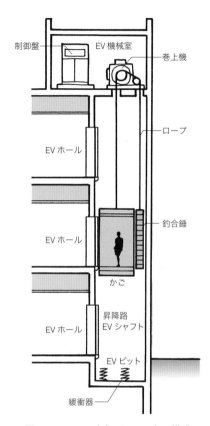

図4.9.1　ロープ式エレベータの構成

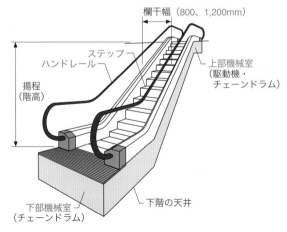

図4.9.2　エスカレータの各部名称

練 習 問 題

問題 4・1

受変電設備に関する次の記述のうち、**最も不適当なもの**はどれか。

1. 交流電圧においては 750V 以下を低圧、750V を超え 7,000V 以下を高圧、7,000V を超えるものを特別高圧と区分している。

2. 力率とはどれだけ有効に電気を供給できているかを示す値で、1 に近いほど効率が良い。

3. 受電電圧は契約電力によって決まる。

4. 進相コンデンサとは力率改善を目的として無効電力を低減するものである。

5. キュービクルとは断路器、遮断器、変圧器等の機器を金属製の箱に収納した受変電設備のことである。

問題 4・2

発電・蓄電池設備に関する用語の組合せとして**最も不適当なもの**はどれか。

1. 自家発電設備——ディーゼルエンジン

2. 太陽光発電設備——パワーコンディショナー

3. 風力発電設備——内燃機関

4. 燃料電池——水の電気分解

5. 蓄電池設備—— UPS

問題 4・3

幹線・動力設備に関する次の記述のうち、**最も不適当なもの**はどれか。

1. 電動機の始動方式で始動電流を抑える方式としてスターデルタ始動やインバータ始動がある。

2. 接地工事は機器の用途や使用電圧によって A 種、B 種、C 種および D 種の 4 種に分類され、それぞれについて接地抵抗値、接地線の太さ等が定められている。

3. 三相 3 線式 200V の電気方式は主に三相電動機や動力幹線に使用される方式である。

4. 動力制御盤は、動力機器への電源の供給・停止を行う電源回路、機器の運転制御を行う制御回路、機器の焼損を防ぐための保護装置で構成されている。

5. 幹線ケーブルなどの導体の断面積は、供給する電気容量が大きいほど、配線の距離が長いほど小さくする必要がある。

問題 4・4

照明・コンセント設備に関する次の記述のうち、**最も不適当なもの**はどれか。

1. 均斉度とは室内の照度分布の均一さを示す数値であり、値が低いほど室内の明るさが不均一になることを示す。
2. 照度は光源をある方向から見たときのその明るさを示す量である。
3. 低圧屋内配線で絶縁電線を建物内に敷設するためには、金属管、金属製可とう電線管、合成樹脂管等に納める必要がある。
4. LED の特徴は長寿命・高効率で光の指向性が強いことである。
5. タスク・アンビエント照明とは作業領域に局部照明を設け、周辺空間は照度を低く照明することで省エネルギーを図る照明方式である。

問題 4・5

情報・通信設備に関する用語の組合せとして**最も不適当なもの**はどれか。

1. LAN 設備────光ファイバー
2. 電話設備──── PBX
3. 放送設備────相互式
4. テレビ共同受信設備────増幅器
5. 防犯設備────パッシブセンサ

問題 4・6

防災設備に関する次の記述のうち、**最も不適当なもの**はどれか。

1. 非常用照明設備は停電時床面において水平面照度を1lx（蛍光灯・LED の場合は2lx）以上確保する必要がある。
2. 熱感知器のうち、感知器設置部分の温度が一定の温度以上となったときに作動するものは定温式である。
3. 避雷設備は建築基準法により高さが20mを超える建築物、工作物に対して設置が義務付けられている。
4. 避難口誘導灯は避難口への方向を明示するもので、室内や廊下、階段等に設置される。
5. 自動火災報知設備の受信機のうち P 型受信機は警戒区域ごとに配線される方式であり、中・小規模の建築物に適している。

練習問題の解答・解説

1章

問題 1・1

解答:5

ZEH は Zero Energy House、ZEB は Zero Energy Building である。したがって、ZEH はビルでなく住宅が対象となるため、5. が不適当である。1. については p.11 参照、2. については p.12 参照、3. については p.10 参照、4. については p.11 参照。

問題 1・2

解答:1

スプリンクラー設備は初期消火用であるため、1. が不適当である。本格消火設備としては、連結送水管や、連結散水設備などがある。2. については p.9 参照、3. については p.8 参照、4. については p.14 参照、5. については p.8 参照。

問題 1・3

解答:5

LCCO₂ はライフサイクル評価という意味で、建設のみならず、建設から使用後の廃棄に至るまでの一生涯に渡る間に必要となる費用を評価する。そのため、初期投資が大きくなっても、更新費を抑える計画をとることもあるため、5. が不適当である。1. については p.10 参照、2. については p.12 参照、3. については p.11 参照、4. については p.12 参照。

問題 1・4

解答:4

ドライエリアは空堀りの意味。したがって、4. が不適当である。便所や厨房の床の清掃方式として、ドライ(乾式)とウェット(湿式)があるが、ドライエリアとは関係がない。1. については p.14 参照、2. については p.14 参照、3. については p.15 参照、5. については p.15 参照。

2章

問題 2・1

解答:3

事務所用途は、60 ～ 100ℓ/人である。

問題 2・2

解答:4

簡易ボイラーの取扱いには資格は不要である。

問題 2・3

解答:5

地域により雨水と汚雑排水が別々の下水本管に放流される分流式と、同じ下水本管に放流される合流式がある。

問題 2・4

解答:2

COD は化学的酸素要求量である。

問題 2・5

解答:5

LP ガスは空気より重く、都市ガス(13A、12A)は空気より軽い。

問題 2・6

解答:1

1. 誤り。洗浄弁方式の記述である。洗浄弁方式では、トラップが詰まり便ばちに汚水が満水状態になった場合に、給水管が負圧となり、汚水が給水管内へ逆流する危険があるため、逆流防止器(バキュームブレーカ)を取りつける必要がある。
2. 正しい。小便器のトラップ部は、尿石がたまりやすいため、清掃性を考慮する必要がある。
3. 正しい。シングルレバー式水栓は、水のみを吐出する範囲が狭く、中央部ではお湯が混ざってしまうため、無意識に湯を使用している場合がある。水優先吐水機構とは、レバーが中央部から左側に動いたときにお湯が吐出されはじめる機構である。
4. 正しい。
5. 正しい。

問題 2・7

解答:4

1. 正しい。
2. 正しい。
3. 正しい。8.5ℓ 以下が I 型、6.5ℓ 以下が II 型と規定されている。
4. 誤り。瞬間式は、洗浄の必要なときに加温するため、省エネルギーではあるが、ヒータ用の電気容量は大きくなる。
5. 正しい。

問題 2・8

解答：5

二酸化炭素などを使用する不活性ガスは、人体に危険性がある。したがって、人が常時活動するコンピューター室等にはハロゲン化物消火設備のハロン消火や予作動式スプリンクラー設備などの別の消火設備を用いる。

3章

問題 3・1

解答：3

省エネルギーのためには、ヒートポンプの成績係数（COP）の値を高めることが重要である。

問題 3・2

解答：5

建築物における衛生的環境の確保に関する法律（ビル管法）によると、室内の CO_2 濃度の基準値は 1000ppm 以下とされている。

問題 3・3

解答：5

エアフローウィンドウとは、二重ガラスの間に設けられたブラインドで日射を遮蔽し、ガラス間の熱を、ファンを利用し、機械的に排出するものである。

問題 3・4

解答：1

マルチパッケージ空調機では、冷媒を供給することにより冷房を行う。

問題 3・5

解答：4

冷水・温水の往還温度差を大きくするように計画することで、ポンプ流量を減らし、エネルギー消費量を低減することができる。

問題 3・6

解答：5

空調風量が大きくなると、空調機内のコイルの面積は大きくなる（面風速 2.5m/s 以下）。

問題 3・7

解答：1

第3種換気は、排気ファンのみを設置して負圧にすることで、外部への空気の流出を防止できるため、トイレや倉庫等、匂いの発生する場所に用いられる。

問題 3・8

解答：4

適切な設備の運用のためには、BEMS のような各設備の運転情報を集約する機能を持つことが望ましい。

4章

問題 4・1

解答：1

1. 750V 以下が低圧なのは直流電圧である。交流電圧の場合は 600V 以下を低圧、600V を超え 7,000V 以下を高圧、7,000V を超えるものを特別高圧と区分している。

2. p.152（4-1 ▶ 4 電流・電圧・電力と電力量）参照。

3. 契約電力と受電電圧の関係は原則 50kW 以上 2,000kW 未満で 6kV、2,000kW 以上 10,000kW 未満で 20kV または 30kV、10,000kW 以上で 60kV または 70kV と定められている。

4. コンデンサは電動機などの負荷により遅れた位相を進める働きがあり、無効電力を低減することで電力の効率を上げている。

5. p.155（4-2 ▶ 3 受変電設備の構成）参照。

問題 4・2

解答：3

1. 自家発電設備の原動機（エンジン）にはディーゼルエンジン、ガスエンジン、ガスタービンエンジンなどがある。

2. パワーコンディショナーとは太陽電池で発電した電気を建物内の電力系統につなげるためにインバータや系統連系装置等を組み込んだ装置である。

3. 内燃機関は自家発電設備の内容である。

4. 燃料電池とは水の電気分解（$2H_2O \rightarrow 2H_2 + O_2$）の逆反応を利用して化学エネルギーを電気エネルギーに変換する発電装置である。

5. UPS は交流無停電電源装置のことであり、停電時にサーバーなどの重要な機器に使用される交流電源を瞬時に供給するための蓄電池設備の一種である。

問題 4・3

解答：5

1. 電動機は一般的な直入れ始動の場合、始動電流が大きく、定格電流の 5 ～ 7 倍にもなるため、定格電流

が大きな機器についてはスターデルタ始動やインバータ始動などの方式を採用する。

2. 接地には電力保安用接地、雷保護用接地、機能用接地などがあり、電気設備に接地を施す場合は、電流が安全かつ確実に大地に通ずることができるようにしなければならないと規定されている。

3. p.163（表4.4.1 電気方式）参照。

4. p.167（4-5 ▶ 1(2) 動力制御盤）参照。

5. 幹線ケーブルなどの導体の断面積は、供給する電気容量が大きいほど、配線の距離が長いほど大きくする必要がある。

問題 4・4

解答：2

1. 均斉度はその室の平均照度（もしくは最大照度）に対する最小照度の比で表され、1に近いほど照度のムラが少ない。

2. 設問は輝度のことである。照度は単位面積あたりに入射する光束のことである。

3. p.178（4-6 ▶ 3 配線工事の種類）参照。

4. LED は白熱電球のように熱を光に変えるような原理ではなく、電気を直接光に変える電界発光という原理で光る半導体の一種である。

5. p.174（4-6 ▶ 1(3) さまざまな照明方式）参照。

問題 4・5

解答：3

1. LAN 設備の機器同士は UTP ケーブルや光ファイバーケーブルなどの配線で接続されている。光ファイバーケーブルは、電気信号ではなくレーザーなどの光により通信を行うケーブルである。高価だが長距離・大容量の伝送が可能である。

2. PBX は構内電話交換機のことであり、局線を多数の内線で効率的に使用するための機器である。

3. 相互式はインターホン設備の通話方式である。

4. テレビ共同受信設備はアンテナ、混合器、増幅器、分岐器や分配器、およびテレビ端子により構成されている。

5. パッシブセンサは物体が発する赤外線の変化により人体を検知する侵入警報設備の機器である。

問題 4・6

解答：4

1. p.187（4-8 ▶ 3(1) 非常用照明設備）参照。

2. 熱感知器には感知器設置部分の温度が一定の温度以上となったときに作動する定温式と、周囲温度の急激な上昇を感知する差動式がある。

3. p.189（4-8 ▶ 5 避雷設備）参照。

4. 通路誘導灯は避難口への方向を明示するもので、室内や廊下、階段等に設置される。

5. 受信機のうち P 型はまとまった警戒区域ごとに監視する方式で、R 型は感知器ごとに監視することが可能な方式である。

出典

*本書の方針により、図版への青色の着色や、西暦への年号表記の統一を行っています。

【1章】

扉）提供：株式会社安井建築設計事務所
1) 経済産業省 資源エネルギー庁『平成24年度エネルギーに関する年次報告（エネルギー白書2013）』、図第111-1-1「世界のエネルギー消費量と人口の推移」
2) （イラスト）一般社団法人 建築設備技術者協会ウェブサイト「くうき・みず・でんきの役割」（http://www.jabmee.or.jp/ehon/yakuwari/index.php、2019年9月1日閲覧）をもとに作成
3) 経済産業省 資源エネルギー庁『平成30年度 エネルギーに関する年次報告（エネルギー白書2019）』、図第211-1-1をもとに作成
4) 財団法人 省エネルギーセンター『オフィスビルの省エネルギー』（2009）p.3の図をもとに作成
5) 一般財団法人 建築環境・省エネルギー機構ウェブサイト「評価の仕組みと環境性能効率（BEE）」をもとに作成（http://www.ibec.or.jp/CASBEE/CASBEE_outline/method.html、2019年9月1日閲覧）
6) 経済産業省 資源エネルギー庁『エネルギー基本計画』（2014年4月）をもとに作成
7) 提供：ダイダン株式会社
8) 国土交通省「ライフサイクルコストの内訳」をもとに作成
9) 提供：ダイダン株式会社（図面）、株式会社日本設計（計算書）
10) 提供：四国電力株式会社

【2章】

1) (C)Bernard bill5～commonswiki「Pont du gard」2004（https://commons.wikimedia.org/wiki/File:Pont_du_gard.jpg、CC：表示－継承ライセンス3.0で公開）
2) 高堂彰二『トコトンやさしい水道管の本』（日刊工業新聞社、2017）p.11をもとに作成
3) 横浜市ウェブサイト「横浜水道アーカイブス」（https://www.city.yokohama.lg.jp/kurashi/sumai-kurashi/suido-gesui/suido/rekishi/eizou-shashin.html）
4) (C) Lohen11「Mohenjodaro Sindh」2007（https://commons.wikimedia.org/wiki/File:Mohenjodaro_Sindh.jpeg、CC：継承ライセンス1.0で公開）
5) 光藤俊夫、中山繁信『建築の絵本 すまいの火と水』（彰国社、1984）p.73
6) 東京都下水道局資料
7) 東京都水道局ウェブサイト「水源・水質」（https://www.waterworks.metro.tokyo.jp/suigen/kijun/、2019年9月1日閲覧）
8) 紀谷文樹、酒井寛二、瀧澤博、田中清治、松縄堅、水野稔、山田賢次編『建築設備ハンドブック』（朝倉書店、2010）p.470、表3・7
9) 空気調和・衛生工学会編『第14版 空気調和・衛生工学便覧4 給排水衛生設備編』（2010）p.109、表5・20
10) 空気調和・衛生工学会編『第14版 空気調和・衛生工学便覧4 給排水衛生設備編』（2010）p.89、表5・10
11) 積水アクアシステム株式会社ウェブサイト「Fパネルタンク／フォームパネルタンク」（https://www.sekisuia.co.jp/tank_system/product/fpanel/index.html、2019年9月1日閲覧）
12) 森松工業株式会社ウェブサイト「製品紹介」（http://www.morimatsu.jp/construction/products.html、2019年9月1日閲覧）
13) 日本木槽木管株式会社ウェブサイト「木槽施工事例」（http://www.nihon-mokuso.co.jp/case/woodtub/index.html、2019年9月1日閲覧）
14) 株式会社川本製作所ウェブサイト「自動給水装置（陸上・水

中・高架水槽）KFE形」（https://www.kawamoto.co.jp/products/index02.php?id=99、2019年9月1日閲覧）の写真に筆者加筆
15) 株式会社川本製作所ウェブサイト「渦巻ポンプ GES-C形」（https://www.kawamoto.co.jp/products/index02.php?id=2、2019年9月1日閲覧）
16) 株式会社青和施設工業所ウェブサイト「サービス内容／水の流れ」（http://www.seiwa-ome.com/servis/servis-water/、2019年9月1日閲覧）の写真に加筆
17) 空気調和・衛生工学会編『SHASE-S 206-2009 給排水衛生設備規準・同解説』（2009）p.236の要・図2・6をもとに作成
18) 空気調和・衛生工学会編『第14版 空気調和・衛生工学便覧4 給排水衛生設備編』（2010）p.163、表6・20より抜粋
19) HVAC Application, ASHRAE handbook, 1991, p44.14
20) 『空気調和・衛生工学会学術講演会講演論文集』（1987年10月）pp.125～127およびpp.129～132をもとに作成
21) 国土交通省大臣官房官庁営繕部設備・環境課監修『建築設備設計基準 平成21年版』（公共建築協会、2009）p.568、表1-1
22) （左）株式会社ノーリツウェブサイト「業務用温水機器」（https://www.noritz.co.jp/product/kyutoki/gyoumuyou/、2019年9月1日閲覧）、（右）リンナイ株式会社『業務用ガス給湯器 総合カタログ 2019』（https://rinnai.jp/catalog_download/pdf/Rinnai_RUXC.pdf）p.66
23) 国土交通省大臣官房官庁営繕部設備・環境課監修『建築設備設計基準 平成21年版』（公共建築協会、2009）p.570、図2-1
24) （左）株式会社ヒラカワカタログ『真空温水ヒータ』（https://hirakawag.co.jp/pdf/product/13053-%EF%BD%8D-1810VEC%20HEATER_181120.pdf）p.9、（右）同カタログ p.21
25) パナソニック株式会社カタログ『エコキュート』（2019）p.29の写真に加筆
26) 森永エンジニアリング株式会社ウェブサイト「森永リフレックス密閉膨張タンク」（http://www.morieng.co.jp/machine/support4.html、2019年9月1日閲覧）をもとに作成
27) 空気調和・衛生工学会編『第14版 空気調和・衛生工学便覧4 給排水衛生設備編』（2010）p.186、図7・1をもとに作成
28) 空気調和・衛生工学会編『SHASE-S 206-2009 給排水衛生設備規準・同解説』（2009）p.104、表9・2
29) （上写真）タキロンシーアイ株式会社『管工機材製品総合カタログ』（2019）、p.51の写真に加筆
30) 前澤化成工業株式会社ウェブサイト「用語集」（http://www.maezawa-k.co.jp/school/gaiyo/yougo/、2019年9月1日閲覧）内「公共マス」の図をもとに作成
31) 空気調和・衛生工学会編『SHASE-S 206-2009 給排水衛生設備規準・同解説』（2009）p.126、解説図9・33をもとに作成
32) 空気調和・衛生工学会編『SHASE-S 206-2009 給排水衛生設備規準・同解説』（2009）p.31の解説図2・15およびp.139の表9・5
33) カネソウ株式会社ウェブサイト「ルーフドレン」（http://www.kaneso.co.jp/drain/index.htm、2019年9月1日閲覧）
34) 空気調和・衛生工学会編『SHASE-S 206-2009 給排水衛生設備規準・同解説』（2009）p.272、要・参考表3・1より抜粋
35) 空気調和・衛生工学会編『SHASE-S 206-2009 給排水衛生設備規準・同解説』（2009）p.273、要・参考表3・2より抜粋
36) 空気調和・衛生工学会編『SHASE-S 206-2009 給排水衛生設備規準・同解説』（2009）p.273、要・参考表3・3より抜粋
37) 空気調和・衛生工学会編『SHASE-S 206-2009 給排水衛生設備規準・同解説』（2009）p.274、要・参考表3・4より抜粋
38) 空気調和・衛生工学会編『第14版 空気調和・衛生工学便覧4 給排水衛生設備編』（2010）p.276、表9・6
39) 空気調和・衛生工学会編『第14版 空気調和・衛生工学便覧4 給排水衛生設備編』（2010）p.273、表9・3をもとに作成
40) 株式会社ショウエイウェブサイト「SRWN1-SA 全自動雨水積

層ろ過装置陸上ポンプシングル仕様」（https://www.shoei-roka.co.jp/products/rain/srwn/srwn1/、2019 年 9 月 1 日閲覧）に加筆

41) ミウラ化学装置株式会社ウェブサイト 「砂 / セラミックろ過装置」（http://www.miura-eco.co.jp/pool/ms_sand/、2019 年 9 月 1 日閲覧）をもとに作成

42) （図の出典）空気調和・衛生工学会編『SHASE-S 206-2019 給排水衛生設備規準・同解説』（2019）p.154、解説図 10・3 をもとに作成

43) 空気調和・衛生工学会編『空気調和・衛生設備の知識（改訂 4版）』（オーム社、2017）p.201、図 3.4-8 をもとに作成

44) 空気調和・衛生工学会編『SHASE-S 206-2019 給排水衛生設備規準・同解説』（2019）p.148 をもとに作成

45) 株式会社 LIXIL カタログ（2017）

46) （図の出典）空気調和・衛生工学会編『空気調和・衛生設備の知識（改訂 4 版）』（オーム社、2017）p.203、表 3.4-4 より抜粋

47) 田中俊六監修『最新 建築設備工学 改訂版』（井上書院、2010）p.205、図 2-13 をもとに作成

48) 空気調和・衛生工学会編『SHASE-S 206-2019 給排水衛生設備規準・同解説』（2019）p.168、解説表 10・6(a)

49) 空気調和・衛生工学会編『給排水衛生設備計画設計の実務の知識 改訂 4 版』（オーム社、2018）p.188、図 5.3-6 をもとに作成

50) （写真）株式会社立売堀製作所カタログ（p.1、p.5、p.13）

51) 空気調和・衛生工学会編『給排水衛生設備計画設計の実務の知識 改訂 4 版』（オーム社、2018）p.238、図 7・5-2 をもとに作成

52) 能美防災株式会社ウェブサイト 「スプリンクラー設備とは」（https://www.nohmi.co.jp/product/personal/new_learn/about_disaster_prevention/fire_extinguishing_facilities/003.html）をもとに作成

53) （写真）株式会社立売堀製作所カタログ（p.25）

54) 能美防災株式会社ウェブサイト（https://www.nohmi.co.jp/webcatalog_004/awa_de_3207/html5.html#page=5）

55) 能美防災株式会社ウェブサイト（https://www.nohmi.co.jp/product/personal/011.html）

【3 章】

1) public domain

2) 提供：株式会社日建設計

3) 厚生労働省ウェブサイト 「建築物環境衛生管理基準について」（https://www.mhlw.go.jp/bunya/kenkou/seikatsu-eisei10/、2022 年 5 月 11 日閲覧）をもとに作成

4) 空気調和・衛生工学会編『第 14 版 空気調和・衛生工学便覧 1 基礎編』（2010）p.334、表 13・3

5) 国土交通省大臣官房官庁営繕部設備・環境課監修『建築設備設計基準 平成 30 年版』（公共建築協会、2018）p.359、表 2-10 をもとに作成

6) 国土交通省大臣官房官庁営繕部設備・環境課監修『建築設備設計基準 平成 30 年版』（公共建築協会、2018）p.363、表 2-12 (b) をもとに作成

7) 国土交通省大臣官房官庁営繕部設備・環境課監修『建築設備設計基準 平成 30 年版』（公共建築協会、2018）p.350、表 2-4 に加筆

8) 国土交通省大臣官房官庁営繕部設備・環境課監修『建築設備設計基準 平成 30 年版』（公共建築協会、2018）p.365、表 2-13 より抜粋

9) 国土交通省大臣官房官庁営繕部設備・環境課監修『建築設備設計基準 平成 30 年版』（公共建築協会、2018）p.366、表 2-14 をもとに作成

10) 国土交通省大臣官房官庁営繕部設備・環境課監修『建築設備設計基準 平成 30 年版』（公共建築協会、2018）p.355、表 2-8 をもとに作成

11) 協立エアーテック株式会社ウェブサイト 「変風量ユニット VAV・CAV」（http://kak-biru.jp/product/index3.html、2019 年 9 月 1 日閲覧）内の写真に加筆

12) 提供：ダイキン工業株式会社

13) 提供：三菱重工冷熱株式会社

14) 提供：日立ジョンソンコントロールズ空調株式会社

15) 提供：三浦工業株式会社

16) 東京都都市整備局ウェブサイト 「地域冷暖房施設の普及」（http://www.toshiseibi.metro.tokyo.jp/kenchiku/reidan/index.html、2019 年 9 月 1 日閲覧）

17) 新晃工業株式会社カタログに加筆

18) 新晃工業株式会社ウェブサイト 「直動運転型」（https://www.sinko.co.jp/product/ahu/compact-ahu/direct-ahu/、2019 年 9 月 1 日閲覧）内の写真に加筆

19) 新晃工業株式会社ウェブサイト 「コイル」（https://www.sinko.co.jp/product/ahu/component-ahu/coil/、2019 年 9 月 1 日閲覧）内の写真「一般型冷却加熱兼用コイル（W コイル）」に加筆

20) 新晃工業株式会社ウェブサイト 「カセット形（標準モータ搭載）」（https://www.sinko.co.jp/product/fcu/standard-fcu/cp/、2019 年 9 月 1 日閲覧）内、冒頭写真

21) ダイキン工業株式会社ウェブサイト 「接続可能室内ユニット」（http://www.daikinaircon.com/vrv/roomunit/index.html、2019 年 9 月 1 日閲覧）内写真「天井埋込カセット形（エコ・ダブルフロータイプ）」「天井吊形」「床置ダクト形」

22) 昭和電機株式会社『送風機取扱説明書（遠心式 V ベルト駆動送風機）』p.6「分解部品図」より抜粋して加筆

23) 小原淳平編『続・100 万人の空気調和』（オーム社、1976）p.24、図 9・24

24) （写真）協立エアーテック株式会社カタログ『AIR DIFFUSER』（2019 年 5 月）

25) 提供：株式会社プリード

26) 提供：株式会社プリード

【4 章】

1) 写真は下記より引用（いずれも 2019 年 9 月 1 日閲覧）。
受変電設備：中立電機株式会社ウェブサイト 「ユニット式入配電盤」（https://www.churitsu.co.jp/products/haiden/unit.html）
自家発電設備：川崎重工業株式会社ウェブサイト 「非常用発電設備（カワサキ PU シリーズ）」（https://www.khi.co.jp/energy/gas_turbines/emergency.html）
動力制御盤：中立電機株式会社ウェブサイト 「ユニット式入 C5 制御盤」（https://www.churitsu.co.jp/products/seigyo/c5.html）
電灯分電盤：中立電機株式会社ウェブサイト 「プラグイン分電盤 B4」（https://www.churitsu.co.jp/products/bunden/pulgin_b4.html）
照明器具：パナソニック株式会社ウェブサイト 「総合カタログ」（https://esctlg.panasonic.biz/iportal/CatalogSearch.do?method=catalogSearchByAnyCategories&volumeID=PEWJ0001&categoryID=352920000&designID=）
避雷針：エースライオン株式会社ウェブサイト 「建物等の雷保護システム」（http://www.acelion.co.jp/lps/index.html）

2) 北陸電力ウェブサイト（http://www.rikuden.co.jp/qa/hz.html）

3) 高圧受電設備実務ハンドブック編集委員会編『高圧受電設備実務ハンドブック』（オーム社、2006）p.2、図 1・1 をもとに作成

4) 一般社団法人 日本電設工業協会編『新版 新人教育－電気設備』（日本電設工業協会、2006）p.103、第 5 表

5) 高圧受電設備実務ハンドブック編集委員会編『高圧受電設備実務ハンドブック』（オーム社、2006）p.29、表 2・7 に加筆

6) 一般社団法人 日本電設工業協会編『新版 新人教育－電気設備（改訂第 2 版）』（日本電設工業協会、2017）p.101、第 3 図に加筆

7) 一般社団法人 日本電設工業協会編『新版 新人教育－電気設備

（改訂第 2 版）』（日本電設工業協会、2017）p.113、第 6 表より抜
粋
　　　　図：株式会社カワサキマシンシステムズウェブサイト
（https://www.khi.co.jp/corp/kms/products/gt.html）
8) 一般社団法人 日本電設工業協会編『新版　新人教育－電気設備
（改訂第 2 版）』（日本電設工業協会、2017）p.137、第 13 図をもと
に作成
9) イメージ図は一般社団法人 日本電設工業協会編『新版　新人教
育－電気設備（改訂第 2 版）』（日本電設工業協会、2017）p.46、
第 1 図より抜粋し加筆
10) ケーブルラックおよび金属管の写真、図はパナソニック株式会
社『電設資材総合カタログ』
11) 一般社団法人 日本電設工業協会編『新版　新人教育－電気設備
（改訂第 2 版）』（日本電設工業協会、2017）p.151、第 1 表より抜
粋
12) 一般社団法人 日本配電制御システム工業会ウェブサイト「制御
盤の概要」（http://www.jsia.or.jp/mamechishiki/seigyoban/、2019 年
9 月 1 日閲覧）
13) 「建築設備の基礎講座　電気編」『BE 建築設備』増刊号（2007
年 10 月号）、p.115、表-1 より抜粋
14) 『JIS Z 9110：2010　照明基準総則』より抜粋
15) 岩崎電気株式会社ウェブサイト「光源の体系と特徴」
（https://www.iwasaki.co.jp/lighting/support/tech-data/light-source/
choice/01.html、2019 年 9 月 1 日閲覧）図 1.1 に加筆
16) Lumiotec 株式会社 講演会「第 58 回 新技術・製品 FORUM「ZEB
と快適性をサポートする最新照明（主催：建築設備綜合協会）」
資料をもとに作成
17) 写真はいずれもパナソニック株式会社カタログ
18) パナソニック株式会社ウェブサイト「平均照度の計算法」
（http://www2.panasonic.biz/ls/lighting/plam/knowledge/document/
0403.html、2019 年 9 月 1 日閲覧）の図に加筆
19) 一般社団法人 日本電設工業協会編『新版　新人教育－電気設
備』（日本電設工業協会、2006）p.167、第 10 図
20) パナソニック株式会社資料「平均照度の計算法」
（http://www2.panasonic.biz/ls/lighting/plam/knowledge/pdf/0403.pdf、
2019 年 9 月 1 日閲覧）表 5-2（イラスト部分は抜粋・一部加筆）
21) 国土交通省大臣官房官庁営繕部監修『電気設備工事監理指針 令
和元年版』（公共建築協会、2019）p.341、表 2.1.15 をもとに作成
22) 写真はいずれも TOA 株式会社ウェブサイト
（https://www.toa.co.jp/products/）
23) 写真はいずれも TOA 株式会社ウェブサイト
（https://www.toa.co.jp/products/）
24) 写真はいずれも日本アンテナ株式会社カタログ
25) 公益社団法人日本防犯設備協会『日本防犯設備協会技術基準
SES E 7003-4 「基本警戒線の設定」2015 年 5 月 19 日改正』をも
とに作成
26) 竹中エンジニアリング株式会社ウェブサイト「パッシブセンサ
ー　PA-6720」（https://www.takex-eng.co.jp/ja/products/item/20/）お
よび「マグネットスイッチ　MG-103（W）」（https://www.takex-
eng.co.jp/ja/products/item/8713/）（いずれも 2019 年 9 月 1 日閲覧）
27) 写真は左から、TOA 株式会社ウェブサイト「HD-SDI カメラ（H-
C2100-3）」
（https://www.toa.co.jp/products/security/full_hd/full_hd_camera/
h-c2100-3.htm）、「ドーム型 HD-SDI カメラ（H-C2200-3）」
（https://www.toa.co.jp/products/security/full_hd/full_hd_camera/
h-c2200-3.htm）、「屋外 HD-SDI コンビネーションカメラ（H-
C1701）」
（https://www.toa.co.jp/products/security/full_hd/full_hd_camera/
h-c1701.htm）（いずれも 2019 年 9 月 1 日閲覧）
28) 写真はいずれもホーチキ株式会社カタログ
29) 写真はいずれもパナソニック株式会社カタログ

参考文献

【2章】
・東京都水道局ウェブサイト「東京の水道・その歴史と将来」
（https://www.waterworks.metro.tokyo.jp/suidojigyo/gaiyou/rekishi.html）
・横浜市ウェブサイト「横浜水道の歴史」
（http://www.city.yokohama.lg.jp/suidou/kyoku/suidoujigyo/rekishi.html）
・国土交通省都市・地域整備局下水道部ウェブサイト「下水道の歴史」
（http://www.mlit.go.jp/crd/city/sewerage/data/basic/rekisi.html）
・『第4回講座 企業の歴史と産業遺産⑤ ～東京ガス～「東京ガスの歴史とガスのあるくらし」』川崎市川崎区産業ミュージアム講座講義録（2006）
（http://www.city.kawasaki.jp/kawasaki/cmsfiles/contents/0000026/26446/08takahashi.pdf）
・空気調和・衛生工学会編『給排水衛生設備計画設計の実務の知識 改訂4版』（オーム社、2018）
・一般財団法人 省エネルギーセンターウェブサイト
（https://www.eccj.or.jp/hotel/hotel01/01.html）
・国土交通省大臣官房官庁営繕部設備・環境課監修『建築設備設計基準 平成21年版』（公共建築協会、2009）
・能美防災株式会社ウェブサイト「スプリンクラー設備とは」
（https://www.nohmi.co.jp/product/personal/new_learn/about_disaster_prevention/fire_extinguishing_facilities/003.html）
・給湯器ものがたり、キッチン・バス工業会
（http://www.kitchen-bath.jp/wp-content/uploads/2015/12/21kyuutoukimonogatari.pdf#search＝%27E3%82%AC%E3%82%B9%E7%B5%A6%E6%B9%AF%E5%99%A8＋%E6%AD%B4%E5%8F%B2%27）
・独立行政法人 建築研究所、日本建築行政会議、給排水設備技術基準・同解説編集委員会編『給排水設備技術基準・同解説 2006年版』（日本建築センター、2006）
・東京都環境局『ビルピット臭気対策マニュアル』（2012）
・空気調和・衛生工学会編『SHASE-S 206-2009 給排水衛生設備規準・同解説』（2009）
・進藤宏行「雨水排水設備」空気調和・衛生工学会 設備技術者育成のための教材作成委員会『建築環境工学・建築設備工学入門』
（http://www.shasej.org/iinkai/setsubi_kouza/index2.html、2019年9月1日閲覧）
・株式会社ショウエイウェブサイト「災害時緊急用飲料ろ過装置 灯」（https://www.shoei-roka.co.jp/products/rain/sru/、2019年9月1日閲覧）
・一般社団法人 日本ガス協会ウェブサイト「都市ガスの供給」
（https://www.gas.or.jp/gastodokumade/kyokyu/、2019年9月1日閲覧）
・株式会社LIXIL 浴槽カタログ
・有限会社坂井清掃ウェブサイト
（https://sakai-seisou.co.jp/service/greasetrap.php）

【3章】
・空気調和・衛生工学会編『第14版 空気調和・衛生工学便覧1 基礎編』（2010）
・大塚雅之『初学者の建築講座 建築設備（第三版）』（市ヶ谷出版社、2016）
・京都電子工業株式会社ウェブサイト「熱流センサの検出原理」
（http://www.kyoto-kem.com/ja/learn/sensor/、2019年9月1日閲覧）

【4章】
・高圧受電設備実務ハンドブック編集委員会編『高圧受電設備実務

ハンドブック』（オーム社、2006）
・飯野秋成『図とキーワードで学ぶ 建築設備』（学芸出版社、2010）
・独立行政法人 新エネルギー・産業技術総合開発機構編『NEDO再生可能エネルギー技術白書 第2版』（森北出版、2014）
・一般社団法人 日本電設工業協会編『新版 新人教育－電気設備（改訂第2版）』（オーム社、2017）
・松浦邦男『建築照明』（共立出版、1971）
・パナソニック株式会社 ランプ総合カタログ
・株式会社カネカウェブサイト「有機EL照明のしくみ」
（https://www.kanekaoled.jp/oled/mechanism.html、2019年9月1日閲覧）
・一般社団法人 照明学会『照明設計の保守率と保守計画 第3版 ―LED対応増補版―』（2013）
・大塚雅之『初学者の建築講座 建築設備（第三版）』（市ヶ谷出版社、2016）
・アズビル株式会社ウェブサイト「入退室管理システム」
（https://www.azbil.com/jp/product/building/access-control-system/index.html、2019年9月1日閲覧）
・株式会社日立ビルシステムウェブサイト（http://www.hbs.co.jp/）
・日本消防検定協会ウェブサイト「消防機器 早わかり講座」
（http://www.jfeii.or.jp/library/lecture.html、2019年9月1日閲覧）
・一般社団法人 日本雷保護システム工業会『雷害対策設計ガイド 改訂版』（2016）
・伏見建・朴賛弼『図説 やさしい建築設備』（学芸出版社、2017）
・DXアンテナ株式会社資料「2012‐2013年新商材発表会・講習会 技術講習「基礎編」」

【コラム】
・京都電子工業株式会社ウェブサイト「熱流センサの検出原理」
（http://www.kyoto-kem.com/ja/learn/sensor/、2019年9月1日閲覧）
・株式会社キーエンスウェブサイト「羽根車式流量計」
（https://www.keyence.co.jp/ss/products/process/flowmeter/type/paddle.jsp、2019年9月1日閲覧）

索引

著者略歴

【編著者】

金政秀（きむ・ちょんす）　　　［担当：1-1 〜 1-3、4-9、コラム（p.84）］
1972 年生まれ。1998 年早稲田大学大学院修士課程修了後、2007 年まで㈱安井建築設計事務所で設備設計業務に従事。2010 年早稲田大学大学院博士課程修了。首都大学東京特任准教授を経て、2015 年より武蔵野大学准教授、2021 年より同教授。博士（工学）。

【著者】

山本佳嗣（やまもと・よしひで）　　　［担当：2-1 〜 2-6、2-8］
1979 年生まれ。2006 年早稲田大学大学院修士課程修了後、2006 年から 2018 年まで㈱日本設計にて設備設計業務に従事。2018 年 4 月より東京工芸大学工学部工学科建築コース准教授。博士（工学）、設備設計一級建築士、一級建築士。

樋口佳樹（ひぐち・よしき）　　　［担当：2-7、コラム（p.63）］
1975 年生まれ。2000 年早稲田大学大学院修士課程修了後、㈱ INAX（現㈱ LIXIL）を経て、2007 年に一級建築士事務所樋口佳樹暮らし環境設計を設立。2012 年より日本工業大学准教授。一級建築士、博士（工学）。

伊藤浩士（いとう・ひろし）　　　［担当：3-1 〜 3-8］
1984 年生まれ。2009 年早稲田大学大学院修士課程修了後、㈱日建設計入社。国内外の環境・設備設計に従事。一級建築士、建築設備士、LEED AP BD+C 取得。

韋宇銘（い・うめい）　　　［担当：4-1 〜 4-8］
1983 年生まれ。2008 年早稲田大学大学院修士課程修了後、同年㈱日本設計入社。設備設計業務に従事。設備設計一級建築士。一級建築士。

中野淳太（なかの・じゅんた）
　［担当：コラム（p.34、88、89、90、93、95、102、104、135、138、166、171）］
1974 年生まれ。1999 年早稲田大学大学院修士課程修了後、2002 年早稲田大学大学院博士課程単位取得退学。早稲田大学理工学部専任助手、東海大学工学部講師を経て、2013 年より東海大学工学部准教授。博士（工学）。

基礎講座 建築設備

2020 年 5 月 1 日　　第 1 版第 1 刷発行
2021 年 4 月 20 日　　第 2 版第 1 刷発行
2022 年 8 月 20 日　　第 2 版第 2 刷発行

編著者………金政秀
著　者………山本佳嗣・樋口佳樹・伊藤浩士・
　　　　　　　韋宇銘・中野淳太
発行者………井口夏実
発行所………株式会社学芸出版社
　　　　　　　〒 600 - 8216
　　　　　　　京都市下京区木津屋橋通西洞院東入
　　　　　　　電話 075 - 343 - 0811
　　　　　　　http://www.gakugei-pub.jp/
　　　　　　　E-mail:info@gakugei-pub.jp

編集担当……神谷彬大・井口夏実

編集協力……原田総一郎（大阪工業技術専門学校）
装　丁………KOTO DESIGN Inc. 山本剛史
イラスト……野村彰
　　　　　　　（図1.1.4〜6、2.1.1、3.1.1、4.1.1、4.2.1、
　　　　　　　4.9.1、表4.7.2）
ＤＴＰ………村角洋一デザイン事務所
印　刷………創栄図書印刷
製　本………新生製本

基礎講座　建築環境工学

朴 賛弼・伏見 建 著

2800 円＋税

空気・熱・光・音のほか建築・都市環境について、身近な自然現象から建築計画への応用まで、環境工学の基本を学ぶ。カラー・2色刷の図・写真、コラムを多数掲載し、必要な数値や情報は表やグラフにまとめた、わかりやすく読みやすい入門教科書。建築士試験のキーワードを網羅、章末の練習問題で習得度もチェックできる。

図説　やさしい建築設備

伏見 建・朴 賛弼 著

2800 円＋税

建築設備は表面に現れないことが多いのでイメージしづらく関心を持ちにくい。本書では一目でわかるように設備のしくみを図解し現場写真を多数掲載。項目ごとの簡潔な解説により初学者でもわかりやすい構成となっている。また実務でも使える簡単な計算問題や設備図面、建築士等の試験対策問題も掲載。設備の入門書として最適。

図説　建築設備

村川三郎 監修／芳村惠司・宇野朋子 編著

2800 円＋税

大学・高専・専門学校向けのスタンダードな教科書。建築学生にとって必要な設備の知識が得られるとともに、常に新しい情報に更新される設備の分野において、省エネ・省資源化対策など最新の傾向も踏まえた決定版。2色刷の見やすい紙面構成で多数の図表により理解を促すことができる。一級建築士受験にも対応した演習問題付。

図とキーワードで学ぶ　建築設備

飯野秋成 著

2800 円＋税

設備総論、空気調和設備、給排水・衛生設備、電気設備、省エネルギー技術、消防・防災・バリアフリー設備、そして設備図面の描き方について、図とキーワードで解説した。さらに、資格試験に出された問題を取り入れ、理解チェックを図れるよう工夫した。建築設備の基本知識が体系化され、その面白さが実感できるテキスト。

図説　やさしい建築環境

辻原万規彦 監修／今村仁美・田中美都 著

2800 円＋税

難しいという印象がある、光、温熱、空気、音、地球の『建築環境工学』分野。イラストを多用して、内容をイメージからつかめるように構成したテキスト誕生。環境分野を身近に捉え、基本が確実に理解できるよう工夫した。建築士受験レベルにも対応させ、重要ポイントは青刷やゴシック体で強調、章末にはまとめ問題を付けた。

図説　建築環境

松原斎樹・長野和雄 編著／芳村惠司・宮本雅子・宇野朋子・甲谷寿史・竹村明久・川井敬二 著

2800 円＋税

大学・高専・専門学校向けのスタンダードな教科書。建築学生にとって必要な建築環境の知識を効率よく学べるとともに、建築設計とのつながりも重視し、デザイン志向の学生も興味を持ちやすい構成とした。2色刷＋カラーの見やすい紙面構成で多数の図表により理解を促すことができる。一級建築士試験にも対応した演習問題付。